世界军装图鉴

1936—1945 卷二

[英]安德鲁·科马克 等 著　　[英]麦克·查贝尔 等 绘　　曾钰钦 译

重庆出版集团 重庆出版社

The British Army 1939-45 (1) North-West Europe © Osprey Publishing, 2001
The British Army 1939-45 (2) Middle East and Mediterranean © Osprey Publishing, 2002
The British Army 1939-45 (3) The Far East © Osprey Publishing, 2002
The Italian Army 1940-45 (1) Europe 1940-43 © Osprey Publishing, 2000
The Italian Army 1940-45(2) Africa 1940-43 © Osprey Publishing, 2001
The Italian Army 1940-45(3) Italy 1943-45 © Osprey Publishing, 2001
All rights reserved.
This edition published by Chongqing Publishing House Co., Ltd. by arrangement
with Osprey Publishing, an imprint of Bloomsbury Publishing Plc.

本书中文简体字版由重庆出版集团·重庆出版社
在中国大陆地区独家出版发行。
未经出版者书面许可,本书的任何部分不得以任何形式抄袭、节录或翻印
版权所有　侵权必究
版贸核渝字(2013)第338号

图书在版编目(CIP)数据

世界军装图鉴:1936—1945.卷二 / (英)安德鲁·科马
克等著;(英)麦克·查贝尔等绘;曾钰钦译. —重庆:重庆
出版社,2021.1
　　ISBN 978-7-229-15177-5

Ⅰ.①世… Ⅱ.①安… ②麦… ③曾… Ⅲ.①军服—
世界—图集 Ⅳ.①E127-64

中国版本图书馆CIP数据核字(2020)第137007号

世界军装图鉴:1936—1945 卷二

[英]安德鲁·科马克 等 著 [英]麦克·查贝尔 等 绘 曾钰钦 译

责任编辑:陈渝生
责任校对:李小君
装帧设计:嵩品视觉CASTALY 周 娟 刘 玲

重庆出版集团
重庆出版社 出版

重庆市南岸区南滨路162号1幢 邮政编码:400061
重庆三达广告印务装璜有限公司印刷
重庆出版集团图书发行有限公司发行
全国新华书店经销

开本:787 mm×1092 mm 1/16 印张:18.75 字数:540千
2021年1月第1版 2021年1月第1次印刷
ISBN 978-7-229-15177-5
定价:128.00元

如有印装质量问题,请向本集团图书发行有限公司调换:023-61520678

目 录
contents

目　录
contents

英国陆军
1939—1945 年
The British Army 1939—1945

英国陆军 1939—1945 年 (1)

西北欧

The British Army 1939—1945 (1)
North-West Europe

维克托·福琼将军的第51（高地）师下属的第154旅的阿盖尔和萨瑟兰高地人团第7营的一名士兵。这张照片在1940年6月7日拍摄于米沃博思切，他穿着啤叽呢BD战斗服，戴MK II头盔。第51师也许是欧洲远征军中唯一的一支由各种旅级色组成"战斗标志"的部队。老兵们回忆该师的安德鲁十字标识可以通过颜色进行区分，师部为紫色和绿色，第152旅为红色，154旅为棕色，153旅的颜色不能确定。在安德鲁十字标识之下，旅中各个营采用不同颜色的番号和条杠。阿盖尔和萨瑟兰高地人团第7营为1根棕色的水平杠，第8营为1条竖杠。152旅中的卡梅隆团第4营，为3根水平细条纹，均为红色。

简介

　　两次世界大战之间的时光，对于英国而言是相对和平的时代。世界各国之间表面上的平和，以及经济的萧条，使得保卫帝国的英国陆军并没有得到足够的重视，也没有足够的款项使这支弱小的部队成长。虽然英国陆军被认为在这一时期总体上停滞不前，但在20世纪20年代末和30年代，这支陆军其实还是在向着未来逐渐发展。尽管军事预算非常吃紧，但是英军不仅研发了新的武器和装备，还为士兵研发了新的现代制服。毫无疑问，大多数这样的成果都受到了资金短缺的影响，因此英军必须在人的需求和原料的使用上寻求最大可能的平衡。

　　当1939年9月，第二次世界大战爆发时，英军的步兵们主要面临的问题是装备数量短缺而不是质量低劣。当1938年内维尔·张伯伦首相在慕尼黑签订协议时，情势也许并不完全是他的批评者所指责的那样——将国家带上了歧路。事实上，这种绥靖政策让盟军有了数月时间可以为接下来与德国的冲突做好准备——这些时间用来大规模生产可以武装新部队的武器和装备，包括大量生产那些之前已经设计好但由于资金问题未能推广的装备。但不幸的是，许多这些装备都在1940年5—6月间——英国远征军和法国军队赶在追击的德军到来之前撤退时——被遗弃在了法国和比利时。

　　尽管具有创新战术思维的德军高层指挥获得了大量的胜利，但公平地讲，1940年的英国士兵——虽然并不包括许多高级将领——还是可以与德军一较高下。敌军的"庞大的数量优势"其实是纳粹宣传机器的巧妙宣传和盟军高层的轻信所渲染而来的。单单是庞大的法国陆军就在坦克和火炮的数量上超过了德国国防军。德军令人印象深刻的胜利主要来源于集中资源，并采取充满想象力和进攻性的空/地协同战术，以在某一区域形成优势并取得多点突破。盟军总司令、法国上将甘末林并不能应对这种闪电战战术。盟军受困于缺乏想象力的防御战术，一旦他们的防线被快速机动的德军冲破，他们很快就不知所措，甚至在某些时候信心崩溃。德军装甲部队担任攻击矛头，其实要承受很大的风险，并且偶尔也确实代价惨重——他们的指挥官对于部分抗击他们的英军士兵致以了最高的评价。但是英军的速度和自信不足，整体而言让盟军无所适从，再加上德军的空军获得了战术制空权，盟军的崩溃自然就蔓延开来。

在罗谢附近的一条战壕里，欧洲远征军第1师第3旅舍伍德森林团第2营D连的士兵们正在清理他们的恩菲尔德步枪。他们穿着最近才配发的哔叽呢BD战斗服，皮革坎肩，戴着有宽盔缘的MKⅠ钢盔。在类似这样的静态防御阵地中以逸待劳是"一战"中颠扑不破的真理，在"二战"初期，盟军的指挥官依然认为这样的战斗方式还是可行的。

英国陆军因为不适应这种现代机动战争而付出了沉重的代价，但因此也获得了经验。当1944年6月重返欧洲大陆时——他们曾在非洲的沙漠和意大利进行了数年的艰苦作战，并得益于美国盟友强大的工业实力——他们已经成为了一支截然不同的军队，能够与德国国防军一较高下。但在大战的最后11个月里，由于德军转入了防守，英军的人力损失不可避免地高涨。历史学家认为这种局面可以理解，英军往往面对的是最精锐的德国武装党卫军和陆军部队——他们往往战至最后一人。但这种观点并不能让我们无视其他的看法。

大多数参加了最后战役的步兵老兵们，记录下他们的看法，认为他们所遭遇的德军比起英国军队而言，主动性和攻击性都要差很多。在希尼·亚里中尉出版的个人回忆录（这本回忆录已经成为了位于桑德豪斯特的皇家军事学院的指定教辅读物）中，这名隶属于历经苦战的第43（韦塞克斯）步兵师的年轻排长，从诺曼底的篱笆丛一直战斗到欧战胜利日。他在回忆录中有着如下的描述：

"我的第18排有着比我们所面对的任何敌人更优秀的士兵。D连，整个第4营，所有萨默塞特轻步兵都是如此……在许多进攻中，我们抓获的俘虏甚至要超过我们的进攻部队的人数，真正在近距离还负隅顽抗的德军部队少之又少。与我们不同的是，他们极少发起夜战，因为在黑夜中他们会高度紧张并缺乏自信。我们经常进行大范围的巡逻，而德军却不这样做……（德军士兵）中流传着这样一种理论和神话：虽然他们都是战斗力更强的士兵，但他们还是败给了我们在人数和火力上的优势。但就我的经验来看，并非如此。"

战役简介

"虚假战争"

在1939年9月3日战端开启之后，英国匆忙地向法国北部派出了英国远征军（BEF）。其最初规模为16万人，隶属于2个军，每个军各有2个师：第一军（巴克将军）——第1师（亚历山大将军），第2师（劳埃德将军）；第二军（布鲁克将军）——第3师（蒙哥马利将军），第4师（约翰逊将军），另有支援部队。这些将军中后来有3人晋升为总司令。

1939 年 12 月，第 5 师加入了英国远征军。之后组建起来的"一线"本土师，大部分来自于原来的半职业本土军支援部队，每个旅再搭配 1 个正规营。很快，从 1940 年 1 月起就有第 48 师（南米德兰）、第 50 师（诺森伯兰）、第 51 师（高地）抵达法国。第 51 师被派往马奇诺防线上的萨尔地区，归法军指挥，远征军的其余部队作为法国第 1 集团军群的一部分，被部署在比利时边境，归东北前线总司令加斯顿·比约特将军指挥。1940 年 4 月，第 42 师、44 师、46 师"一线"师和第 12 师及部分第 23 师"二线"本土师抵达法国；5 月，第 1 装甲师——虽然这支部队尚未完全组建并且相当缺乏战斗准备——抵达。

尽管国家弱小不堪一击并且很明白自己在应对任何地方攻击中所处的显而易见的战略重要性，但比利时人一方面继续保持中立，拒绝让法国和英国军队进入他们的领土，另一方面又答应如果德军入侵，盟军可以马上进入。1939 年的冬季对于英国远征军来说相当平静，此时其规模已经增加到了 39.4 万人。虽然英军的士气还算高昂，但其装备低劣，并且缺乏补给和训练，特别是在匆忙组建的本土军部队中，这种情况更为明显。英军的时间都用在了训练、巡逻和构筑防御工事上。不仅盟军如此，看起来德军似乎也不愿意继续激化势态，双方都避免在陆地和空中的挑衅行为。但德军只不过是在等待最佳的攻击机会，而同时他们的 U 型潜艇已经在大西洋上对盟军船只造成了越来越大的损害。

闪电战

盟军坚信，壁垒森严的马奇诺防线和山林茂密的阿登地区都是不可逾越的，任何可能的进攻都应该来自于低地国家。这一信念看上去在 1940 年 5 月 10 日得到了进一步的验证，德军以空降部队为先锋，辅之以强大的

1939 年 10 月，加夫雷勒，皇家爱尔兰燧发枪团第 1 营的士兵，采取两人携带的方式搬运着一挺 0.55 英寸博伊斯反坦克步枪。这些爱尔兰士兵是典型的大战早期的英国士兵形象：将防毒面具挂在胸前，防毒披风卷在小背包上方，麻布盔罩上有横向的伪装树叶环带，他们佩戴的营级标志为一个绿色的三角形，尖头朝下，位于肩缝处。其他为人所知的欧洲远征军袖标包括深蓝色"手雷"——第 4 师的皇家燧发枪手团第 2 营；黑色大钻石——第 1 师的北斯塔福德团第 2 营。

0.55 英寸博伊斯反坦克步枪的设计初衷是要提供一种可靠且便于操作的步兵班级反坦克武器，设计于 20 世纪 30 年代早期，1936 年开始正式生产。当开始启用时，它能够击穿或者破坏所有现役轻型坦克的装甲或要害。尽管其生产延续到了 1943 年 8 月，但其实在 1940 年后它就已经落后于迅速发展的坦克设计。博伊斯反坦克步枪重 36 磅（约 16 千克），有效射程约为 500 码（约 457 米），采用 5 发弹匣供弹，后坐力极大。欧洲远征军的其他反坦克武器包括英制 2 磅炮，在对付德国轻型坦克时还算有效；另外就是 Mle 1934 款法国制 25 毫米哈奇开斯炮，但这种炮就完全不能匹敌德军坦克。

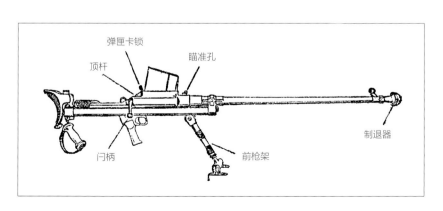

战术空军，横扫了荷兰、比利时和卢森堡。接下来英军的挪威远征也最终失败，这导致下议院撤回了对内维尔·张伯伦的支持，温斯顿·丘吉尔取代他成为了英国首相。

德军的攻势使得盟军陆军总司令甘末林上将命令第1、第7和第9法国集团军以及英国远征军迅速进入比利时北部以期挡住德军。这一预判使得英国远征军由于移动阵地而陷入了严重的补给困境，并且将德国国防军真正的主攻方向的大门敞开，这就是南面疏于防守的阿登地区——这里被证明绝非不可逾越。一支庞大的"左勾拳"迂回部队从背面和西面穿过了法国北部开阔的平原地区，德军装甲部队直接冲到英吉利海峡港口，在5月20日分割了盟军，并将英国远征军和法国第1集团军围困在了东面。

法国战场上，一门严密伪装的英军榴弹炮正在等待对德军发起猛攻。数以百计的这种中型和重型火炮中，许多是第一次世界大战遗留下来的物品，在敦刻尔克大撤退中被遗弃。

虽然有一些英勇抗击的战斗，但英军和法军之前缺乏合作，盟友之间也缺乏信任，再加上许多愚笨的指挥官的拙劣指挥，使得远征军和法军在德军进攻的所有方向上都开始后退甚至是溃退。被包围的远征军司令官戈特将军，没有遵从甘末林的继任者魏刚将军让其向南面进攻的命令，而是将部队撤入英吉利海峡岸边的敦刻尔克周围。5月26日到6月3日间，338 226名英国、法国和比利时军人在皇家海军和驾驶各种轻型船只的平民志愿者的帮助下，从包围圈中撤出（"发电机"行动）。之前就已经有28 000人撤离，其中大概有70%为英国人。尽管之前一系列的惨败堪称灾难，但这场撤退依然被看成奇迹，因为后勤部门原先评估会有非常严重的损失。撤退成功的一个主要因素，是法国第1集团军寸土必争的士气和坚决勇敢的防御。

德军元帅冯·伦德施泰特并没有对敦刻尔克立即发起攻击，他认为英军已经被击败，此时应该将筋疲力尽并且实力减弱的装甲部队部署到其他地方，攻击包围圈的任务留给了步兵和空军（这一决定在第二天，5月24日得到了希特勒的许可。有种观点认为，这要归因于希特勒此时试图与英国签订停战协议，而筹码就是这些其实还没有被德军俘虏的33万多人的英国士兵）。其他几个港口也为撤退行动提供了帮助。有部分从勒阿弗尔撤出的人员重新被运到了瑟堡，在那里补充了新的人员，编成了加拿大第1师和英军第52（低地）师，后来在6月的第2周被派往法国，意图在布列塔尼打造一个"要塞"。但在法国已经开始考虑投降时，这样的尝试必然是徒劳无益的。在最后时刻被派往法国港口的部队包括派往布伦的第20近卫旅和第30步兵旅，后者在加莱进行了英勇但注定失败的战斗。6月12日，第51（高地）师在圣瓦莱投降。最后的英国部队在6月16日被下令撤出

（右）一名德军士兵正在看一辆被击毁的贝德福德MW卡车，许多这样全新的载具被遗弃在敦刻尔克的大广场、跑马场和海滩上。欧洲远征军遗留在法国的载具超过60 000辆，另外还有2 000多门火炮，76 000吨弹药和600万吨其他军用物资。

1940 年 6 月，"发电机"行动：回到祖国的英国欧洲远征军士兵。与流行的错误理解不同的是，虽然绝大部分重型装备都留在了欧洲，但大多数士兵还是保留了他们的武器和个人装备（有的甚至还带回了纪念品，比如右前方士兵拿的法国马刀）。没能这样做的士兵会面临罚款，丢失一支恩菲尔德步枪的罚款是 5 英镑。

法国，2 天后撤退完成。总共有 68 111 名英军阵亡、受伤或被俘。与之相当的是，法军共有 92 000 人阵亡，超过 40 000 人被俘；德军阵亡和失踪人数共计 45 000 人。

挪威

1939 年，英国在专注于法国战场时，也规划了一支挪威远征军（NWEF）。这支部队名义上是为了帮助陷入困境的芬兰对抗苏联，实际上其目的是关闭中立的挪威港口，这些港口通过中立国瑞典出口对德国战备意义重要的铁矿石。如果挪威落入德国之手，德国就可以控制整个斯堪的纳维亚地区的资源；因此，不管是英国还是德国，都不可能放任挪威的"中立"状况太久。

1940 年 2 月的阿尔特马克号事件成为了最初的导火索。这艘德国商船在挪威海域被英国皇家海军舰艇哥萨克号捕获，船上装着德国海军从被斯佩伯爵号击沉的英军船只上抓获的战俘。当德军在 1940 年 4 月 9 日同时入侵挪威和丹麦时，盟军已经在这一地区捷足先登，名义上是为了保护挪威和丹麦的中立地位。丹麦很快就被德军征服，而德国对挪威的攻击则得到了来自其国内纳粹同情者的支持。在这次战争中，第一次出现数百人的空降作战，盟军意图夺取各个机场和海岸港口。英国、法国和流亡的波兰部队很快被部署到纳姆索斯和安道尔尼斯，但他们没有能和德军相媲美的火炮和空中掩护。尽管盟军在最初取得了一些胜利，特别是在纳尔维克附近，但在法国和低地国家的战败使得盟军不得不在 6 月初撤离。英国陆军大约伤亡 4 400 人，少于海军惨重的损失，但海军击沉了数量相当的德军舰只。

与在欧洲大陆上发生的激烈冲突相比，英军在 1940 年 5 月占领冰岛的事实几乎被人忽

略。作为由丹麦国王统治的独立国家，中立的冰岛在丹麦被德军入侵后宣布独立。尽管最初冰岛人拒绝，但英国军队（第49步兵师）还是占领了该岛以免其落入德军之手——冰岛是重要的战略要点，也是北大西洋防御的关键。1941年6月，冰岛接受了中立的美国的保护，以便让英国军队可以投入到其他作战行动中。

不列颠

在敦刻尔克大撤退之后，英国立即就着手防备德国的入侵，这是英国领导者之前就谨慎地思考过的计划（虽然他们中的一些人认为这并不会真正发生）。5月17日地方志愿军成立，在7月31日更名为国土防卫军，由英国陆军部指挥，这些由无报酬的兼职平民志愿者组成的地方部队可以响应征召以扩充防守大不列颠的武装部队。到1940年底时，国土防卫军大约有150万名志愿者，但装备却非常低劣。

希特勒曾经希望英国接受和平协议，大概是想让英国将欧洲让给德国，以换取保留大英帝国的海外版图的利益。有些权威人士曾经讨论过接受和平协议，但丘吉尔却始终坚定不移，他的历史观使他非常明白如果妥协将会给他的国家带来怎样的一条道路——这种疑虑在接下来法国的命运中得到了完全的验证。当和谈无望后，希特勒别无选择，唯有准备入侵。德军希望首先摧毁英国皇家空军，这将给德国空军带来空中控制权，并使得陆军可以在空中打击的掩护下，毫无阻碍地渡过英吉利海峡实行"海狮"计划。德国海军，特别是其U型潜艇部队，则进行海上封锁并保卫登陆船只（但是，与陆军和空军将领不同的是，德国海军将领们并没有幻想能够击败英国海军）。1940年7月，德国空军开始逐渐展开进攻，但正式的以摧毁英国皇家空军为目标的"鹰击"行动，其实开始于8月13日。到9月中旬时，英国人为了抗击入侵者进行的准备工作达到最高水平，而德军想要在冬季之前入侵的时间窗口则在逐渐消失。最终在大不列颠空战中，德国空军未能击败皇家空军，导致"海狮"计划在1940年10月12日被取消。

在这一时期，英国陆军沿着南部海岸进行防守，同时在岛内稍远一点的地方构筑了要塞防线——"阻拦防线"，如果敌军成功地实施了登陆，英军就会退到这一防线进行防御。到1941年夏季，德军开始专注于苏联战场，入侵英国变得越发不现实；最后，"巴巴罗萨"计划使得苏联成为了英国的盟友（而芬兰成了敌人）。1941年9月，不列颠岛上的防御工事，除了有特殊用途之外的都已经停工，而1942年2月，碉堡群的建设也停了下来。

虽然英军被隔绝在了大陆之外，但他们还是不停地寻找可以进行地面战斗的方法。1940年4—6月间，番号1-11的"独立连"成立，这些两栖突击部队后来被扩充为英军突击队。这些小规模轻装，但训练有素且富

（右）1944年6月6日，诺曼底：第1特勤旅第6突击队第4分队的人员，在贝努维尔附近与第6空降师机降旅的机降步兵会合。机降步兵（左右两侧）穿着丹尼森罩服，搭配"伞兵裤"和第3版空降部队钢盔，两人都装备着MK V斯特恩冲锋枪，左边的士兵还有一个7袋版弹药带。突击队代理下士携带着远比空降兵多得多的装备，都是其海上突击必备的物品。通用版"卑尔根"背包的容量比普通背包和37式装具组合中的大背包都要大，并且也更舒适。这名突击队员装备了一把柯尔特0.45英寸口径的M1911A1款手枪。

在1940年敦刻尔克大撤退和4年后的诺曼底登陆之间，突击队员和伞兵队员的突击行动，极大地提升了英国平民和军队的士气。他们是唯一可能对欧洲大陆上的德军进行侵扰的力量。从最初德军入侵英国本土似乎不可避免的阶段，到重回法国已经势在必行但又遥遥无期时，他们都使得人们保存了对英军作战能力和最终击败纳粹德国的希望。

于进攻性的部队，由精挑细选的志愿者组成，在被占领的欧洲大陆上实施了许多突袭行动。最初他们虽然没有组织，成果也很小，但很快英军就创造了一系列战术，让这些突击队员取得了令人印象深刻的成果。1941年12月，对挪威在罗弗敦群岛上的鱼油厂和渔船进行的瓦加索突袭行动，由500名突击队员实施，在皇家工兵和52名挪威志愿者的支持下，18家工厂内的80万加仑油料和石油，11艘小型舰只和一批德国军事设施被摧毁。这次成功的行动，在不列颠和陆军中极大地提振了士气，特别是突击队员们俘虏了将近自己人数一半的俘虏，却只付出了一人受伤的代价（一名军官不小心打中了自己的脚）。

1940年7月间，英军招募了第一批人员作为新的伞降突击队员，最初被称为空降兵。这些部队计划以伞降或机降的方式，执行与两栖突击队员类似的作战任务。1942年2月27日，这些伞兵成功地从布鲁纳瓦尔的法国海岸的一处德军雷达站抓获了俘虏并缴获了一批设备；除了军事上的重大价值之外，这次行动又给本土战场上的士气带来了提升。这次突击也证明了，由空中投入的伞兵可以非常有效地执行任务，虽然在这次突击中他们实际上是从海路渗透。之后空降部队稳步发展，从突击队逐渐成长为重要的战略兵种，1944年被扩充到2个师，并在随后的解放欧洲的战役中发挥了重要的作用。

对于英国而言，第二次世界大战的转折点是1941年12月7日日本偷袭珍珠港事件。远东战场上的失利给英国带来资源上的损失的同时，也给他们带来了最大的安慰——与美国的结盟。之前一直保持中立的美国其实早就提供了美国本土的基地来训练英军飞行员，并在租借法案的框架内提供坦克、战舰以及其他战略物资，其付款可以延期或用与英国交易的其他物资进行抵销。但这种帮助，在美国所拥有的庞大人力和工业实力前都不值一提，如今美国的这些资源终于可以为盟友所用了。1941年12月8日，美国、英国、澳大利亚、新西兰、南非和加拿大（另外还有哥斯达黎加、萨尔瓦多、海地和多

1944 年 6 月，诺曼底：英军士兵穿过卡昂西南方向的篱笆丛林，开往维莱博卡日。这些地带被茂密的林木篱笆分割成许多小块，有利于防守，而使得进攻推进缓慢。图中有两辆隶属于一个维克斯中型机枪分队的通用运载车，以及一辆谢尔曼"连枷"扫雷坦克和步行的步兵。这些运载车最初是被设计用作侦察任务和步兵营的快速反应车辆，装备了一挺布朗轻机枪或是博伊斯反坦克步枪。1944 年时，它已经被用作全用途"越野载具"，扮演了更广泛的角色，包括运送弹药和补给、疏散伤员等。位于黑色方块上的白色数字"64"是隶属于步兵师的机枪营和装甲师的机枪连的番号。

米尼加共和国）向日本宣战。3 天后，德国向美国宣战。当英国在非洲和亚洲继续战斗时，英军终于可以——至少是有了希望——开始计划并训练以攻入希特勒的"欧洲壁垒"。在珍珠港事件后召开的华盛顿会议，确定了"德国优先"的政策。1942年 1 月 26 日，第一支美国部队抵达不列颠。

1942 年间，由联合作战参谋部指挥实施的针对欧洲大陆的重要突击行动有两次。圣纳泽尔港口，位于卢瓦尔河口上游 6 英里处，拥有被德国控制的大西洋海岸上唯一的能够容纳如提尔皮兹号战列舰吨位的主力舰的旱坞。为了阻止这些战列舰在大西洋上形成战斗力，有必要将这一旱坞破坏。在 3 月 27—28 日进行的"战车"行动中，盟军达到了这一目的，租借得来的皇家海军战舰坎贝尔敦号冲破了旱坞大门，后来用定时炸弹炸毁了这一闸门（同时还有约 400 名德军被歼灭）。尽管参加作战的海军和突击队有超过 60% 的成员牺牲或被俘，但突袭还算是成功了，在大战剩余时间里，德军都未能再有效利用这一旱坞。

突击队的成功在宣传的作用下带来了巨大的影响力，但 1942 年 8 月 19 日在迪耶普进行的"大规模侦察"的结果就不那么美妙了。苏联长期以来坚持认为"第二战场"的开辟必须以获得足够的港口设施作为先决条件，而迪耶普突击的目的就是试图获得一个能够运作的港口，坚守一天，并消灭防御者。该行动主要由加拿大第 2 师承担，被命名为"大赦"计划，有 1 个加拿大坦克团和 4 支英军突击队部队（包括少量美国游骑兵）。但开战不久，这次突击的突然性就已经丧失，登陆也只在右翼取得了成功，主要是第 4 突击队和 2 个加拿大营。所有地点上的损失都比预想的惨重，主要突击海滩被德军严密设防的强大阵地上的纵向火力所覆盖。6 000 人的部队中有超过 4 000 人伤亡，皇家海军损失了 500 多人，一艘驱逐舰和许多轻型舰只被击沉，皇家空军损失的飞机超过 100 架。迪耶普突击是一场灾难，但也是一堂教育课，盟军从中得到的许多经验都在后来的两栖登陆战中发挥了重要的作用。

登陆日和诺曼底战役

对于任何针对欧洲大陆的进攻而言，希特勒的"大西洋墙"都是强大的壁垒——总共有超过12 000个得到强化的要塞据点和数以千计的机枪以及步兵站位。它的建设启动于美国参战的数月之内，德国人毫无疑问地意识到，联合起来的盟军已经强大到可以对英吉利海峡沿岸的安全构成重大威胁。盟军建立和训练了一支庞大的部队以准备登陆作战，到1944年春天，有超过150万名美国男女军人被部署到不列颠，而英军部队的人数也大致相当。盟军规划了一个"勇气"行动来掩盖他们真实的作战目的，这一虚假的计划使得德国人认为登陆会发生在加莱海峡或者是挪威。事实上，盟军确实考虑过在加莱海峡登陆，这里距离英国海岸最近，可以使得转运船只快速周转，同时可以最大化空军支援的"滞空时间"，这也是通往德国最短的路线。但是，由于这里也是"大西洋墙"防线防守最严密的地段，因此这一构想最终被取消。

1944年7月，诺曼底，英国步兵在占领卡昂之后向卡尼发起推进，此时他们正在等待命令。可以看到的是，几乎所有人都装备着全尺寸的通用铲或锄头，抄在他们的装具背后，但标配的掘壕工具并不能胜任繁重的掘壕任务。在诺曼底，德军火炮和迫击炮的反复反击，使得步兵们如果在一个地方待上一两个小时就必须掘壕作业。

真实的进攻计划"霸王"行动，则是要在诺曼底海岸线上介于西面的科唐坦半岛底部到东面的奥恩河口之间的5个海滩发起登陆进攻。在担任最高指挥官的美国上将德怀特·艾森豪威尔的麾下，集结了超过5 000艘舰艇和登陆艇，11 000架飞机（德国空军在登陆日当天在该一区域可用的飞机只有319架）、175 000人、1 500辆坦克、20 000辆其他载具和3 000门火炮，于1944年6月6日清晨穿过英吉利海峡发起登陆。

地面进攻部队为第21集团军群——第2英国集团军（邓普西上将）和第1美国集团军（布拉德利上将）——由蒙哥马利上将指挥。东线部队为1 796艘舰只搭载的英国和加拿大突击部队，他们要进攻从西面的阿罗芒什到东边的乌伊斯特勒昂之间24英里范围内的3个海滩："金色"海滩（英国第50步兵师，第8装甲旅的坦克和第7皇家海军陆战突击队），"朱诺"海滩（加拿大第3步兵师，第2装甲旅和第48皇家海军陆战突击队），"宝剑"海滩（英国第3步兵师，第27装甲旅，第41皇家海军陆战突击队和第1特勤旅）。在内陆地区，隶属于英国第6空降师的6 250名英国和加拿大伞兵及机降兵在夜幕中空降，夺取重要的桥梁并防守交通要道，对抗德国援军。隶属于英国第79装甲师的特制破障装甲车辆用来保证登陆行动顺利进行。

1944年8月，一辆超载的英军吉普车和拖车渡过塞纳河。一个英军步兵营会配备13辆这种不可或缺的4×4通用载具，但总是供不应求。步兵营经常用它们与运载车排一起执行侦察任务。

英军付出了约3 000人的伤亡代价，加拿大则为1 000人——远远少于预期。到夜幕降临时，登

英军损失 1944 年 6 月 6 日— 1945 年 5 月 7 日	
	（人）
阵亡或重伤不治	30 276
受伤	96 672
被俘或失踪	14 698
总计	141 646

注：在步兵师中，大部分伤亡都是由 9 个步兵营承担的，其总共编制只有 7 000 多人。例如，第 51（高地）步兵师在这一时期的损失为：1 702 人阵亡，7 487 人受伤，577 人失踪，合计 9 766 人。第 51 师中伤亡最惨重的是苏格兰高地警卫团第 5 营：225 人阵亡，932 人受伤，103 人失踪，合计 1 260 人，为编制人数的 160%。在这些统计中，军官伤亡为编制人数的 224%。因此，到欧战胜利日时，大部分部队中只有屈指可数的军官和士兵参加过诺曼底登陆。

陆部队的大部分都已经登上海岸。德军的防御还算得上严密，但缺乏纵深防御——一旦固定阵地被突破，没有装备优先权的德军卫戍师就会因缺乏足够的火力和机动性而无法发起反击。德国海军和空军实际上在战斗中并没有发挥作用。至关重要的是，德军的后备装甲师并没有及时投入——这一情形是源于德军指挥链的复杂和低效、希特勒的优柔寡断以及运气——这段时间足够盟军巩固滩头阵地。

但是，第一天的许多目标过于野心勃勃。从登陆日第二天起，英军突击部队陆续增加了第 51（高地）师和第 7 装甲师。在拥挤的海滩上，阵地建设还在继续，同时在 6 月底前，第 49（西赖丁）、第 43（韦塞克斯）、第 53（威尔士）、第 59（斯塔福德郡）步兵师和第 11 装甲师及近卫装甲师抵达诺曼底，共同构成了一大批军级和集团军级部队。德军埋藏在浓密的诺曼底丛林中，让盟军的每一寸进展都付出了沉重代价，这种地形对防守者有利，并使得攻击方不能发挥他们在机动性上的优势。当美国陆军在科唐坦半岛和圣洛附近苦战时，英国人和加拿大人则发动了数次代价沉重的尝试（如"埃普索姆""查恩伍德""古德伍德"等行动）以期夺取或绕过卡昂这一至关重要的东线支撑点，直到 7 月 19 日才拿下该地。与德国最精锐的武装党卫军和装甲师的艰苦战斗，如奥东河谷、112 高地、品昆峰、勃艮布斯山脊等地的争夺战都消耗了数量惊人的英军士兵和坦克。

但是，"古德伍德"行动将德军装甲部队大部分都牵制在了英军战线上。7 月 25 日，布拉德利将军的美国第 1 集团军发起了"眼镜蛇"行动，从诺曼底南部冲出，穿过库唐斯和阿夫郎什。30 日时，英军发动"蓝色制服（警察）"行动，从科蒙出发向南进攻直指维尔河。在巴顿将军新成立的美军第 3 集团军的协助下，英军先是攻入布列塔尼，然后向东进入了法国北部。8 月，德国国防军在莫尔坦发动的最后一次反击被击败，德军第 7 集团军的 60 000 人在法莱斯包围圈中被歼灭或俘虏。德军在法国的抵抗宣告崩溃。8 月底，英军已经渡过了索姆河，美军第 3 集团军也已经跨过了默兹河。

1944 年秋天的抉择

在进攻欧洲大陆的突击阶段，蒙哥马利将军统一指挥盟军地面部队。9 月 1 日，盟国远征军最高统帅部（SHAEF）在法国成立了，由艾森豪威尔将军担任统帅。蒙哥马利被晋升为陆军元帅，转而负责英国 / 加拿大联合的第 21 集团军

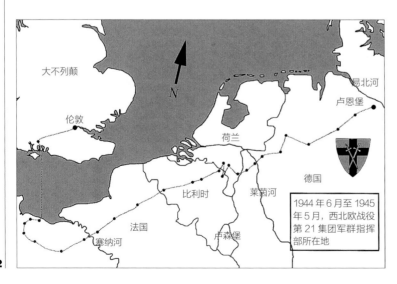

1944 年 6 月至 1945 年 5 月，西北欧战役第 21 集团军群指挥部所在地

群——英国第2集团军和加拿大第1集团军（克勒拉尔将军）——位于盟军攻势的北翼，准备进攻低地国家并进入德国境内。

蒙哥马利倾向于在鲁尔地区北面渡过莱茵河发动攻势，并深入到德国工业核心区。而另一方面，艾森豪威尔则坚定地要实施一个"宽大正面"计划，让军队在所有区域内推进并最终让8月中旬从登陆场出发的美军和自由法国军队在法国南部会师（"铁砧"行动）。但是，由于未能夺取英吉利海峡上德军卫戍部队依旧固守的主要港口，盟军前线的补给供应已经超出了负荷——后勤瓶颈已经出现。为了分配到可能的补给，盟军的指挥官之间竞争激烈，因为每一发炮弹和每一桶油料都必须从瑟堡港口横穿法国，千里迢迢地用卡车运来——盟军在登陆之前的狂轰滥炸事实上已经摧毁了法国北部的铁路网——像油料和弹药这样的基本必需品都存在短缺。

蒙哥马利由于在夺取卡昂和完成法莱斯包围圈的战斗中推进缓慢而备受指责，但他从塞纳河进入比利时的行动却格外顺利。英国第三十军和第十二军分别在8月29日和8月30日从各自的桥头堡出击；很快迪耶普被夺下，其港口不久后就开始运作（到9月底时达到每日9000吨的运输量）；布鲁塞尔9月3日被夺取，第二天第11装甲师抵达安特卫普。但是，这一战略意义非凡的港口由于德军依然固守着斯凯尔特河下游两岸而无法被盟军所用。为了克服补给困难，第八军的二线部队全部和一线部队一半的运输工具都用来维持这两支军队的推进。蒙哥马利决定在德军得以重组之前强渡莱茵河，并刚好赶在冬季之前完成部署。

为了达到这一目的，他计划让第三十军向北推进到位于安亨和须德海①之间的区域（"花园"行动），同时由2个美军师和1个英军师组成的空降军应在从9月17日开始的伞兵空降之后夺取格雷夫、奈梅亨和安亨的桥梁（"市场"行动）。同时，第八军和第十二军则为第三十军开拓并拓宽走廊。盟军在18日夺下了埃因霍温，并紧接着在格雷夫与美军会师。但是，空降部队遭遇了比预期更激烈的抵抗，同时坏运气和作战计划的缺陷（后来这一点被广为诟病）使得第1空降师未能及时在安亨大桥投入足够的兵力。在南面，第三十军本应与他们会师推进的线路，两次被武装党卫军上将哈默尔强大的装甲部队切断。

越发恶劣的天气阻碍了向被困的伞兵空投增援和补给。最终，9月25日，被下令向第三十军阵地突围的兵力——空投到安亨地区的超过9000人的部队——只剩下约2000人。尽管这次

1944年10月，低地国家，步兵排属2英寸迫击炮正准备发射，以驱逐一名德军狙击手。这种可以手持发射的小型武器，重量在19磅（约8.5千克）以下，射程约500码（约457米）——目视瞄准，射击速度取决于有经验的射手到底能够多快地填充弹药（可以发射高爆弹、烟雾弹和照明弹）——它在近距离战斗中如此有效，以至于直到几十年后的今天，在英国陆军中还装备着其轻微改进款。1944年时，很难见到卡其色制服的黑色布质团级肩章。在此图中为"蒙墨斯郡"字样，另有冲锋公牛的标志，表示这是第11装甲师第159步兵旅的蒙墨斯郡团第3营。

---

① 现在的荷兰艾瑟尔湖。

失利的代价沉重，但是必须指出的是，从战略的角度而言，这次军事"赌博"的理由是充分的。

当美军推进到南起摩泽尔北到阿登地区的德国西墙①时，第21集团军群则陷入了肃清斯凯尔特河口的苦战之中，在秋季的大雨造成的泥泞中苦战以占领洪泛区以及荷兰海岸上错综复杂的入海口及岛屿。最终，11月26日，第一艘货船驶入安特卫普港口。到12月1日，港口每天已可以卸下10 000吨货物，在两周之后，几乎又翻了一倍。

英军在1944年的伤亡非常惨重，一些部队已经无力再战，第59师在10月被解散并补充其他部队。在熬过数十年中最寒冷的冬季时，盟军没有向德国发起任何大型攻势，而是充实力量并储存补给。之后，1944年12月16日，希特勒在阿登地区发起了对美军的最后一次反攻。艾森豪威尔赋予了蒙哥马利在"突出部"北翼美军第1和第9集团军的指挥权，英国第三十军则赶往南翼防守默兹河上的桥梁，但击败德军攻势的功劳其实只能算在美军头上。据估算，在11月和12月间，德军损失超过25万人。

向莱茵河和易北河进军

1945年1月26日，英国第2集团军开始执行"黑色雄鸡"行动，肃清了鲁尔蒙德突出部。在寒冷的2月中，加拿大第1集团军指挥英国第三十军执行"真实"行动，歼灭了位于默兹河和莱茵河之间的德军抵抗力量。在2月8日至3月10日间，盟军在芮斯华森林进行了苦战，最终夺取了莱茵兰②的大部分地区（"轰动"行动）。第21集团军于3月23—24日，在一次成功的大规模空降行动（"大学"行动，第6空降师）的支援下，突击渡过了韦赛尔附近的莱茵河（"抢夺"行动）。

3月28日，英国第2集团军从其桥头堡阵地出发。尽管还是有一些负隅顽抗的德军部队在小规模战斗中继续消耗着英军的兵力，但最终的胜利曙光已经出现。当加拿大人解放了荷兰北部时，英军在整个盟军攻势的北面向东穿越了德国。4月4日，第2集团军抵达奥斯纳贝克，第二天渡过了威悉河。4月15日，第11装甲师解放了伯根－贝尔森集中营——因此，英军士兵才第一次真正体会到他们持续战斗近6年所对抗的到底是什么。4月19日，英国第八军抵达易北河，在这里西方盟军同意停下来等候从东面推进而来的红军。英军转而向北直指波罗的海沿岸，以解放石勒苏益格－荷尔斯泰因和丹麦。5月2日，柏林被苏联攻克。第二天，英国第2集团军接受了汉堡的投降，并在维斯马南面与苏军会师。5月4日，在吕讷堡

1945年4月，许多盟军战俘得以被解放。这些被虐待得瘦弱不堪的英军士兵，是被美军第1集团军从哥廷根战俘营中营救的，之后数月，在更靠近东边的区域内相继发现了更多的战俘营。这幅景象与普通大众想象的无聊但却相对舒适并且总有人在策划越狱的战俘营生活大相径庭，但值得庆幸的是，这些人并非日军的战俘或是纳粹党卫军死亡集中营里的居民，他们只是在四五年前被德国国防军俘虏的普通英国士兵。

---

① 齐格菲防线。
② 德国莱茵河西部地区。

（右）在第3、15、43、51步兵师中，米德尔赛克斯团的各个营担任的都是师级步兵火力支援角色。他们装备着0.303英寸的维克斯中型机枪以及4.2英寸的迫击炮（每个排各有4挺机枪或4门迫击炮）。此图中为第3师的米德尔赛克斯团第2营D连的迫击炮手，他们戴着MK Ⅱ（左右两侧）和MK Ⅲ（中）头盔。4.2英寸迫击炮重1 320磅（约599千克），可以发射20磅（约9千克）的炮弹，射程高达4 100码（约3 750米）——远在2英里以外。在隐蔽坑后边用伪装布罩上的弹药，提醒着我们，所有的支援武器对弹药的消耗量都是惊人的。

石楠草原的陆军元帅蒙哥马利的司令部大篷车队中，德国海军上将弗里德堡签订了协议，从5日上午8点起，在德国西北部、荷兰和比利时的所有德军无条件投降。5月7日上午2点40分，在兰斯的艾森豪威尔的盟军最高统帅部里，德军元帅约德尔签订了协议，从第二天的23点01分起，所有德军无条件投降。西方盟军宣布，1945年5月8日为"欧战胜利日"——最终，欧洲战场全面胜利。

组织和力量

1944年8月：第43（韦塞克斯）师的步兵，正在穿过一座刚刚解放的法国小镇。在布朗机枪小组身后的车队中，领头的是一辆通用运载车，上有师级标识和绿色方块上的白色"61"序号，表明他们是43师第2旅中的第2营，即第130旅的多塞特郡团第5营。半履带车的序号为蓝底绿色的"41"，这表明它们属于皇家装甲部队第43侦察团。

高层指挥

1939年，英国陆军由正规军和本地军构成，另有预备役人员军队可以提供额外的兵力。当年4月，正规军共有224 000人，本地军325 000人（另有96 000人的本地军防空部队）——共计有645 000兵力。从6月开始征兵登记，7月第一批平民应征入伍。这些新加入的未经训练的人员，在三大军种中都有，被称为民兵，在大战爆发时，已经有大约34 000人。本地军增加了36 000人，预备役和补充预备役增加了150 000人。9月份战争爆发，国民征兵法案整合了所有的陆地武装力量（正规军、本地军和民兵），总数达到了897 000人，并且宣布年龄介于18到41周岁的所有合格男性都可以被征召入伍。

由首相张伯伦在1939年9月1日成立的战时内阁，是英国及其三大兵种的最高管理机构。三大兵种大臣，即海军大臣、陆军大臣和空军大臣，直接向首相汇报，另设有一名国防大臣。1940年5月10日，温斯顿·丘吉尔被任命为首相后，他迅速组建了战时内阁，自己兼任国防大臣，直接指挥武装力量，而将其他内阁大臣排除在外。尽管如此，个别大臣——海军大臣、陆军大臣和空军大臣——还是对他们自己的部门负有领导职责。英国陆军的管理职责归陆军部所有，陆军部对陆军委员会负责，其直接管理陆军各部门、军区和司令部。军区包括伦敦和北爱尔兰军区，

另有苏格兰、北方、西方、东方、南方和东南方军区以及防空军区，由国土部队总司令指挥，后来进一步细分为作战区域；北爱尔兰军区由北爱尔兰英军总指挥官指挥。在战争爆发时或之后成立的海外司令部包括中东、马耳他、西非、东非、波斯和伊拉克、印度总司令部，以及东部（印度）、北部（印度）、中部（印度）、锡兰和马来亚司令部。

1944年，为了解放欧洲，指挥机构变为由艾森豪威尔指挥的盟国远征军最高统帅部（SHAEF），负责所有成员国的所有兵种的指挥。地面部队司令为蒙哥马利将军，他直接指挥第21集团军群，后来包括英国第2集团军和美国第1集团军。集团军级层面的附属人员中包括诸如军官衣店、流动洗衣店和澡堂部队等奇异的单位，被编制成低级部队，由集团军群直接指挥（如之前已经提到的，美国第3集团军在法国正式建立后，美国第1集团军被转隶到全部由美国部队构成的第12集团军群，其在第21集团军群中的位置由加拿大第1集团军替代）。

在第二次世界大战期间，英国共成立了7个集团军，番号为第1、2、8、9、10、12、14，但只有第2集团军参加了西北欧战役。第2集团军是于1943年6月间在英国成立的，目标就是解放欧洲，其采用的标识为白色盾牌和蓝色十字，另有一柄金色的十字军宝剑，剑柄居于最上方，叠在十字之上。由米尔斯·邓普西中将指挥的第2集团军，在诺曼底战场上下辖第一、第八、第十二和第三十军。

1944年，1个典型的英国集团军下辖4个军，每个军有2个步兵师，1个装甲师，以及附属的军级部队。这一理论上的构成经常依据作战任务的需要而临时变化。比如，为了执行在1944年7—8月间诺曼底战场上的作战任务，第八军可谓是"重装云集"，下辖第11装甲师和近卫装甲师，第6近卫坦克旅，1个步兵师——第15（苏格兰）师。

在每个更高层面的指挥体系中（集团军和军），附属部队可能包括独立步兵旅和坦克旅，野战炮兵、中型炮兵、重型炮兵、防空炮兵和反坦克炮兵部队，皇家工兵、皇家通信兵、皇家陆军军械部队、皇家陆军勤务部队、皇家通信军、皇家电子和机械工兵以及皇家陆军医疗队成员——所有这些附属部队都会按照需要配属到更低级别的部队。

1943年，阿盖尔和萨瑟兰高地人团某营的反坦克炮手正在使用一门6磅反坦克炮。其口径为2.245英寸，射速为每分钟10发，射程为5 500码，这门6磅炮也被美国陆军采用，称为M1 57毫米反坦克炮。但在1944年，它在常规战斗距离上，并不能对德国的豹式和虎式坦克造成威胁。虽然6磅炮逐渐被牵引式和自走式17磅炮所替代，但只要可行，它依然是许多英国步兵师级反坦克团的装备，只有装甲师才能够优先装备17磅牵引反坦克炮和自走炮。

英国陆军人力水平 1939—1945 年（人）		
	陆军	国土防卫军
1939	89 700	未成立
1940	1 888 000	1 456 000
1941	2 292 000	1 603 000
1942	2 494 000	1 565 000
1943	2 697 000	1 784 000
1944	2 741 000	1 727 000
1945	2 920 000	撤销

注：所有数字都来自于战后资料，战前和战时资料的相关数据通常都要高很多。国土防卫军的数字从 1940 年 8 月开始统计，其队伍分别隶属于各个郡属团。值得注意的是，1943 年时，国土防卫军士兵的平均年龄低于 30 岁，并非老弱残病组成的"爸爸军"。事实上，国土防卫军为 17 岁和 18 岁的少年提供了非常有用的入伍前训练。

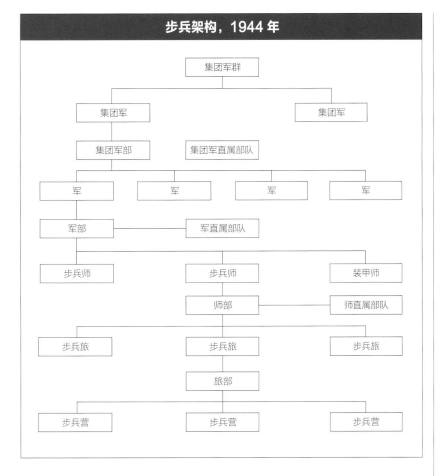

步兵架构，1944 年

1944 年，诺曼底：一支英国装甲部队——很有可能是第 7 装甲师的部队——配有克伦威尔坦克和谢尔曼萤火虫坦克。萤火虫坦克上装备的 17 磅炮，是当时唯一能够抗衡德军豹式和虎式坦克的武器。生产量加大后，每 4 个坦克分队中就有 1 个分队装备萤火虫坦克。到大战末期，进一步增大的生产能力，使得大多数坦克部队——4 个分队中的一半——都装备了萤火虫。

步兵师

有番号的步兵师——有时还会以地区命名，但其中一些并没有太多的实际意义——是军级指挥官手中掌握的主要战斗编制。1939 年其编制人数为 13 863 人，到 1944 年时已经扩充到 18 347 人。标准的师有 3 个授予番号的步兵旅，每个旅有 3 个营。

师部有附属部队，与军部直属部队相似，其中包括各种诸如宪兵看守连、皇家工兵邮局等在内的次级单位——同样由师部直接指挥，但通常会拆分到各个步兵旅的部队中，既有中型机枪营，也有能提供机枪和重型迫击炮支援的支援营。举个例子，第 15（苏格兰）师中的米德尔赛斯克团第 1 营在 1943 年 10 月到 1944 年 3 月间担任的就是支援营职责，之后被改名为机枪营。

师级侦察部队有过各种各样的称谓，最开始是师级骑兵团，但从 1944 年 1 月起被改称为皇家装甲侦察团，使用师级番号。例如，在第 15（苏格兰）师中，就有第 15 皇家装甲侦察团（读者应该知晓的是，在英国陆军中，"团"这一术语至少有 3 种不同的意义。在骑兵、装甲兵和炮兵中，它意味着一个规模相当于步兵营的单位，即由 1 名中校指挥，有 700～800 人编制，下辖 3 或 4 个有番号或字母编号的次级部队——中队或炮组——还可以细分为有番号的"小队"）。

师级炮兵通常包括 3 个皇家野战炮兵团（18 门 25 磅炮）、1 个反坦克团（48 门 6 磅炮或 17 磅炮），以及 1 个轻防空炮团（54 门 40 毫米防空炮）。例如，1944 年第 15（苏格兰）师的炮兵团就包括第 131、第 181、第 190 野战炮兵团，第 97 反坦克炮兵团和第 119 轻型防空炮团。

尽管步兵旅的番号最开始是连续编制的，但由于战争的需要，这些旅也会在各个师之间调动，如 1944 年，第 15（苏格兰）师下辖第 44、第 46 和第 227 步兵旅。旅的编制基本上包含 3 个步兵营，另有 1 个中型机枪连、1 个反坦克炮组、1 个皇家野战炮兵团、1 个皇家工兵连、1 个皇家运输连、1 个皇家野战医院，以及战地工坊（由师级直属部队加强到旅一级）。在重要战役中，独立坦克旅会被加强配属到步兵师，每个步兵营会加强配备 1 个有 3 个中队的坦克团。

步兵营

英军步兵团——例如，国王私人苏格兰边民团——更是一种"群团"称谓而非"战术"称谓。步兵团有着悠久的历史，通常可以追溯到至少 250 年前。它更像是一个行政兵站，负责为有番号的步兵营提供人员补充和勤务，并为所有的营提供制服。其各个有番号的营——通常独立运作——再加上来自其他团的营共同构成战术旅[①]。例如，在 1944 年，第 15（苏格兰）师的第 44 步兵旅就下辖第 8 皇家苏格兰营、第 6 国王私人苏格兰边民营、第 6 皇家苏格兰燧发枪营。每个营可能会有自己独特的标志。

营是最小的战术单位，有营部、直属连、支援连和 4 个步枪连。直属连包括连部、1 个通信排和 1 个管理排。支援连包括连部、1 个 3 英寸迫击炮排、载具排、反坦克排和工兵排。每个步枪连包括 1 个连部和 3 个步

1939—1940 年间，西线战场某处，40 毫米博福斯防空炮小队正在静待德国空军。皇家炮兵有仅次于步兵部队的第二优先权，可优先获得新的衣物和装备，但此图中士兵依然穿着 SD 制服，之后才会替换为 BD 战斗服。表现杰出的自动式博福斯防空炮，有 4 发式弹夹，炮弹重 2 磅（约 0.9 千克），每分钟射速 120 发，射程高达 10 800 码（约 9 878 米），配发给步兵师和装甲师中的轻型防空炮。其装备数量非常充沛——9 个分队，每个分队 6 门炮。

（右）尽管英军将 25 磅炮搭载在坦克车身上，制造出了"司事"自走炮，并配发装备到每个装甲师的 2 个野战炮兵团中的一个，但英国人还是获得了类似的美制 M7"牧师"105 毫米自走榴弹炮。这张照片拍摄于 1944 年 6 月 6 日登陆日当天"宝剑海滩"内陆，这辆伪装过后的"牧师"自走炮，正等候命令准备对第 3 步兵师提供火力支援。仔细观察可以看到用粉笔写的"LCT281"编号。这些美式自走炮在提供给英军时提供了全套附件——在履带护板上方甚至可以看到一个美军坦克手头盔。炮手穿着标配的无领毛线衫，BD 长裤和白色背带。

---

① 英国陆军的战时编制中并无"团"一级，而是师－旅－营编制。

枪排，步枪排的番号为全营按拉通排序。每个排有排部，包括1个2英寸迫击炮组和1个反坦克武器组，指挥3个步兵班。每个步兵班7人，每个班附加1个3人的布朗机枪小组。

装甲师

1940年，大多数军队都开始试验组建他们的新装甲部队编制，但大多数派上战场的"坦克众多"的师都受累于其相对薄弱的附属步兵和炮兵。初设的英国第1装甲师，规划有2个装甲旅，每个旅有3个装甲团及1个摩托化步兵营，支援部队包括1个步兵营，以及野战炮、反坦克炮、防空炮团各1个（事实上英国远征军的装甲师少了1个坦克团，另缺少所有的步兵和野战炮，并且只有1个反坦克/防空团为这支大部分由轻型坦克组成的部队提供支援）。

第52（低地）师的25磅炮和炮前车正在训练，由莫里斯四驱火炮牵引车牵引。蓝底红色的"43"序号表明这是师级炮兵的第2个野战炮兵团——在第52师中，1942年6月前为皇家炮兵第79野战炮兵团，之后为第80野战炮兵团。这些非常强大的25磅炮，为3.45英寸（约87.6毫米）口径，射程最少为11 000码（约10 060米），是皇家炮兵野战团的主力装备，在大战的各个战场中都有它的身影。它只需要2分钟就可以进入发射状态，射速最少可以达到每分钟5发。1944—1945年间，皇家炮兵团远胜于德国炮兵，在摧毁西线的德国国防军的战斗中发挥了非常关键的作用。

随着战争的进行，为了寻求装甲师中各兵种的平衡和发挥最大效力，军队进行了许多改编。1944年编制的装甲师有1个装甲旅，下辖3个团（英军每个团在团部和3个军刀中队中共有78辆坦克），以及1个机械化（摩托化）步兵营——通常是从轻步兵团中调入并装备有美制半履带车，另有1个有3个营的车载步兵旅；1个装甲侦察团——通常装备"巡洋"坦克而非装甲车；1个独立的中型机枪连，其师级炮兵包括2个皇家野战炮兵团或皇家重型野战炮兵团，反坦克炮兵团和轻型防空炮兵团各1个。师级直属部队还包括通常的工兵、通信兵、医疗、勤务和看守部队。

在装甲团中，每个中队有1个队部和管理部门，下辖5个分队，其中3个为坦克分队。有的部队下辖4个分队，均为坦克分队。加上直属部队中的坦克（师部10辆，旅部18辆），全师的坦克数量约为343辆。

战斗兵种和勤务

在役兵种为英国陆军所有兵种的

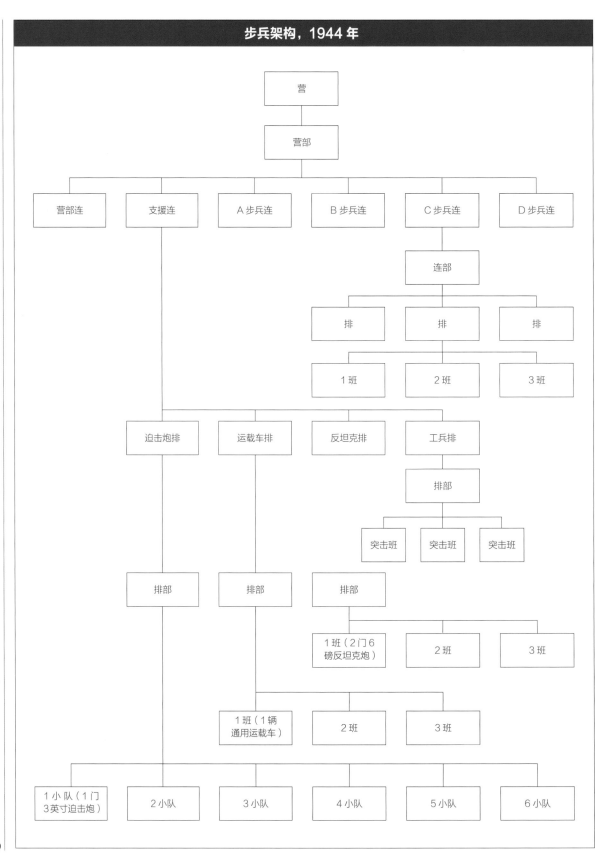

步兵架构，1944 年

营

营部

| 营部连 | 支援连 | A 步兵连 | B 步兵连 | C 步兵连 | D 步兵连 |

连部

排 | 排 | 排

1 班 | 2 班 | 3 班

迫击炮排 | 运载车排 | 反坦克排 | 工兵排

排部

突击班 | 突击班 | 突击班

排部 | 排部 | 排部

1 班（2 门 6 磅反坦克炮） | 2 班 | 3 班

1 班（1 辆 通用运载车） | 2 班 | 3 班

1 小队（1 门 3 英寸迫击炮） | 2 小队 | 3 小队 | 4 小队 | 5 小队 | 6 小队

合称，包括各战斗兵种以及勤务系统中的管理和后勤兵种。

战斗兵种

近卫骑兵 禁卫骑兵团和皇家近卫骑兵队（蓝军），是英国陆军中的两支资深部队，在大战早期都实现了机械化，其训练团中的马匹最后在1941年被淘汰。这两个团合并组建了两支战术装甲部队——第1、第2近卫骑兵团。第1近卫骑兵团主要是来自原禁卫骑兵团，而第2近卫骑兵团则是来自原皇家近卫骑兵队。在大战结束后不久，个别部队就已经名存实亡。

皇家装甲兵 成立于1939年，由皇家坦克军和装甲骑兵团合并而来。同时皇家坦克军被授予了皇家坦克团的称号。令人疑惑的是，皇家坦克团中23个有番号的营级规模的部队（第1~12，第40~51）也被称为"团"。皇家装甲军在大战中总共补充建立了6个新的装甲骑兵团，并将56个步兵营改编为装甲部队。后者被命名为皇家装甲军第107~163团（许多人在他们的黑色皇家装甲军贝雷帽上保留了步兵团级帽徽）。在大战中，"装甲旅"被改建为装甲师；"（陆军）坦克旅"则作为独立部队由高层司令部灵活部署。

皇家炮兵 同样保留着"团"这一历史称谓，皇家炮兵团是"二战"中英国陆军最大的战时组织，下辖有番号的野战炮兵，中型、重型、海岸炮兵，反坦克炮兵和防空炮兵。这些"炮手"们还操纵探照灯、组织观测团、驾驶轻型观测飞机。在大战期间，一批原义勇骑兵团和步兵营转隶炮兵，另外还有118 649人的国土军和57 000名本地辅助军女兵。皇家骑炮兵为皇家炮兵的组成部分，但保留了自己的称谓和标识。

皇家工兵 为陆军提供包括建筑、爆破和其他工程任务在内的工程技术支持，雇用熟练的专业人员，其战前就任的军官都毕业于剑桥大学。基本的皇家工兵部队为连，有以下3种基本种类：

（1）战地连和要塞连——战地连是战斗部队中的工兵部队，要塞连则部署在海外卫戍区。

（2）通信线路连——为通信线路和基地区域提供广泛的技术支持。

（3）运输连——为建设、运输和维护铁路、港口以及巷道提供人员和装备支持。

皇家通信兵 负责陆军中下至步兵营、坦克团和炮兵组的所有通信联系；其下级通信由连级通信兵——都是该部队中经过额外训练并拥有资质的人员——负责。其装备包括无线电、电话、电报和电传打字机等。皇家通信

1944年12月，德国，皇家炮兵第107中型炮兵团——由一支原义勇骑兵队，即南诺丁汉轻骑兵团改编而来——的炮手正在装填1枚5.5英寸口径的炮弹。他们戴着通用帽，穿着丁呢布套装。右边的士兵佩有一把美式M4匕首，这是一种很有用的工具，英军中尚无对应装备。5.5英寸（约140毫米）火炮发射100磅（约45千克）炮弹，射程达16 200码（约14 813米）。

1944年，中型和重型炮兵都集中在集团军级。英军第2集团军就有数支集团军群级皇家炮兵部队（AGRAs），每支部队有1个野战炮兵团（25磅炮）、4个中型炮兵团（5.5英寸炮）和1个重型炮兵团（7.2英寸榴弹炮和美制155毫米火炮）。AGRAs部队通常是一个军配属一支，但也可以集中使用——更具毁灭力。第107中型炮兵团是第9皇家炮兵部队的下属部队。皇家炮兵第3超重型炮兵团也是第9皇家炮兵部队的下属部队，装备了美式8英寸火炮和240毫米榴弹炮，射程分别为20英里和14英里。1944年底时，第21集团军群获得了有类似装备的皇家炮兵第51野战炮兵团。

兵还负责所有盟军之间的沟通联系，并为皇家空军和
其他空中部队提供通信保障。

步兵 英国陆军中的步兵包括 5 个近卫步兵团
和 64 个普通步兵团。在和平时期，1 个团下辖 2 个
正规营（1 个在本土服役，1 个在海外服役），以及
2~5 个本土军营。在第二次世界大战期间，并没有
新成立的步兵团，但因为合并的本土军营和新建的一
些正规营，营级番号规模急剧扩大。例如，皇家燧发
枪手团有 18 个非连续编号的营，而"赫特福德郡"
团只有 2 个营。"团级"系统带来的是士兵的认同感
和归属感，士兵会被自己所在团的光荣历史所鼓舞，
这种袍泽之间的忠诚感是英国士兵战斗精神的核心。

侦察兵 步兵师中的侦察团成立于 1941 年 1 月，一般采用师级番号——
例外的是第 51（高地）师，其侦察团为第 2 德比郡义勇骑兵团，第 50 师
为第 61 侦察团。侦察部队是指挥官的眼睛和耳朵，作为机械化部队，在军
部或步兵师中的侦察部队通常装备装甲车和侦察车；但如果是装甲部队中
的侦察兵则装备轻型坦克。空降侦察部队则配有武装吉普车。1944 年 1 月，
侦察兵被并入了皇家装甲兵。

陆军航空兵 成立于 1942 年，是滑翔机飞行团、伞兵团的管理组织，
从 1944 年起，还负责特别空勤的管理。该部门并没有自己的飞机，他们
的滑翔机虽然搭载士兵，但却由皇家空军负责管理（哪怕是炮兵空中观测
所使用的轻型飞机，其驾驶人员为皇家炮兵军官，但维修保养也是由陆军
和皇家空军的人员共同完成）。

勤务

皇家陆军牧师部

皇家陆军后勤部（RASC） 该部门负责储存、
转运和配发补给及载具。补给和转运局负责 RASC
中的两个分支，前者提供食物、油料、机油和其他必
需品，后者则负责各军所需的坦克配件和载具。载具
的维护由陆军后勤和皇家陆军电子和机械工程部门共
同负责。

皇家陆军医疗部（RAMC） 负责所有的医疗勤
务，包括亚历山大皇后的帝国军事护士以及红十字协
会和志愿救护队。

皇家陆军军需部（RAOC） 负责采购和配发军
需储备（武器、弹药、战斗载具、光学与电子设备、

1945 年 1 月，德国，第 52 师
156 旅，皇家苏格兰燧发枪手团第
4/5 营①C 连的士兵正在行军，路过一
辆谢尔曼坦克和一辆丘吉尔坦克。两
者都将白色床单做成了伪装罩。缓慢
且装甲厚重的丘吉尔坦克，以非师属
独立坦克旅的编制为步兵提供支援。
它也是第 79 装甲师的基本装备，该
师有各种特殊装甲载具，其中包括令
德军心惊胆战的"鳄鱼"喷火坦克。

---

① 大战后期，英军将部分减员严
重的营进行了合并，在番号上使用
原番号的合体，如 4/5 营即由原第
4、第 5 营合并而来。

一旦步兵在河流的对岸建立了巩固的阵地之后，皇家工兵就可以开始架桥作业，使得支援部队和重型载具得以通过。图中为1945年4月初，德国境内的崔尔瓦尔德，一座由预制件搭成的"城壁"钢梁桥，一辆亨伯侦察车和一辆贝德福德卡车正在通过。亨伯侦察车右边的桥梁分级标识，为黄色圆盘上的黑色"40"数字，标明了该桥的承重极限——"城壁"钢梁桥可以承受包括38.5吨重的丘吉尔坦克在内的各种装备。侦察车上有第2集团军的标识和蓝底红色杠条上的白色"179"字样，这标明它隶属于第3皇家炮兵部队的第49重型炮兵团。车上的指挥官戴着卡其色贝雷帽，穿着一件黄褐色"小精灵服"。

（左）1945年4月，德国，第52师第156旅苏格兰步兵团第7营的一个步兵班，正使用冲锋舟渡过运河进入莱茵城区。这些用木头和帆布制成的冲锋舟，可以叠成平板利于运输和储存，本来是由皇家工兵负责提供和维护，但使用和操作者主要是步兵。在大战的最后一个冬天，防风伪装罩服在一线步兵中非常见，通常穿在呢质BD战斗服外提供额外的保暖。

衣物和其他RASC不负责的通用补给），并且在皇家陆军电子和机械工程部门成立前负责维护和修理所有装备。该部门还负责提供流动洗衣站和军官衣店。

皇家陆军电子和机械工程部（REME） 成立于1942年，接管了RAOC和RASC的载具车间，接替了这些部门的所有主要载具保养维护的职能。另外还提供了新的技术服务，负责保养和修理所有陆军中日益增多的机械和电子技术装备，从轻武器到无线电设备。

皇家陆军军薪部（RAPC）

皇家陆军兽医部（RAVC）

陆军教育部（AEC） 征兵入伍导致士兵的教育背景差距悬殊，AEC则提供了进一步的职业和教育培训。深造学习基本是自愿行为，但英军鼓励士兵参加学习并考取陆军教育证书。

陆军牙科部（ADC） 除了提供牙科保健之外，该部门的特殊军官还负责颌面创伤的手术，包括在战场上进行（面部）重建手术的前期工作。

劳工部（PC） 成立于1939年，原为辅助军事劳工部门，1940年更名为劳工部。虽然他们被认为是战斗兵种，但其实是一群纪律劳工，为坟墓修建、建设和军械废品拆除等体力劳动提供人力。

情报部（IC） 1940年，宪兵中的情报部门被合并进新成立的情报部。该部门负责所有的情报搜集、整理和分析工作，并与其师级情报部门和其他情报机构合作，同时负责战俘审问、保安和心理战。

陆军餐饮部（ACC） 在1941年成立陆军餐饮部之前，提供食物归RASC负责，但实际上真正做饭的厨师是经过了额外的烹饪训练的团级人员；许多接受过这种训练的人员后来统一转入了新成立的ACC，该部门专门负责提供餐饮和烹饪训练服务。

陆军体能训练部（APTC） 在1940年前被称为陆军体能训练机构。APTC除了组织体育运动之外，还要负责体能训练，保证英国陆军士兵拥有足够的战斗体能。该部门还提供额外的近距离和徒手战斗训练，以及康复服务。

宪兵部（CMP） 该部门日复一日地执行着警察和维持纪律的任务，另外还负责交通指挥、线路侦察、运输队护卫、战俘管理，以及在本土或其他远离战场的战略要地的保卫工作。

军事看守机构（MPSC） 该机构负责管理军事监狱和惩治中心。

亚历山大皇后的帝国军事护士（QAIMNS） 在RAMC的管理下，

QAIMNS 为所有的本土和海外救护站提供护士。护士们从 1904 年起享受军官待遇，但直到 1941 年才获得等额薪金。在战时，QAIMNS 有自己的勤务部门，即 QAIMNS（R）和本地军护士勤务部门。

本地辅助勤务部（ATS）成立于 1938 年，初衷是希望用女性来填充非战斗岗位以便让更多的适龄男子参加战斗，该勤务部门后来成为一个不可或缺的机构。ATS 在超过 114 个不同的岗位上提供女性员工，从厨师到书记员，许多运输部队中也有女司机，甚至还有皇家炮兵中的女性防空炮部队——"高空拦截者"。

通用勤务部（GSC）成立于 1942 年，GSC 负责接收和训练新兵并将他们分配到前线部队。6 周的基础训练包阔步操、轻武器使用、防毒气演练和一些体能训练。GSC 会以各种实践和体能测试来为特殊兵种挑选人员（有一部分从事机密工作需要表明军人身份但又必须隐匿真实职务的人，也会在制服上佩戴 GSC 的标志）。

制服

1902 到 1939 年间，英国陆军的标准制服为卡其色呢质军便服（SD 军服），由 1902 年陆军部第 10 号、40 号和 251 号军令启用。SD 军服在英军士兵中的反映良好，但到了 1930 年早期，随着军事发展越来越趋向于机械化和现代化，人们开始思考设计一款更适合于作战而非阅兵的作战服。新的作战服和装具的试验开始于 20 世纪 30 年代早期。这种新的制服与 SD 军服并没有本质上的区别，但进行了部分改良，比如袋式衣袋、开领设计，以及采用不需要抛光的暗色衣扣。新的装具也进行了试产。最初的试验报告反映良好，但由于资金短缺，在数年之内都未能进行系列款军服或装具的开发。

1938 年，随着战争日益临近，作战服又开始生产，但采用了一种浅色的丹宁布面料[①]。同时，一种具有创新性意义的"套装"作战服也出现了，并

最后的和平军队：达官显贵正在视察一支军容整肃的部队。这是诺森伯兰燧发枪团的本土军分队。他们身着的 1902 款 SD 常服，在"一战"后进行了改良设计，这款色彩鲜亮的制服适合参加典礼，但并不能满足士兵们在战斗中的需求。左侧的军官穿着流行的马裤——"尼克博克"灯笼裤，而护卫军官则穿着骑兵马裤和及膝长靴。两者很快都因为大战的爆发而被弃用。

---

① 牛仔布。

1：1939 年，英国，民兵
2：1939 年，英国，近卫骑兵，下士
3：1939 年，英国，皇家伯克郡团，第 1 营，代理下士

A

B

2

1

3

1：1942年8月，迪耶普突击，第3突击队，列兵
2：1942年，英国，伞兵团，第2营，列兵
3：1940年，英国，"医院蓝"，格洛斯特郡团，第2营，列兵

1

2

3

C

1：1943 年，英国，第 43 步兵师，皇家通信部队，中士通信兵
2：1943 年，英国，第 52（低地）步兵师，步兵
3：1943 年，英国，宪兵，交通指挥部门，中士

2

1

D

3

1，2：1944 年 6—8 月，诺曼底，第 53（威尔士）步兵师，皇家威尔士燧发枪团，第 6 营，燧发枪手
3：1944 年夏季，诺曼底，盟军地面部队，总司令，蒙哥马利上将

1

3

2

E

1：1944 年秋季，荷兰，第 1 空降师附属部队，陆军摄影摄像部队（AFPU），中士摄影师
2：1944 年 5 月，英国，第 6 空降师，德文郡团，第 12 营，机降步兵
3：1944 年夏季，卡昂，第 53（威尔士）步兵师，皇家工兵第 244 战地连，工兵

F

1

2

3

G

1：1945年1月，比利时，第51（高地）步兵师，西弗斯高地人团，第5营，上尉
2：欧战胜利日，英国，第一军，皇家炮兵，炮手
3：1945年，德国，第15（苏格兰人）步兵师，西弗斯高地人团，第7营，列兵

1

2

3

H

在 1937 年进行了一些非常有限的小规模临时试验。这款套装工作服的设计很大程度上借鉴了这一时期的休闲服,特别是宽松上衣样式的短上衣和在欧洲滑雪者中流行的宽松长裤。这套制服包括一顶船形作战帽,而非早期试验制服中的阔边帽;这款船形作战帽的设计参考了维多利亚时期晚期英国陆军广泛采用的一种作战帽的思路。大量的试验报告显示,人们更倾向于这种套装作战服的设计,因其穿着更舒适,并能提供更大的活动自由度。但是人们也意识到,两套试验制服的丹宁布对于长时间的战地穿着而言,颜色都太浅,因此考虑使用一种更厚、更保暖也更硬的哔叽呢布料。

0.303 英寸的布朗轻机枪,启用于 1938 年 8 月,极大地增强了步兵班的火力。照片为一次演习中,架在地面三脚架上的 MK I 布朗机枪,3 名国王皇家步兵部队的步枪兵还穿着呢质 SD 制服和 1908 款装具。由于 1908 款装具无法匹配如今所有步兵班成员都必须携带的布朗机枪的 30 发弹匣,之后逐渐被 1937 款作战服所替代。

战斗服,哔叽呢套装,丹宁布

在综合考虑了各种试验性制服的优点之后,最终英军套装版士兵采用卡其色哔叽呢布料,被称为"哔叽呢战斗服"(BD)。但他们也保留了最后的丹宁布制服,用作劳作服。BD 军服的设计使其易于维护;没有需要抛光的黄铜衣扣,其宽松和舒适的剪裁使得士兵在蹲伏、爬行和越过障碍时能够比 20 世纪 30 年代的贴身 SD 军服获得更大的运动便利性。只有那些数量很少的秉承着旧日传统的老资格士官和士兵有所微词,他们认为曾经光鲜、华丽的衣着外表可以凌驾于任何敌人之上。同一时期,新的装具也被启用,命名为 37 式。从此,BD 战斗服就成为了"二战"时期,包括军官和非军官阶层在内所有兵种的英军士兵的标准制服。

最初设计的 BD 战斗服采用了过于昂贵的高档布料。1939 年大战的爆发给英国陆军带来了后勤补给上的噩梦。1939 年 9 月,陆军兵力已经达到了 897 000 人,大部分人都穿着 SD 军服。在规划中,陆军的人数要在接下来的一年中翻倍,这就需要为源源不断的新兵以及已经在役的士兵提供大约 100 万套新式制服。配发 BD 战斗服的优先权给予了新征召的民兵和补充后备军,他们与正规陆军和本地军不同,根本没有任何的军服储备。正规部队则是最后配发 BD 战斗服的,当然英国欧洲远征军除外,他们总是拥有优先权。

大战爆发前夜,皇家炮兵 6 英寸海岸炮的成员准备反击任何冲破海军防线的敌军进攻。3 名炮手佩戴了防毒面具,穿着 2 件套棕色丁呢布工装,戴 MK I 头盔,另有橡胶底的帆布鞋,这是在处理大威力火药时防范火星的必要措施。

战斗服的发展

由于战争的需要，BD 战斗服采用的布料质量必须下调，生产时间也必须缩短，因此出现了一批改款型号。对初版哔叽呢战斗服的第一次重大改变，造就了 1940 款 BD 战斗服。其对初版的改变并不多。宽松上衣的剪裁变得更贴身一点，长裤也是如此。衣领采用了一种加了里衬的卡其色布料，以减少坚硬的哔叽呢布料与皮肤的摩擦。另外采用了一种带齿的叉状带扣，替换了原来的老式腰带扣，后者很容易滑动——但老款库存还是采用的这种带扣。

第二次重大改款发生在 1942 年，对 BD 战斗服的外观进行了很大的改变：去除了上衣的口袋褶和前襟片，以及裤子的腰带环（1941 年时就已经去掉了裤子上的带扣踝带）；另外在裤子后部内侧增加了一些衬料，以增强腰部的隔热保暖性。

军事收藏者将 1942 款 BD 战斗服称作"通用"款或"缩水"款，但更常见的称谓还是"1940 款"，而初版哔叽呢战斗服和 1940 款则被称为"37 式"BD 战斗服。毫无疑问，收藏者们之所以用这样的"术语"来描述 BD 战斗服的不同版本，是因为战时生产厂商标签上的生产日期并不能与 BD 军装改款启用的日期相吻合：大多数 1942 年前生产的通用外衣都有"1940 款"标签，只有极少数厂商在标签上注明了"1942 款"。

1940 年，挪威海岸，李·威尔逊中士，他是挪威远征军部队的一名副官，穿着新的哔叽呢 BD 战斗服——领子敞开，其下有军官衬衣和领带。他的 MK Ⅱ 钢盔上有 AFPU 帽徽（详见第 30 页插图 F3）；他装备着 MK Ⅵ 防毒面具背包和 37 式装具，有第 2 版长背带坦克手枪套（带子弹环带）以及军官版小提袋。军官可以穿棕色及踝鞋，但许多人穿着的还是标配黑色钉头鞋。

这种表面上看来缺乏延续性的现象很好理解，只有生产厂商才需要知道军装款式到底有些什么改变，一旦 BD 军装到了军需部门的库存里，就只有尺寸大小是需要关心的了。因此，生产厂商并没有必要在标签上注明特殊的版本标识，着装条例也只是规定了大致的方向，例如衣物类型、尺寸、生产者和日期。当制服有改款时，生产厂商手中还有大量的标签存货，因此他们总是会尽量先使用这些存货而避免浪费资源重新生产。

英军衣物的标签造成了各种广泛的困惑（例如，有"大衣，羊皮"标签的，其实是木棉衣料；而有"大衣，木棉"标签的，其实又是羊皮衣料）。

只有在收藏者手中时，款式、日期才会变得重要，因为他们要据此寻觅配套的装备和标识等配件。但大战时的照片，呈现的完全是忽略版本区别的情形，在同一个部队中也有许多混搭穿着不同版本的长裤和上衣的例子（这意味着经常要自行在裤子后部加上扣子，以配合那些需要扣合在裤子上的上衣版本）。只要（尺寸）合适，就会配发——根本不会考虑版本问题，更不要说配发时压根不会考虑合不合适的问题。

1940 款 BD 战斗服

宽松剪裁的上衣，有 1 根后部中央接缝，没有侧缝，左后片布料绕到前面形成左前襟。前襟上有前襟片，盖住前襟扣，在衣领上还有 2 颗风纪扣，可以让前襟一直扣到脖子处。左右两边各有一个明贴胸袋，胸袋为方形褶，并有带暗扣的翻盖。在腰带右前方有 1 个小的腰带环，另有方便调节的新版带齿叉状带扣。在后部，是一片卡其色布料的内置附片，有 3 个暗扣眼，用于同裤子后部的扣子扣合。在左右肩上各有一根缝入肩缝的肩章带，在尖顶处用可以旋转的工字纽固定。可下翻立领或敞开穿着，为了避免之前的哔叽呢布料对皮肤的摩擦，采用了更软的布料。在内部，左右胸前各有 1 个织物布料的挂袋，但只有解开上衣前襟扣的上半部分才能够到。

长裤的设计与初版哔叽呢 BD 制服裤完全相同，宽松剪裁，在腰部有 4 个腰带环，每个环上部都有 1 颗扣子，可以解开扣子装上腰带，而无须将腰带上的装备都卸下来再穿过腰带环。后部的腰带环并非对称设计，是为了避开裤子右后方的单个裤袋。裤子腰部后有 3 颗扣子，用于与上衣的扣眼扣合以便结合得更加紧密。在左腿前方有 1 个大的地图袋，有带暗扣的翻盖。在右腿上半部有 1 个小一些的作战袋，这是 1940 款与之前的哔叽呢长裤最主要的区别点——1940 款的这个袋子有方形褶和可旋转的工字纽。裤腿还是保留了裤口带和扣子，以搭配网状短袜（1941 年取消）。

1942 款"缩水"BD 战斗服

上衣的前襟、口袋和袖口的所

1940 年，英国，步兵正在守卫着一架被击落的容克 Ju88 轰炸机残骸，他们穿着双排扣大衣。这种大衣有两种版本，其中 1939 款在衣摆后部有一个中央摆缝，1940 款则恢复了战前版本的后部长条扩展褶。

表 1: 衣物生产（单位：千套）						
	1939 年 9—12 月	1940 年	1941 年	1942 年	1943 年	1944 年 1—6 月
BD 上衣和长裤	2 656	17 550	16 976	9 566	10 325	1 333
大衣	1 005	3 681	30 056	1 004	1 791	312
衬衣和背心	2 887	16 558	8 953	7 582	9 387	3 979
钉头鞋	1 693	11 593	8 032	6 993	5 281	514

有扣子都不再采取暗扣形式，也取消了前襟盖片。口袋取消了方形褶，后部的内置织物附片也被放弃，而是直接在腰部做了 2 个扣眼。所有的衣扣采用的都是塑料 4 眼扣。

裤子的后部扣眼和地图袋扣眼都取消了暗扣形式，直接缝在翻盖上；作战袋去掉了旋转工字纽而采用了通用的塑料 4 眼扣。这款长裤再也没有采用踝部裤口带。内部后上部加入了一组里衬布料。所有的腰带环都取消了。

BD 战斗服发展列表

1937 年，BD 战斗服进行了生产前实验。

1938 年 10 月，征召民兵开始配发 BD 战斗服。

1939 年 5 月，上衣口袋高度增加了 0.5 英寸。

1939 年 12 月，批准自行手工或机器缝制衣扣。

1940 年 6 月，为了节省布料改良了 BD 战斗服设计。作战袋增加了扣子；颈部增加了织物布料里衬；启用了带齿腰部带扣。其版本改为"1940 款"。

1941 年 6 月，取消了裤口带。

1942 年 6 月，启用了改良后的"缩水"BD 战斗服。口袋褶取消，所有扣子都取消暗扣设计。

1942 年 7 月，所有位置上都是 4 眼塑料扣。

1943 年 1 月，右边的内置胸袋被取消。

※　　　※　　　※

1944 年 6 月，诺曼底，穿着衬衣的工兵们，戴着战斗帽和通用帽，正在搬运运输架上的 5.5 英寸炮弹盒。他们位于阿罗芒什，在这里英军用预制件构筑港口设施。在法国的部队每天需要输入数量庞大的各种装备和军需品。到 8 月底，诺曼底所需物资的 60% 必须通过各种运输登陆舰和水陆两用军车直接从海岸上运来，其他 20% 则通过 2 个人工港运输，另有 20% 则是通过瑟堡和其他小港口运输。

虽然 BD 制服是所有英军军人的标准制服，但英军也配发了许多特殊衣物，包括数量众多的冬季衣物、为伞兵和突击队员改版或重新设计的衣物，另有一大批防风伪装罩服和罩裤。这些都只是其中一部分而已，由于种类太多，难以尽述，在本书的插图中有典型的举例。有兴趣的读者可以参考其他书籍扩展阅读。

单排扣的大衣在大战前期开始启用，其后背有波纹状的褶，可以穿在基本装具外。但它很快就被没有后背褶的双排扣 1939 款取代。但新的设计并不能够穿在装具外，也不能在里面穿上额外的衣物，所以很快就被替换为 1940 款，又重新恢复了波纹褶。

无领、半前襟的绒线衬衣，是非军官军阶的标配，军官则可以自行采

（右）32 号 MK Ⅲ 瞄准望远镜。4 号步枪瞄准器的细节图：32 号瞄准镜，以及对照的标准 MK Ⅰ 表尺分解图，该表尺可提供 200~13 000 码瞄准分级；左侧是简化的 MK Ⅲ 翻盖式战斗表尺，距离为 300 码和 600 码——这是 MK Ⅰ 和 MK Ⅱ 瞄具缺乏时的权宜之计。

购有衣领并搭配领带的衬衣。1942年后，美国的军绿色绒线衬衣开始流行，所有有机会获得的人都很偏爱这种质量比英军衬衣更上乘的衣物。1944年底，一种新的衬衣开始配发，它与老款在布料和颜色上相似，但采取了可拆卸的衣领，并且可以搭配一条绿色棉质领带，这让英军士兵在外出时可以显得更光鲜一点。

英军士兵"多毛"的BD战斗服和美国大兵的光滑且格外光鲜的A级制服形成了鲜明对比，由此产生了很多争论，也导致了许多浴室中的争斗，毕竟当地的女士们更偏爱

1945年1月，第6空降师配发了在阿登地区使用的雪地伪装服。这名狙击手并没有佩戴装具或钢盔，只穿着伪装服。他的武器是4号（T）步枪，装着32号狙击瞄准镜和美制1907款皮革枪带。

美国大兵的外形。这种情形在配发了可拆卸衣领的衬衣和领带后有所减轻（严格意义上来说，是非官方自行采购的"上佳"BD制服——1945年流行的开口饰面衣领和喇叭裤——详见第32页插图H2）。

头部装备最初包括通用版的卡其色作战帽；后来当不执行任务时可以用自行采购的由团级和军级色组合装饰的作战帽替代——这种组合色往往看上去很"惊艳"。1943年9月起，一种被描述为很像贝雷帽的通用帽取代了作战帽。这款帽子有一个宽大的袋状帽冠，其下是棕色宽帽墙，但它并没有受到什么好评，反而被讽刺为"滑稽帽"。某些部队也配发了真正的贝雷帽（更好看，清洗起来也更方便）。这些贝雷帽中最出名的是皇家装甲部队的黑色贝雷帽，突击队员的绿色贝雷帽，空降兵的褐红色贝雷帽，侦察兵和摩托化营的卡其色贝雷帽——只要有机会摩托化营官兵就会选择贝雷帽而非通用帽，特别是在低级军官中更是如此。

当1939年开始征召民兵和本土军时，英军决定尽可能地以新的BD制服、"37式"装具和

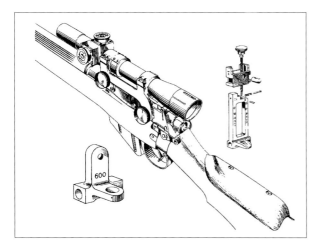

狙击手们经常穿着3色防风罩服或丹尼森罩服，还搭配网状面罩和伪装物。但使用缴获的敌军衣物往往会被长官指责。这名英军狙击手冒着巨大的风险穿着一件德国武装党卫军的罩服（第一版采用夏季橡树叶伪装图纹的衣物）。狙击手一旦被敌人抓住，很快就会被处决。这名士兵也许认为穿着敌军的衣物会带来些不同——但事实上，他很有可能被友军火力所误伤。

① 平头钉靴。

MK Ⅱ头盔装备他们。在这一时期，有的正规部队还是装备着 SD 制服、08 式装具和 MK Ⅰ头盔——这是第一次世界大战时的基本头盔，但改进了里衬并使用了 MK Ⅱ头盔的绑带。尽管英国欧洲远征军获得了新的 BD 战斗服和"37 式"装具，但其正规军部队基本上使用的还是 MK Ⅰ头盔，军方认为这种头盔还勉强可以胜任使用，而急速扩张的平民护卫部队（ARP 和救火队）以及民兵，完全没有头部防护装备，因此获得优先配发权。而要从陆军中撤下所有的 MK Ⅰ头盔配发给新成立的部队，并换装 MK Ⅱ头盔，显然是一项浩大的工程。

事实上，MK Ⅱ头盔能够提供的侧面防护非常有限，因此英军设计了一款新的"龟壳"状 MK Ⅲ头盔，为脖子和头部两侧提供了更好的防护。MK Ⅲ头盔配发给了参加诺曼底登陆的突击部队，但在大战结束前，并未能完全替代 MK Ⅱ头盔。MK Ⅲ头盔并不能满足所有兵种的要求，因此为了特殊用途英军格外开发了一些款式。空降兵试用了一批型号，最终选择第 3 款——一种瓶状、无缘的钢盔，在搭配不同的里衬和绑带布局后，也配发给了皇家装甲部队的装甲载具乘员和摩托车通信兵。

长度及踝的黑色皮革"弹药鞋"①是标准脚部装备。其有皮革脚踝和有钢钉的鞋底以及"马蹄铁"加强垫片。士兵们在兵营中总是将这种鞋子擦得闪闪发光，而在战场上，又涂上厚厚的防水油，以提供某种程度的防水性能。对于特殊部队或其他多变的环境，还有其他各种脚步装备，从涂胶的惠灵顿鞋到寒冷气候中的保暖雪地行军鞋，再到帆布和橡胶的便鞋都有。军官最初是穿长度及小腿的战地靴搭配常服，大战爆发后几乎都被棕色或黑色的及踝鞋取代，并搭配 BD 战斗服和网状短袜。

装备

20 世纪 30 年代的武器选择对士兵的装具设计产生了很重要的影响，其中最主要的就是捷克 ZB30 轻机枪，其改版型号被英军采用，即 0.303 英寸口径"布朗轻机枪"。新的布朗轻机枪最终配发比例达到了 1 个步兵班 1 挺，并且——与之前的"刘易斯轻机枪"不同——每个班组成员都学会了如何操纵。英军条令规定，必须为这款"饥渴"的武器携带足够多的弹药，以保证火力的延续性，因此发展了一组新的携具。其整体设计思路是采用一款基本的携具并搭配各种可以互换的配件——比如一大堆弹药袋或弹药包——以形成大多数兵种都可以通用的装具体系，另有如枪套和指南针袋等额外配件以供军官使用。其设计重点是倾向于在步兵班和排级的通用性，使其能够携带新的步兵装备的弹药，包括轻机枪、博伊斯 5.5 英寸反坦克步枪和 2 英寸迫击炮的弹药。

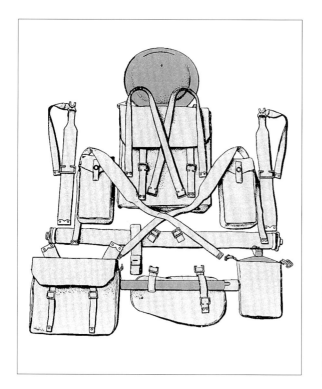

1937 款装具，行军状态：腰带、刺刀环扣、2个基本袋、2根背带、背包、掘壕工具袋、大背包、2根肩带（L形带）、2根将头盔与大背包连在一起的支撑带。

表 2: 衣物生产（单位: 千套）		
	1940 年	**1943 年**
坦克	1 397	7 476
其他装甲载具	6 044	24 375
火炮	968	2 962
重型防空炮	908	1 303
轻型防空炮	1 082	5 570
反坦克炮	1 534	13 049
坦克机枪	2 907	19 475
布朗轻机枪和维克斯中型机枪	30 200	81 000
迫击炮	6 500	14 600
反坦克步枪和 PIAT	14 000	107 900
0.303 英寸步枪	80 800	910 100
9 毫米冲锋枪	—	1 572 400

注: 这些数字不包括在美国或英联邦国家生产的武器。步兵武器的数据是包括了所有 3 种部队的综合数据。需要注意的是，一些武器的生产——如 4 号步枪——由于技术进步而生产难度降低，其他的——如坦克和反坦克炮——则变得更为复杂。因此，用数字进行简单对比是不够公平的。

在设计中参考的其他因素包括，规划中对陆军要实行的机械化改造、装备重量和容量的分布、腰带上挂载的装备数量要最少，以不妨碍士兵动作，特别是对机械化部队士兵更是有这样的考虑。老款的 08 式大背包，在新的装具中依然保留，其他许多配件则是在大战期间设计或试验的装备，如 P19、P25、P38 和 3 号装具等，另有由米尔斯生产的"一战式"军官装具。这种组合的设计初衷是，大背包除了必须全副武装行军时，可以留在部队运输队里，后来被替换为背上的小背包，再之后又移到了左后臀位置。1938 年 6 月 8 日，新的装具终于确定（1937 款，装具，B1623 装备清单），并在 1939 年开始大规模配发。

在最初配发的装备里，没有掘壕工具；老款的工具——1908 式掘壕工具在 1923 年被宣布废除。后来生产商研发了一款与法国、德国和许多国家的同类工具都不同的版本，即 1939 式掘壕工具。这种新的工具并不太受欢迎，因为当它挂在腰部时，会妨碍腿部动作，对于身高不高的士兵而言更是如此。1941 年英军重新启用了 1908 式掘壕工具，解决了这个问题，它的挂件得以重新设计，并命名为 1937 式掘壕工具（这简直就是英军装备版本令人困惑的绝佳例子——1908 式掘壕工具在 1941 年被重新启用，却又被命名为 1937 式）。到大战行将结束时，英军为掘壕工具配发了新的柄部，可以适配 4 号步枪军刺，使其作为地雷探针或进攻武器。

插图图说

A1: 1939 年, 英国, 民兵

这名年轻的民兵, 最近才应征入伍, 加入了米德尔塞克斯团的第 2 营, 配发了 0.303 英寸口径的恩菲尔德 "1 号步枪"。这款步枪在 1914—1918 年间广泛配发给他父亲那一代的英国士兵, 还保留着 1914 款皮革背带。他穿着战前的两件套丹宁布工装, 配有小尺寸的黄铜通用扣, 当这款衣物的老库存消耗完以后会逐步替换成新的丹宁布 "套装"。这套衣服才从军需部门的仓库里取出, 但只要洗几次, 就会从巧克力似的棕色褪成一种带点粉色的色彩。因为还有一些更早生产的服装采用了各种灰白色布料, 所以在同一处场所中, 总会出现各色各样的衣物。

米德尔塞克斯团第 2 营在 1939 年 9 月被部署到法国, 隶属于欧洲远征军; 在敦刻尔克大撤退之后, 又转而隶属于第 3 步兵师, 并在诺曼底登陆日回到法国, 担任师级中型机枪营的角色, 一直战斗到大战结束为止。

A2: 1939 年, 英国, 近卫骑兵, 下士

1939 年皇家装甲部队成立时, 将骑兵部队吸纳进了新的机械化兵种。在这一时期之后英国国内仅有的还保留着马匹的部队就是两个近卫骑兵团, 以及皇家苏格兰骑兵团, 当然在中东和印度还有骑兵。这名近卫骑兵团的下士穿着骑兵版 1902 款 SD 制服, 搭配 1903 款弹药袋装具和 MK Ⅰ 头盔; 他的长版绑腿按照骑兵部队的做法, 是反过来穿的, 在脚踝部用绑带绑紧。标配的马刺配在 "弹药鞋" 上。在大战初期, 毒气是必须认真考虑的一种威胁,

因此马和人都配备了防毒面具。MK Ⅵ 型防毒面具包挂在胸前, 卷起来的防毒披风则挂在背后。战马的配件包括带缰绳的 1902 款马勒, 1912 款马鞍, 以及装在皮革套环里的 1908 款骑兵马刀。

虽然曾在巴勒斯坦参加过战斗, 但当 1941 年机械化改造完成之后, 这些骑兵团的马匹最终都退役了。作为一个装甲车团, 第 2 近卫骑兵团最早在 1942 年隶属于近卫装甲师; 1944 年 6 月被部署到法国, 是第八军的下属部队, 8 月又转隶第三十军, 之后一直战斗到欧战胜利日。

A3: 1939 年, 英国, 皇家伯克郡团, 第 1 营, 代理下士

修身剪裁、笔直硬挺, 缀有闪闪发光的黄铜配件, 非军官版的战前 SD 制服, 与之前在第一次世界大战的战壕里的不成样子的 1902 款 SD 战服比起来要鲜亮许多。这名皇家伯克郡团第 1 营的正规军士兵装备着一支恩菲尔德 1 号 MK Ⅲ 步枪, 配有白色的软皮枪带和 1907 款 1 号刺刀, 他佩了一条白色的斯莱德华莱士软皮腰带, 上有抛光的黄铜配件, 以及套在软皮环扣里的 P1907 刺刀。他左前臂上的优良行为章 (Ⅴ 形纹) 表明这名代理下士有 12 年的服役记录——这些章只在下士以下军衔的士兵中佩戴。印度通用勤务勋略章则标志着该营最近才从这一地点回国。

该营曾在法国参战, 隶属于第 2 步兵师第 6 步兵旅, 之后在 1943 年中期返回印度, 长期驻扎在缅甸。

B1: 1940 年春, 法国, 皇家西肯特团, 第 1 营, 列兵

新的战斗服最初是优先配发给奔赴法国的欧洲远征军的, 但其中的一小部分人员还是穿着 SD 制服。这名皇家西肯特团第 1 营的正规军士兵穿着新的哔叽呢战斗服。两

与他们的父辈在第一次世界大战中一样, 这些欢乐的英国欧洲远征军士兵又一次和法国兵会师。这些埃塞克斯团的军乐手们穿着 SD 军服, 佩戴着 1908 款装具。他们还佩戴了黄铜领章和肩章配件。当改为 BD 战斗服后, 准尉以下军衔的卡其色 SD 帽被替换为 FS 帽, 但卫兵和宪兵例外。

边袖子上的倒置深蓝色三角形以及深蓝/浅蓝的头盔纹路是欧洲远征军中极少数部队标识中的一种，大多数 BD 战斗服上除了军衔标识之外别无其他。他装备的 1937 款装具采用的是"布兰克"浅绿色（第 97 号卡其绿色——比 3 号更深的绿色）；防毒面具配在胸前；防毒披风卷起来放在小背包顶部；另外还挂着 50 发 0.303 英寸口径弹药带配有 1939 款掘壕工具。头盔为 MK Ⅰ 型，后来逐渐被替换为 MK Ⅱ。作为这一时期的典型装备，其步枪为恩菲尔德 MK Ⅲ 型。

皇家西肯特团第 1 营在法国战场上隶属于第 4 师第 10 旅；后来该营转隶第 12 旅，先后在北非、意大利和希腊参加了战斗。

B2: 1940 年，挪威，绿色霍华德团，第 1 营，列兵

前往挪威的士兵配发了"羊皮大衣"、橡胶靴、白色海军式厚毛衣以及羊皮毛，以及雪地薄伪装服。挪威 4 月中旬的气候依旧非常寒冷，陆地上还是白雪皑皑。这名布朗机枪的第一射手正观察着奥塔镇的上空，看着从奥斯陆一路向北进攻的德军的俯冲轰炸机返航（4 月 28 日，绿色霍华德团在奥塔进行了一场短暂而英勇的战斗行动）。羊皮大衣笨重累赘，很不适合移动，除了执行定点执勤外，并不受士兵们的欢迎。MK Ⅰ 布朗机枪标配的地面三脚架被加高，作为防空机枪架使用，其由一根加长的前支腿制成，这根支腿平时藏在主支架内部，用一个抓杆固定在转轴枪座上。当情况紧急时，甚至可以用一支恩菲尔德步枪代替加长支腿，用刺刀环扣固定在三脚架上。当作为防空机枪时，枪把通常外翻，两个支架向上。

该营在挪威作为挪威远征军第 15 步兵旅的下属部队，

只待了几个星期。作为第 5 步兵师——这是在整个大战期间调动最多的英军部队——的一部分，该旅先后在法国、马达加斯加、印度、伊拉克、波斯、叙利亚、埃及、西西里战斗，后来在意大利更是经历了数月苦战。

B3: 1939 年，法国，欧洲远征军司令部，第 4 皇家坦克团，装甲兵

对于普通英国士兵而言，在战斗和典礼中都非常合适的 SD 制服，却很难满足装甲部队的需求。因此，英军在 1935 年启用了两件套的皇家坦克部队黑色工作服，其设计与最终替代它的 BD 战斗服非常类似，只配发给了装甲载具乘员。1939 年 11 月，该团——部署在阿拉斯加附近，装备的是脆弱不堪的搭载机枪的玛蒂尔达 MK Ⅰ 型坦克——也接收到了新的 BD 战斗服。这名装甲兵穿着 1935 款制服，配有第一版（长背带）的坦克手枪套，其特征是没有子弹环带，手枪套装着他的 0.38 英寸口径的 1 号 MK Ⅵ 韦伯利左轮手枪。由于这款厚背带很长，在紧急情况下从装甲载具中逃生时很容易被钩住，从而使乘员丧生，因此最终被替换为腰带枪套。

第 4 皇家坦克团在最后时刻与第 7 皇家坦克团合并组建了第 1 陆军坦克旅，在 1940 年春，面对强大的敌人进行了英勇的抗战。该团于 1942 年 6 月在托布鲁克作战，当时它隶属于第 32 坦克旅，装备了瓦伦丁坦克，虽有南非卫戍部队的支援，但最终还是被德军俘虏。

C1: 1942 年 8 月，迪耶普突击，第 3 突击队，列兵

尽管要执行突击敢死任务，但这些"非正规"部队经常不能优先获得新的装备，并很少有为他们专门设计和生

一名疲惫并且看上去不耐烦的宪兵正试图疏导狭窄的诺曼底海滩上的一处交通堵塞。这里有一辆运送伤员的吉普车。在诺曼底战役结束时，有 200 万名盟军士兵、50 万辆载具和 300 万吨物资通过海岸运到法国北部。在同一时期，英国第 2 集团军付出了约 64 000 人伤亡或失踪的代价。

产的装备。少数例外之一是配发给突击队员的橡胶底鞋，其皮革的上半部与"弹药靴"相似，但有抓地力更强的橡胶"突击队"鞋底。这名布朗枪手就穿着突击队鞋，搭配哔叽呢 BD 战斗服和丹宁布长裤——这是一种不常见的混搭。他狼狈的外表是"大规模侦察行动"在迪耶普苦战的反映，这名士兵是最终能够返回英国的幸运儿中的一位。他的主要武器是布朗 MK I 机枪，增加了一个 100 发的防空弹鼓，搭配莫特利防空枪座使用。

C2: 1942 年，英国，伞兵团，第 2 营，列兵

与突击队不同，空降兵的特殊制服和装备获得了英军更多的重视。全身罩服、丹尼森罩服、伞兵长裤、头盔，甚至专门的防毒面具包都有生产，空降部队还首先获得了斯特恩冲锋枪和 4 号步枪。这名伞兵在他的哔叽呢 BD 战斗服和装具外，穿了绿色的丹宁布 1940 款伞兵罩服——1941 年时就已经大规模使用，1943 年时被替换为一种相似的无袖版（1942 款伞兵夹克）。这款罩服的设计初衷是为了防止装具上的伞索被磨损，但此时流行在跳伞时将斯特恩 MK II 冲锋枪"拆开"抄入 MK X 降落伞套索里，这种方式使得穿着罩服的初始目的完全无用。图中的伞兵头盔是第二版，有明显的盔缘和黑色皮革颏带。图中标准的 BD 长裤，之后会被专门的伞兵裤替代——见第 27 页插图 C2。

1944 年"花园市场"行动中，隶属于第 1 空降师的

这支部队中的幸存者在经过了惨烈的安亨大桥战斗后，仍然摆脱不了被俘虏的命运。

C3: 1940 年，英国，"医院蓝"，格洛斯特郡团，第 2 营，列兵

在第一次世界大战中，在医院和康复单位的军人，会将他们的卡其色 SD 制服换成华丽鲜亮的"医院蓝"制服，搭配白色翻领、白色衬衣和红色领带，但这种制服一点都不受欢迎。1940 年，在欧洲远征军的医院中进行康复的人们又一次穿上了"医院蓝"制服。虽然第一次世界大战的版本已经改进，没有了白色翻领边，但两款都同时在"虚假战争"时期的法国战场上使用过。在整个大战期间，这种外形难看、设计不佳的"医院蓝"制服继续在本土或海外配发，让康复中的人们尴尬不已。军方甚至以为这种呢质制服在埃及的医院中也会合适——但是在中东地区，那些参加过北非战役的老兵在进行康复时，经常会混穿 BD 战斗服、KD 战斗服和这种"医院蓝"制服。

这名士兵隶属于第 3 步兵师，在法国战场的早期战役中受伤，很幸运地在他的战友被俘虏之前被疏散到了不列颠。格罗斯特团第 2 营在 1940 年 6 月于英国重建，后来作为第 56 独立步兵旅的一部分于 1944 年 6 月重回法国战场；8 月，该旅替换了第 49 步兵师中伤亡惨重的第 70 步兵旅，并一直战斗到欧战胜利日。

D1: 1943 年，英国，第 43 步兵师，皇家通信部队，中士通信兵

在大战初期，"R 阁下"防水衣物包括 1 件 3/4 身长的双排扣大衣，胯部分开的踝部有带扣的长裹腿。两者都是用涂胶厚帆布制成。搭配这套装备的还有一种头盔，也是用相似的材料，但有柔软的拉绒棉/羊毛里衬。它与飞行头盔类似，但不能起到防撞作用，1939 年后换成一种硬纸浆纤维头盔，1942 年直接换成了钢盔。在大战晚期，英军还启用了一种连体式外衣，这种覆盖全身的大衣可以在腿部用扣子扣起来形成裤管，也可以像真正的大衣一样穿着。1941 年，它与摩托车马裤和高帮靴一起被启用。这名中士，将 V 形军衔标识佩在可采血的袖筒上，穿着1942 款大衣，戴着纸浆头盔（有蓝白两色的皇家通信兵标识），穿着三索式摩托车手制鞋，戴着皮质的摩托化运输手套，他大衣上的大型防水胸袋是设计用来放地图以及命令文件，以免雨水沾染。

1944 年 6—7 月，诺曼底，戴维斯中士正在第 53（威尔士）师第 158 旅皇家威尔士燧发枪手团第 4 营的团级救护站检查医疗用品。作为一名经过专业训练并出任卫生员的步兵士官，他的上级是营级 RAMC 医疗官，负责管理团级救护站和担架员。

在战前，担架员是从团级或营级军乐队中抽调的人员；他们并不是 RAMC 的成员，并且只经过了象征性的急救训练，但却要在团级救护站中提供急救服务。

这张照片拍摄于 1944 年 6 月的科蒙，第 15（苏格拉斯）师 46 旅格拉斯哥高地人团第 2 营的士兵，正在行军。照片清晰地反映了诺曼底战场上的英军士兵着装的典型细节。该营后来在进攻 112 高地时经历了血战。

列兵（右）背着一套 18 号无线电装置，也许是连部的通讯设备。在他的右袖口上可以清晰地看到卡其色布面底上有 4 根红色服役 V 形纹，每一根代表 1 年服役期，这种袖章启用于 1944 年 2 月。有时候在前线，士兵们并不会佩戴这种章。照片显示在西北欧战场上，第 2 集团军的士兵会佩戴各种可能的袖标，包括团级袖标、师级臂章、各兵种条纹，以及非正式的部队标识。这两名士兵都佩戴着整套袖标——第 15 师臂章、其下是 2 根红色旅级条纹，再下面是该营的苏格兰警卫团的格子呢钻石章，以及服役纹章——已经磨损严重并且快要脱落。

左边的士兵，戴着听筒，配有完整的步兵装具和一挺斯特恩冲锋枪——注意看弹匣，对于他的基本袋而言显得太长了。在他的哔叽呢 BD 战斗服上看不到任何军衔标志，但其领口似乎被熨平了——这意味着他是一名低级军官或者准尉。前线军官经常佩戴非军官版装备，并去掉军衔标志。

在师部层面附属的部队，如通信中队等，通常使用师级番号。第 43（韦塞克斯）师，在战前是一支边防师，后来在 1944 年 6 月到 1945 年 8 月间，前往西北欧战斗，特别是在诺曼底的篱笆丛中更是经历了苦战。

D2：1943 年，英国，第 52（低地）步兵师，步兵

1940 年初，为了准备可能在挪威采取的登陆行动，欧洲远征军进行了非常有限的山地和极寒地带作战训练，但是挪威欧洲远征军之后的失败提示英军，必须由经过特殊训练的部队来应对雪地和山地作战。第 52（低地）师的苏格兰士兵在 1942 年开始了为期 2 年的彻底训练，艰苦地练习山地攀登、滑雪和极寒地带生存等技能。但是，第二次挪威突击战役并没有实现，第 52 师先是被重新训练为一支两栖登陆部队，后又改为空中机动师，最后才终

第 18 号（MK Ⅲ）无线电设备。构成第 18 号无线电设备的部件包括：无线电装置、12 号天线（B 型）和辅助配件通信包，通信包内含 2 套听筒、麦克风、莫尔斯电键、备用真空管、地面天线。这套装置本质上是步兵装备，可以使步兵连和营部之间进行短距离通讯（1～5 英里）。步兵排级并没有配发无线电设备。

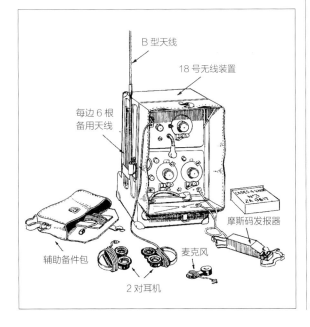

B 型天线

18 号无线装置

每边 6 根备用天线

摩斯码发报器

辅助备件包

麦克风

2 对耳机

于定下来——成为标准步兵师，在西北欧诸如斯凯尔特河和莱茵河等海拔最低的地方进行战斗……

该师在山地训练过程中，为其士兵配发了许多特殊装备，包括登山马裤、登山靴、雪地靴、防风罩服和长裤，以及御寒帽。这名"低地人"正从一处高地的岩石峭壁上沿绳速降，他穿着登山马裤、登山靴、四袋版的伪装防风罩服。这种罩服有褐色、白色、绿色和三色混合的伪装图案，针对不同的地形提供伪装功能。他的其他装备包括防水的滑雪帽，第1版 GS 卑尔根背包，这种背包采用了褐色织物布料（后来的版本使用的是帆布）。"卑尔根"背包和滑雪帽都是使用白色布料生产的。在雪地作战时，还有一种为褐色帆布背包设计的白色包罩。

全套的标配御寒衣物包括：毛线衬裤、毛线背心、细绳背心、颈部方巾、呢质衬衣、厚呢衫、防风罩衣和长裤、雪地薄罩服和长裤、BD 战斗服、雪地帽、毛线巴拉克拉法帽、毛皮帽、厚呢袜、皮革手套、毛线腕套、雪地护目镜、粗呢大衣、皮革软帮鞋以及布舍龙鞋。

D3：1943 年，英国，宪兵，交通指挥部门，中士

在大战爆发时，军事纠察部门包括军事看守机构——负责军事监狱，以及宪兵部队。宪兵部队又细分为各个部门：战地保安部门，在 1940 年成为情报部门的一部分，其成员戴有绿色的帽罩（上有宪兵帽徽，但省去了姓名卷轴标志）；战略要地部门（蓝色帽罩），由年长和体能不达标者充任，负责固定战略要地的保卫工作；交通指挥部门（白色帽罩）；以及宪兵部门（戴着声名狼藉的红色帽罩）。尽管后来大多数其他部门的职能都被宪兵部门取代，但交通职责还是由交通指挥部门承担。除了用白色帽罩和交通指挥部门的袖笼辨明身份外，他们还在袖子上的 V 形军衔章上方佩戴蓝底红色的"TC"标志（战略要地部门的人也佩戴类似的标志）。

这名交通指挥宪兵穿着的缩水版 BD 战斗服，最早启

用于 1942 年。白色的 1937 款手枪着装装具上所有的黄铜配件都经过了抛光，以保持所有宪兵都希望的完美无瑕的形象。他将手枪饰绳挂在脖子上，这种方式后来被取消了，因为很明显在战斗中这会成为攻击者可以把握的弱点。

E1, 2：1944 年 6—8 月，诺曼底，第 53（威尔士）步兵师，皇家威尔士燧发枪团，第 6 营，燧发枪手

皇家威尔士燧发枪团第 6 营 B 连 11 排，第 4911986 号燧发枪手汤姆·佩恩，在 1944 年夏天的诺曼底，因 AFPU（陆军摄影摄像部队）的伯特·哈迪中士拍摄的一张照片而闻名，当时该营隶属于第 53（威尔士）步兵师。佩恩，这名 33 岁来自诺丁汉的正规军士兵，在 1929 年加入陆军，这一系列照片（帝国战争博物馆档案编号 B9005 到 B90012）清楚地显示出了他装具的前部和后部，并有他个人和小配件的特写。他穿着哔叽呢 BD 战斗服；处于"作战状态"的 1937 款装具；MK Ⅲ 头盔有盔罩和伪装物；装着 4 号步枪。他的折叠刀配在裤带上，有标配的环带和卡宾枪钩环，紧挨着 4 号军刺。另有 1 把 1 号 MK Ⅲ 信号枪，吊在饰绳上，放在右手基本带后面。

佩恩背后上半部是 1937 式小背包，装着备用袜子、饭盒、餐刀、餐叉、汤勺、面纱、香烟、巧克力、紧急配给口粮、洗浴和剃须用品、饮用水消毒药片、毛线巴拉克拉法帽、备用鞋带、梳子和毛巾。抄在背包上翻盖下的是防毒披风，尽管条例并不允许，但实际上英国士兵经常将其用作雨披。捆在背包下并能为颈部提供额外保护的是 GS 铲，比起掘壕工具，它要有用很多。工具包里还装着"4×2"步枪法兰绒清洁布，清洁枪栓的纱布、通条、润滑油瓶，步枪刷、鞋刷以及防水油。重量更轻的防毒面具，启用于 1943 年，装在盒子里挂在左臀上，右臀上则是水壶。除了这些装备之外，他自己还带了 1 个小饭盒、战斗急救敷料、AB64 记事本、当地货币、家人照片、钢笔、铅笔、烟斗、"汤米"打火机以及士兵版法国指南。

从 1943 年秋天起直到欧战胜利日，第 53 步兵师下属的旅为第 71、第 158 和第 160 步兵旅。1944 年 8 月前，第 158 旅下辖皇家威尔士燧发枪团第 4、第 6、第 7 营；之后第 6 营被划入第 160 旅。在 6—8 月间，第 158 旅的各个营分别在左右两边袖子的上半部佩戴了 1、2、3 根垂直红色杠，其上是 2 根红色的步兵兵种条纹，代表着该师 3 个旅中的第 2 个旅。在转入第 160 旅之后，皇家

1945 年 3 月，德国，埃尔斯特，这张摆拍的"战斗巡逻"照片拍摄的是国王私人约克郡轻步兵团（KOYLI）第 1/4 营的士兵，照片中出现了各种武器——4 支 4 号步枪，2 挺斯特恩冲锋枪，1 挺布朗机枪和一具 PIAT。士兵们在呢质 BD 战斗服外穿着皮革坎肩，戴着 GS 帽，上有 KOYLI 的帽徽。4 人佩戴了第 49（西赖丁）师——该师曾在大战早期在冰岛驻扎——的北极熊标志，另有第 146 旅的单根条纹。另外，还有缩小了的军衔 V 形章，佩戴在左边的 2 名下士的袖子上：宽度只相当于师级臂章，采用的可能是该团的传统深绿色。

威尔士燧发枪团第 6 营应该是佩戴了 3 根红色条纹，代表第 3 个旅。在袖子上部是团级标志（1920 年启用的"C"形条纹，上有"威尔士"的英文），作为一线步兵，该标志几乎总是红底白色；其下是第 53 师的标志——1 个从一条横杠上升起的"W"字符，卡其色底红色（从很多例子中可以看到，该师的标志和旅部以及部队的条纹和杠，都印在统一的卡其色臂章上）。

E3: 1944 年夏季，诺曼底，盟军地面部队，总司令，蒙哥马利上将

在登陆行动的突击阶段担任盟军地面部队总司令，并在大战结束前任英国 - 加拿大第 21 集团军群指挥官的，是上将（后升为元帅）伯纳德·劳·蒙哥马利爵士，他之前在担任欧洲远征军第 3 师师长及在北非和西西里指挥第 8 集团军时，其领导能力得以彰显。蒙哥马利粗鲁直率和武断的行为方式总是让其同僚大为光火，特别是引起了美国人的不满。尽管他是一位杰出的参谋军官，一名闻名的战术家以及一名能够鼓舞下属的指挥官，但毫无疑问的是，他缺乏足够的外交技巧。蒙哥马利以其随意的着装风格而闻名，他更喜欢按照战场环境来选择衣物而非按照他的军衔着装。在欧洲战场上他的惯常打扮，是灰色的套头衫、浅黄色灯芯绒便裤、棕色牛津鞋。他的出名的黑色皇家装甲部队贝雷帽上既有皇家坦克团的帽徽也有将官的帽徽。在天气寒冷时，他会穿上一件飞行夹克，或者穿上重新剪裁过的丹尼森罩服——丹尼森罩服有从上到下的拉链，但他总习惯于完全不拉上，而是用一根皮带束紧。为了应对更正式一些的场合，他还备有一件自行采购的质量上乘的 BD 制服；而当下雨时，他总是会打着雨伞。

F1: 1944 年秋季，荷兰，第 1 空降师附属部队，陆军摄影摄像部队（AFPU），中士摄影师

陆军摄影摄像中心位于松林制片厂[①]，由陆军部公共关系局指挥，负责为所有剧院和司令部提供战争照片和宣传影片的拍摄者。该中心有一大堆素材库，曾经剪辑过著名的《沙漠胜利》《突尼斯胜利》《真正的光荣》《缅甸

---

① 英国著名电影厂商，1934 年创立，也是 007 系列电影的拍摄者。

PIAT（步兵反坦克发射器）的生产开始于 1942 年中期。这种短距离的武器，发射 2 磅重量的火箭助推楔形装药炸弹，可以在约 100 码的距离上有效对抗包括重型坦克在内的装甲目标，或是在 350 码的距离上摧毁防御工事（如碉堡或加固的房屋）。它的主要缺点在于，单头的射速必须依赖于炸弹底部的助推装药。当操纵者用其进行首发射击时，必须调用全身的力量，而且要蹲在地上——特别是俯卧或是试图躲在掩体里发射时更为困难。操纵者要想有效地使用 PIAT，必须兼具力量、技术和勇气。

胜利》等影片。第 1 空降师在安亨的军事行动是由史密斯、沃克尔和刘易斯中士拍摄，他们本人在回到松林制片厂之后，出于宣传需要也被拍摄了照片。图中是三人组中的沃克尔中士，看上去比实际年龄 28 岁要显老，他穿着被撕碎的 BD 长裤和丹尼森罩服，但他的红褐色贝雷帽和鞋子在从安亨战场撤退的过程中被弄丢了。他佩戴着有 2 个手枪弹药袋的 1937 式腰带，其上还有裁短的坦克手枪套和 0.38 英寸左轮手枪，但是他的 2 个弹药袋里其实装的是胶片和摄影设备。AFPU 的镜头章佩戴在罩服的袖子上，另外，沃克尔中士还佩有伞兵资质翼章。沃克尔出生于苏格兰的比特郡，先是在皇家通信兵中服役，后在 1944 年 1 月转入伞兵团成为伞兵摄影师。包括安亨行动在内，他完成了 9 次伞降。

F2: 1944 年 5 月，英国，第 6 空降师，德文郡团，第 12 营，机降步兵

1942 年，英军启用了护甲，虽然其束缚感并不受欢迎，但它针对低速弹片能够提供很好的防护。在 1944 年 9 月荷兰的"市场"行动中，第 1 空降师的部分人员装备这种护甲。在准备登陆日行动时，这名德文郡团第 12 营——该营是第 6 伞兵师第 5 空降旅的一支滑翔机降部队——的列兵获得了在这个春天和夏天配发给 2 个英国伞兵师的 12 000 具护甲中的一具。其前方有 2 块甲板，只为胸部和腹部的要害部位提供了防护。后部甲板则保护腰部和背部的小部分。其他任何在防护上的增加都会使得这套护甲变得笨重。这名士兵按照条例中的衬衣着装规范，将袖子卷了起来，戴了一顶红褐色伞兵师贝雷帽，上有德文郡团的帽徽。英军为伞兵部队将标准的 BD 长裤进行了改良，称其为"伞兵裤"。其在后部有 2 个口袋，在前方右侧另有 1 个口袋，两侧裤缝还有 2 个侧袋，1 个大的扩充腿袋——用 1 个纽扣和 2 个暗扣扣合（并且与侧袋一样采用

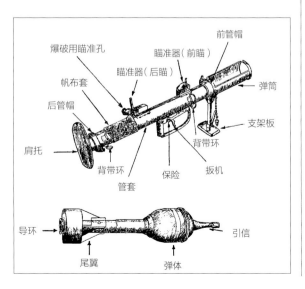

了麂皮里衬进行加强），另有 1 个小的侧袋用来装"突击队"战斗匕首。

第 6 空降师在 6 月 6 日的前几个小时里就经历了苦战，一直奋战到 8 月 27 日才在翁弗勒尔 / 奥德梅尔桥防线撤下休整，总共有 4 557 人伤亡。1945 年 3 月，该师人员构成了"大学"行动中盟军空降部队的一半兵力，渡过莱茵河之后在德国境内战斗了 350 英里，在欧战胜利日时已经抵达波罗的海沿岸的维斯马。

F3: 1944 年夏季，卡昂，第 53（威尔士）步兵师，皇家工兵第 244 战地连，工兵

这名皇家工兵的列兵穿着的第 2 版或称"缩水"版两件套丹宁布套装，采用绿色布料，上衣有可拆卸的扣子，裤子上有缝好的固定的扣子。这套套装的第 1 版与哔叽呢 BD 战斗服类似，有折褶口袋，踝部扣带和腰带环；既有绿色丹宁布也有棕色丹宁布料，后者会逐渐褪色为一种粉色色调。后来依据呢质 BD 战斗服的改进，生产商对口袋进行了修改，同时也去掉了踝部扣带、腰带环和口袋折褶，改款后的就是 1942 年起配发的通用版。尽管 MK Ⅲ 头盔已经开始配发给突击部队，但在诺曼底战役中还是有很多部从继续使用 MK Ⅱ 头盔。图中的头盔有网罩和亚麻布，在此时的实战中，有很多人将贝壳伪装物也挂在盔罩上。

与此时大多数在西北欧的部队士兵一样，这名工兵也装备了一支 4 号步枪。第 53 师在诺曼底的卡昂和法莱斯附近进行了艰苦的战斗，尽管皇家工兵是特殊兵种，但他们也经常与步兵一起并肩作战。他手上的工具是加长的地雷探刺——中间的管状延长件是选装部件。

G1: 1944 年 12 月，荷兰，第 52（低地）步兵师，国王私人苏格兰边民团（KOSB），第 4 营，风笛手

1939 年，苏格兰短裙从英国军方服饰中被废除，这引起了高地人的反感，以至于苏格兰军官会自行购买这

种服饰。这种不满如此强烈，陆军部终于做出了让步，从 1942 年起允许那些从前穿短裙的军官和准尉购买非军官版短裙 [有意思的是，最后一支穿着短裙上战场的部队第 5 支队（利物浦苏格兰人），在 1942 年 3 月的圣纳泽尔突击行动中，穿着他们的短裙投入战斗并摧毁了旱坞闸门]。在本土作战时，风笛手和鼓手照例配发短裙，但当他们前往海外作战时，"官方要求"不能再穿短裙。保持令人骄傲的传统，对于提升部队士气非常重要，因此许多部队想办法让部分人保留短裙。在 1944 年的冬季，KOSB 的第 4 营部署在荷兰，C 连的风笛手 G. J. 福特，采用了传统巴克卢格子呢装饰并被拍摄了几张照片，他的短裙用罩子盖了起来。在大战最后一个冬季中，许多步兵像他一样，在厚呢毛衣外套了一件伪装防风罩衣。基本款的 1937 式装具和支撑带上，有各种袋子、手枪套装（0.38 英寸的恩菲尔德 2 号左轮手枪）、水壶和小背包。

作为第 52（低地）步兵师第 155 步兵旅的一部分，KOSB 团第 4 营在斯凯尔特河口进行了战斗。到 12 月时，他们开始为春季攻势进行训练，之后渡过了莱茵河。

G2: 1944 年冬季，荷兰，第 7 装甲师，第 5 皇家坦克团，坦克乘员

虽然英军启用了 BD 战斗服作为所有兵种的通用制服，但它并不能满足所有的特殊需求。坦克乘员们最先指出 BD 战斗服和棉质工装在使用时的诸多缺点，并且要求设计一种适合高强度作业的一体式罩服。1942 年，英军启用的第一套坦克服，采用的是厚防水帆布，有腿袋、战斗带、腰部前方的 2 个口袋，装左轮手枪的内袋和内置系带，以便在发生意外时快速脱掉。但是 1942 款坦克服并没有配发多少，很快就在 1943 年被坦克手套服取代。这款套服的昵称为"小精灵套服"，它是用毯布里衬后棉帆布制成，有可拆卸的兜帽；总共有 9 个口袋，拉链从上到下贯通。这款套服相对前者有了巨大的进步，但 1942 款的内置系带被替换为加厚的肩带，虽然其设计初衷是提供同样的作用，但在实际使用中并不如意。另有相似的夏季版套服采用的是绿色丹宁布料。

这名克伦威尔坦克团的成员穿着黄褐色的套服，戴着皇家装甲部队的无檐钢盔，1937 式装具腰带上有"手枪盒"以及弹药包（逐渐替换了之前的上端开口的坦克手枪套）。他的团隶属于第 7 装甲师——"沙漠之鼠"——第 22 装

1945 年 3 月，德国，伊苏姆，一名指挥坦克团的英军中校，戴着黑色的皇家装甲部队贝雷帽，穿着黄褐色的坦克手罩服，正在与一名美国大兵交谈——也许是在询问一个有关上方的问题。他们脚下的一箱啤酒显得很有意思。三名英军士兵看上去在乐着什么，他们穿着 1942 款罩服，戴着 MK I 通信骑兵头盔。左边的旗手穿着惠灵顿鞋而非通信骑兵靴，并戴着临时制作的毛皮手套。

1945 年 5 月 3 日，第 6 空降师的人员在波罗的海沿岸的维斯马与红军部队会师，因此这名空降工兵正在和一名红军坦克手把酒言欢。许多英国部队（除了前线步兵）在大战的最后几个月都穿上了缴获的德军两面穿冬季上衣，这种非常不错的垫絮衣物在英军供应品中并没有可以匹敌的替代品。

甲旅，从 1940 年的法国战场到北非、意大利和西北欧，始终战斗在第一线。

G3: 1945 年初，德国，第 3 步兵师，皇家诺福克团，第 1 营，中校

这张图片是依据皇家诺福克团第 1 营营长皮特·巴克利中校的一张照片绘制的。在大战的最后一个冬季，防风罩服和长裤广泛配发，两者都采用了三色伪装图纹布料或在雪地使用的纯白色布料。白色版本用更厚的布料制成，因此保暖性比伪装版更佳，但其款式设计是相同的。长裤有腰部松紧绳，大腿上有地图盒。罩衣有 4 个口袋，下部边缘有松紧绳。没有前襟开口的改款罩服是直接从头上套在 BD 战斗服或厚毛线衫上。其有松紧绳的内置兜帽可以提供额外的保暖效果，但不利于行动并影响听力。巴克利中校戴着步兵摩托化营的卡其色贝雷帽，这种帽子也被侦察兵（在该兵种与皇家装甲部队合并之前）以及许多不喜欢通用帽的追求时尚的军官所佩戴。在被擦得泛白的 1937 式装具腰带上，他佩戴了一副套在黑色皮革枪套里的德国手枪。在脖子上，是另一种"战利品"——一副赞誉很高的福伦达双筒望远镜，它有着无与伦比的光学品质。

之前在皇家诺福克团第 2 营担任上尉的皮特·巴克利是英国欧洲远征军中第一位获得军功十字奖章的英国军官，这枚奖章是表彰他在 1940 年 1 月 3—4 日在瓦尔德维斯夜战中的英勇行为。皇家诺福克团第 2 营也是第一支遭遇德军武装党卫军暴行的英国部队，1940 年 5 月 27 日，该团在经过顽强防守并给党卫军第 2 骷髅分队造成重大伤亡后最终投降，之后 99 名战俘被迫行军到克雷通农场并在一堵墙前被德军用机枪扫射，97 人被武装党卫军杀害（2 名重伤员逃脱。佩特·普利的证词后来使得指挥屠杀的武装党卫军军官弗里茨·科诺奇莱被处以绞刑）。

作为"钢铁之师"的第 185 步兵旅的下属部队，皇家诺福克团第 1 营在登陆日和欧战胜利日之间经历了许多艰苦的战斗。1944 年 8 月，第 59 步兵师被击溃后，他们吸收了实际上几乎被全歼的皇家诺福克团第 7 营的 180 名幸存者。

H1: 1945 年 1 月，比利时，第 51（高地）步兵师，西弗斯高地人团，第 5 营，上尉

大部分英军士兵都可以获得整体而言还算公平的衣物和装备供应，但有时也需要临时拼凑些替代物。这张图片源自阿登战役时期的一张照片，这张照片是在比利时的美尔奇普斯村拍摄的，人物为西弗斯第 5 营 D 连连长戈登·贝格上尉。在呢质 BD 战斗服和标配的皮革无袖衣中间，他穿了一件被称为"羊毛毯"的衣服。另外很显眼的是他脚上包裹着稻草的便鞋。与美国陆军不同，英军并没有真正尝试过为士兵配发冬季通用脚部装备。图中的 MK II 头盔加上了伪装罩网，但在冬季佩戴并不舒适，除非在头盔底下戴上一顶合适的帽子，否则头盔的钢制材料很快就会从头部吸走热量。两边袖子上都有第 51 师的"HD"标志，其下是第 152 旅的标志，该旅为师中的第 1 旅。再往下是营级标志，即第 42 高地警卫团的方形章或称"管辖"格子呢纹路——第 5 营是从萨塞兰郡征召的，他们并没有佩戴西弗斯团的其他营使用的"麦肯齐"格子呢纹路。

高地师经历了漫长艰苦的战争。在 1940 年的法国战

场上损失了 2 个旅之后，该师以其"复制品"第 9（高地）步兵师为基础重建，在北非和西西里岛战役中获得了很高的评价。他们在诺曼底登陆日第二天登上欧洲本土，然后长驱直入法国与低地国家，经过莱茵兰进入德国。

H2: 欧战胜利日，英国，第一军，皇家炮兵，炮手

1945 年 5 月 8 日，欧洲的大部分土地上都在欢庆大战结束；大不列颠的城市街道上到处都是狂欢庆祝的人群。这名隶属于第一军炮兵团的皇家炮兵炮手，正在不列颠进行康复训练，他穿着的缩水版（1942）BD 战斗服，经过剪裁之后成为当时较为常见的一种"外出"制服，但这种做法往往会引来官员们的不满。其衣领经过剪裁后变为开口领，是参考的军官样式，搭配最近启用的有衣领的衬衣和领带。其裤口加上了一块三角布料，使其呈现出一种"喇叭"状。呢质的通用帽上有黄铜质地的皇家炮兵爆炸手雷帽徽。两边袖子上都有蓝底红色的"皇家炮兵"标志和皇家炮兵的兵种条纹；第一军的白色矛头标志叠在皇家炮兵色的钻石图章上，而非平时的纯红色军级章。另有白色的皇家炮兵饰绳，以及左前臂上的金色受伤纪念纹。别在他胸口上的红白蓝三色胜利花结并非官方制作。

H3: 1945 年，德国，第 15（苏格兰人）步兵师，西弗斯高地人团，第 7 营，列兵

1945 年夏天，占领军在德国的城市中举行各种阅兵仪式以庆祝战争结束。这名穿着苏格兰部队传统服饰的西弗斯高地人士兵也参与其中。他所装备着的很显眼的团级饰品，最近才供应给执行占领任务的苏格兰部队，这些饰品包括黑色苏格兰无檐帽和麦肯齐格子呢短裙。泛白的 1937 式装具腰带上抛光的黄铜带扣，红色的袜子吊带以及绑腿上的白色绑带一起构成了他光鲜的外表。缩水版（1942）BD 上衣的左胸袋上缀有 1939—1945 年服役星章的勋略章，这种奖章授予给了所有在海外战场服役超过 6 个月的士兵。另有法国和德国星章，是为了纪念西北欧的 1944—1945 年战役。他在袖子上佩戴了第 15 步兵师的跃立狮标志，其下是团级标志——麦肯齐格子呢臂章。这支部队在西部欧战场上从登陆日后不久一直战斗到欧战胜利日。

英国陆军 1939—1945 年 (2)

中东和地中海

The British Army 1939—1945 (2)
Middle East & Mediterranean

"吉迪恩部队"在 1940 年执行一次大胆的游击战役，旨在重新将海尔·塞拉西一世推上埃塞尔比亚皇帝的宝座。这支部队由 800 名本地士兵、800 名苏丹部队成员和 70 名不列颠军官和士官组成。图中的奥德·温盖特中校正在检查一名装备了 P17 步枪的士兵，后者隶属于第 2 埃塞俄比亚营。这种制服——在肩部有绒面的补丁——名义上只配发给皇家西非前线部队，但其实在许多非洲部队中的不列颠人和本地人都有这种装备。温盖特戴着一顶沃尔斯里遮阳盔，上有皇家陆军的红蓝钻石图样。

① 阿奇波尔德·韦维尔 (1883—1950)，当时为临时上将，1940 年才正式晋升为上将，1943 年晋升为元帅。
② 埃塞俄比亚。
③ 属希腊。
④ 坦桑尼亚的一部分。
⑤ 现马拉维。
⑥ 现赞比亚。
⑦ 克劳德·约翰·奥金莱克 (1884—1981)，时任上将，后在 1946 年晋升元帅。
⑧ 哈罗德·亚历山大 (1891—1969)，时任上将，后在 1944 年晋升为元帅。

简介

　　1940 年 6 月到 1944 年 6 月，中东与地中海是英国军队唯一可以针对德国国防军进行地面战争的区域。虽然最开始投入到这一地区的部队规模有限，但这些战役的战略重要性不容忽视：他们逼迫意大利投降，并阻挡了德军进入苏伊士运河、中东油田的线路，并使得他们无法经波斯（伊朗）和土耳其开辟针对苏联的新的南方战场。这些战役同样也是英国陆军的试练场，淬炼他们以应对 1944—1945 年西北欧的最终决战。

　　1939 年 8 月，中东司令部在开罗成立，韦维尔[①]上将任中东总司令。该司令部的防区非常辽阔，横跨地中海、中东和非洲，包括埃及、苏丹、亚丁、外约旦、巴勒斯特、塞浦路斯，后来又划入了阿比西尼亚[②]、英属索马里、利比亚（昔兰尼加和的黎波里塔尼亚）、多德卡尼斯群岛[③]、肯尼亚、坦噶尼喀[④]、尼亚萨兰[⑤]、北罗德西亚[⑥]。该司令部还要负责指挥在希腊、叙利亚、波斯和伊拉克的作战行动；在 1942 年春天，马耳他也临时划归该司令部。如此繁重的职责之下，该司令部却只拥有很有限的军事资源。韦维尔的作战行动获得的支援很少，但在 1941 年春却要同时在撒哈拉沙漠西部、希腊和东非发起 3 场战役。由于缺乏足够的军力，早期的胜利很快就变成了战败的苦果，就这些有限的部队还被调往希腊和克里特岛，后来又被调往伊拉克和叙利亚。

　　1941 年 7 月，奥金莱克[⑦]上将接替了韦维尔的位置，人力和资源短缺的状况得到了一定缓解，并且由于司令部进行了改组，其负责的防区压力也小了一些。同时，政治支持也比韦维尔时期得到了提高，毕竟韦维尔和首相温斯顿·丘吉尔之间龃龉不合。奥金莱克担任中东总司令期间，就如大战的其他战区的指挥官一样，既有胜利的喜悦，也有失利的苦恼。1941 年 11 月，他规划和发起的"十字军"行动解了托布鲁克之围，但之后很快在 1942 年 1—2 月的加查拉战役中失败。在当年 7 月和 8 月的阿拉曼防线上，他重挫了隆美尔，但却不能将其击退。丘吉尔最后只能在 1942 年 8 月用亚历山大[⑧]将军替换了奥金莱克。亚历山大最终取得了全面的胜利，他由此获得了丘吉尔的赏识和尊敬，但丘吉尔其实并未全面认识到韦维尔和奥金莱克之前做出的巨大贡献。1943 年 2 月，梅特兰·威尔逊上将接替了亚历山大，后者升任艾森豪威尔之下的盟军副总司令和地面部队总指挥。1944 年 1 月，佩吉特上将又替换了威尔逊，但这一时期中东司令部作为战

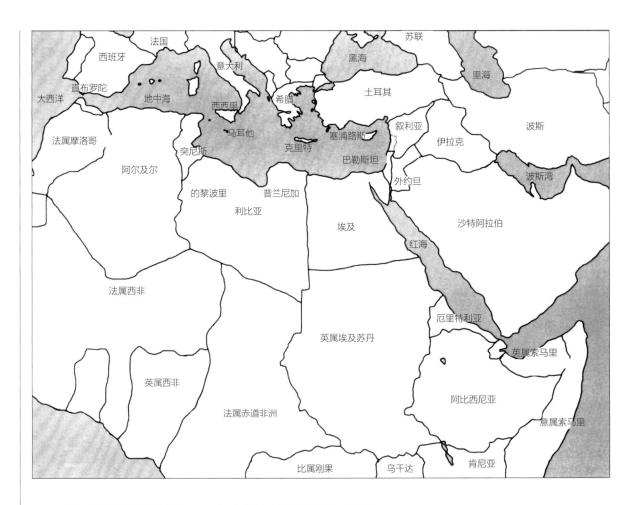

中东司令部和盟军陆地部队指挥部辖区地图。在其经历的数次战役中，中东司令部曾经负责过地中海、北非和西起利比亚东到索马里北至波斯的广大地区。1942年11月登陆北非的行动则由盟军陆地部队指挥部开始负责，旨在解放维希政权管辖下的摩洛哥、阿尔及利亚、突尼斯和后来的意大利。

斗司令部的意义已经大大削弱了。

1942年11月，盟军登陆法属北非的作战行动（"火炬"计划）是由盟军联合司令部（AFHQ）指挥，总司令为美国上将艾森豪威尔，他指挥了在摩洛哥、阿尔及利亚和突尼斯的盟军部队。英军中东司令部下属的部队攻过撒哈拉沙漠西部抵达突尼斯之后，转隶盟军联合司令部指挥。后来盟军联合司令部进一步负责指挥了西西里战役以及登陆意大利本土的战役。

中东和地中海作战行动中的英国集团军

第1集团军，1942年在不列颠成立，准备登陆法属北非，下辖第五军和第九军，在阿尔及利亚、摩洛哥、突尼斯参加了战斗，指挥官为安德森将军。

第8集团军，1941年由原尼罗河集团军改建而来，下辖第八军和第三十军以及部分英联邦军队，在撒哈拉沙漠西部、突尼斯、西西里和意大利本土参加了战斗，后逐渐调入英军第十军和第五军、加拿大第一军、新西兰第二军和波兰第二军；最初的指挥官是坎宁安将军，1941年11月后为里奇将军，1942年6月后为奥金莱克，1942年8月后为蒙哥马利，1944年1月后为莱瑟将军，1944年10月后为麦克里将军。

第 9 集团军，1941 年在中东成立，准备应对德军可能发起的进攻，后主要为第 8 集团军提供补充兵力。

第 10 集团军，1941 年在中东成立，下辖英国和印度军队，镇压了伊拉克反叛军，后调入波斯镇压轴心国势力，是"PAI 部队"①的主力，负责波斯、伊拉克和叙利亚地区。

第 12 集团军，最初在中东以英军第四军和印度第三十三军组成，以准备进行地中海的作战行动和"哈士奇"行动②，1945 年 5 月，为了进行缅甸战役，进行了重组。

1940 年，一张能够展示埃及西部沙漠典型地形的照片，图中是一队英国轻型坦克和 A9 巡洋坦克会合的集结地。

本书所介绍的战役发生在各种不同的地形和环境中，从干旱的沙漠到白雪皑皑的山地，从炎热酷暑到冰天雪地和潮湿泥泞，应有尽有。

撒哈拉沙漠西部总体而言并没有参照地形，地平线上一些微小的隆起部分被称为"丘陵"，勉强可以用作导航点，但即使是这些丘陵和所谓的山脉也因为缺乏水源而尽是黄沙。地面状况也有各种情形，从柔软的沙地到散布岩石的荒地及砂砾地，并且岩床经常紧贴地面，使得"掘壕"作业几乎是不可能完成的任务。这些极端地形使得按照规划的线路行军变得较为困难；但除了遍地巨石或者流沙会阻碍通行，有时甚至完全无法通过之外，总体而言这里的地形还是适合行军，并且障碍大多可以绕过。平坦的沙漠地形中，遮挡物和隐蔽物极少，几乎只有干枯的河谷、低俯角和人工构筑的防御工事可以利用。除了骆驼刺之外，只有在绿洲附近很小的范围内才有植被存在。很显然，沙漠战役中最大的问题是炎热、缺水和沙尘。炎热会影响人员和装备；晒伤、脱水和中暑时刻威胁着军人的安全；极端高温和无时不在磨损机器，堵塞武器的砂砾则会对装备带来损害。

人们也许会惊讶，在北非部分地区，冬季往往会引来暴雨，这会使得气温陡降，并偶尔会在低海拔地区出现降雪。但是，这并不能改变艰难的地形，甚至还会在短期内造成原本干枯的河谷中洪水泛滥，以及形成难以穿越的泥泞。寒冷的雨水和泥泞，在 1942—1943 年的突尼斯冬季战役中格外突出，使得这些战役更像是在地中海气候而非沙漠环境中展开。

当进军意大利之后，辽阔的撒哈拉沙漠西部地形被狭窄的海岸平原及亚平宁山脉所代替，在夏季这里同样炎热并且满是令人窒息的沙尘，但在冬天又会洪水泛滥。雨水会将未铺装路面变成无法通行的泥泞，使得军队无从发起重大攻势。而在群山中，军队则要面对更令人胆寒的情形，他们

① 波斯和伊拉克部队。
② 1943 年 7 月 9 日的西西里岛登陆行动。

"暴雪过后"：这张照片看上去像是拍摄于1944—1945年的欧洲冬季战场——但这些裹得严严实实以对抗寒冷的英国士兵，其实正身在1942年的非洲西部大沙漠中。他们穿着羊毛制服混搭皮质短上衣和大衣，戴着各式帽子。地上纷乱的雪表示，伴随着降雪而来的还有狂暴的阵风。

1941年，意大利属索马里。在基斯马尤附近的一个村庄里，一名不列颠军官正在清点撤退的意大利人所留下的巨量的武器装备和弹药。本来这些装备应该被摧毁而非落入敌手。这些储备可以用来武装索马里游击队。

必须在冰冻刺骨的大雨冲刷中攀爬裸露的岩石，而向上和向下的路径很快就会被泥石流所堵塞。

战役和关键战斗

阿比西尼亚战役，1940—1941年：科伦、阿拉吉山、朱巴、贡德尔

英属索马里，1940年

伊拉克，1941年

叙利亚，1941年：大马士革，达穆尔

北非，1940—1943年：西迪拜拉尼（1941年）拜耳迪耶、占领托布鲁克、贝达富姆、托布鲁克防御（1941年）、加查拉、马特鲁港、阿拉曼防线防御、阿拉姆哈勒法、阿拉曼、梅德宁、马雷斯、特巴加盖普、瓦迪阿卡利特、昂菲达维尔、特保布盖普、博乌阿拉迪、凯瑟林、丰杜克、扎尔加旱谷、考兹亚、梅德兹平原、突尼斯

西西里，1943年：西西里登陆、阿德拉诺

意大利，1943—1945年：桑格罗河、萨勒诺、占领那不勒斯、沃尔图诺河、卡米诺峰、加拉吉利亚诺河、安奇奥、第1和第2次卡西诺峰防御、利里河谷、罗马、拉西米恩防线、阿雷佐、进攻佛罗伦萨、哥特防线、科里亚诺、拉莫内河、里米尼防线、赛尼奥、阿金塔、博洛尼亚

希腊，1941年：奥林匹亚山

希腊，1944—1945年

中东，1941—1944年：克里特（1941年）、马耳他（1940—1942年）

战役简介

以下的简介按照战斗发生的区域的英文字母顺序进行介绍，包括中东司令部控制区域内部分知名度不高的区域，以及虽然不在其控制区域内但却卷入了作战行动中的地区。

亚丁

英国的保护地，同时也是重要的煤炭港口，连接红海和印度洋，在英军的作战行动中，其只是作为1941年英军进入索马里地区的出发地。

阿比西尼亚、厄立特里亚和索马里

在这一地区的作战行动，被统称为东非战役，在意大利于 1940 年 6 月 10 日加入第二次世界大战后，这里爆发了战争。意大利在东非的领土包括其在 1936 年入侵并殖民的阿比西尼亚，以及厄立特里亚和意大利属索马里。

在这三处轴心国控制的领土中，被包围在亚丁湾的是英属索马里和法属索马里，后者并未设防。意大利领土的南面和西面是英军驻防的肯尼亚和苏丹。1940 年 8 月 4 日，总计兵力超过 20 万人的意大利军队，派出 26 个营，入侵了英属索马里和法属索马里。数量处于绝对劣势的英国部队（包括非洲部队和印度部队以及索马里骆驼军）进行了 5 天的拖延作战，同时苏格兰高地警卫团 [①] 在巴尔坎撒进行了防御作战，之后有超过 1 500 名防军从海上撤退。这使得意大利人在红海海岸占据了主动权——尽管有强大的英国皇家海军的封锁，但他们依然建立起了从地中海抵达中东和印度洋的海上运输路线。这一成功看上去实现了墨索里尼征服这一地区的要求。

夺回丢失的领土，并且加强英军在红海的实力成为了英国中东总司令韦维尔的首要目标。但由于只掌握了非常有限的战争资源，他在 1940 年下半年发起的几次小规模作战并没有取得什么实质性的结果。直到 1941 年初，他才征集到了足够的部队（主要是印度第 4、第 5 师，非洲第 11、第 12 师和南非第 1 师），向敌军发起重大攻势，冲进了意大利的领土。1 月，英军攻入厄立特里亚，接着 2 月攻入意属索马里。在厄立特里亚的意大利军队在福瑞斯奇将军的指挥下进行防守，虽然在科伦附近坚守了整个 2 月和 3 月，但最后他们还是于 4 月 8 日在马萨瓦被击败。在南面，从肯尼亚出发攻入意大利属索马里的部队只受到了很少的抵抗，并在 3 月中旬攻入了阿比西尼亚，推进到英属索马里边境，并在 4 月 6 日夺下了其首都亚的斯亚贝巴。意大利东非的总督奥斯塔公爵，坚守着阿比西尼亚西北地区，被重重包围，最终在 5 月 17 日被击败。但直到 11 月 28 日，所有的抵抗和最后的个别意大利部队才被最终摧毁。

塞浦路斯

该岛位于地中海东部最远端，这一地理位置赋予了其重要的战略地位。尽管轴心国曾计划入侵该地，但最终还是未能实施。1941 年 5 月，英军把一个营调入该岛以加强防御，但最终只是作为英军部队的训练、预备和休整区域。英国皇家空军在该岛上设

① 为当时驻守北非的英国陆军皇家苏格兰高地警卫团第 2 营。

1941 年春，这些看上去井然有序的部队正列队休息准备搭载上船。这些盟军士兵先是从希腊本土撤出，之后随着德军空降突袭，又不得不进一步从克里特岛撤退。韦维尔将军不得不将这些部队集中到非洲西部沙漠地区，但却不能很好地安顿他们。紧接着，责难随之而来，高层统帅认为他们缺乏充足的人力和准备，在与德国非洲军团的较量中表现不佳。

55

立了基地，以覆盖地中海东部的航运线路，但地理上的局限使得覆盖范围并不广阔。有少数在爱琴海上的作战行动是以塞浦路斯作为出发地的。

直布罗陀

　　位于西班牙最南端的直布罗陀，到处都是寸草不生的岩石，从1704年起就有英国的要塞在这里拱卫着狭窄的地中海出口。在大战爆发时，亲轴心国的西班牙对于直布罗陀的安全一直都是重要的威胁，但这种威胁与其说是军事上的压力，还不如说更多来自德国特工，他们以西班牙作为基地可以监视所有通过直布罗陀的船运。如果西班牙加入了轴心国，直布罗陀根本无法固守，而它的沦陷则会对盟军在地中海地区的所有军事行动带来灾难般的后果。轴心国对直布罗陀的港口设施进行了多次空袭；另有一些以"中立"的西班牙为基地的意大利"水鬼"也进行过侵袭；之后的1940年7月，英军在凯比尔港袭击法国舰队后[①]，法国空军[②]也对直布罗陀进行了报复性空袭。尽管从地理概念上说，直布罗陀非常狭小，但它却是一个非常重要的空中和海上基地，同时也安装了大型海岸炮，能够完全覆盖其与西班牙属摩洛哥之间的狭窄海峡。在直布罗陀的岩石中，大量的军备库存和兵营设施，其中包括油库和通讯中心与许多天然的洞穴相连。修筑这些地下工事所挖出的石料和泥土则被用来建造了在直布罗陀和西班牙之间的狭窄海岬上的跑道；后来这条跑道在"火炬"行动中，成为了超过600架飞机的活动基地。1942年盟军的登陆行动，反过来又确保了直布罗陀的安全。1943年9月意大利投降之后，直布罗陀就更是稳如泰山。在盟军登陆意大利之前，直布罗陀是他们在欧洲大陆上仅有的垫脚石。

希腊和克里特

　　1940年10月28日，墨索里尼开始进攻希腊，他试图获得希腊本土和群岛，以作为进攻中东的基地。但意大利军队被弱小但坚强的希腊军队所击败，希腊人守住了阵线并在之后将入侵者赶了回去。德国人很快就派出部队支援意大利人，匈牙利和保加利亚也提供了一

　　1945年1月，雅典，两名隶属于第2独立伞兵旅的士兵正在"天赐之物"作战行动中操作一挺维克斯中型机枪。从7.92毫米弹壳和地上的MG34鞍状弹匣来看，这一战位之前应该是由ELAS（希腊人民解放军）据守。左边的士兵穿着标准的卡其色套头衫，"伞兵长裤"上有着显著的左侧腿袋，穿着没有绑腿或护踝的钉头靴，戴着用伞兵伪装布料制成的围巾。

---

① 1940年6月法国投降。为了防止法军舰队落入德国之手，7月3日，英国海军对停泊在阿尔及利亚凯比尔港的法军舰队进行了袭击。
② 为德国傀儡政权维希法国的空军部队。

定程度的帮助——他们允许德军部队穿越他们的边境，另外罗马尼亚和那时支持轴心国的南斯拉夫也提供了援助。在这重重压力之下，希腊人希望得到英国的帮助，但英军自己也分身乏术：此时在本土的英军忙着准备对抗德国可能发起的入侵，而在希腊的部队则刚刚在撒哈拉西部沙漠中击败意大利人，已经精疲力竭。但是，1941年2月，英国战时内阁决定——作为盟国团结的一种姿态——派遣1个装甲旅（隶属于第2装甲师）和2个步兵师（第6澳大利亚师和新西兰师）作为远征军，归尼罗河集团军指挥，在3月和4月间前往希腊（"光彩"行动）。

为了给车队提供防空，英军的载具上可以配装弹簧平衡式的"莫特利"底座，以搭载布朗机枪防御低空飞行的飞机。另有一种适配件可以让原本安装弹匣的机枪改用100发的弹鼓——这是专为防空机枪射击使用的，旨在提高射击密度。图中的士兵们在一辆卡车上使用的机枪还是装着标准的30发弹匣。图中的制服包括印度短袖、KD短袖制服和08版携具。

1941年4月6日，德国的摩托化部队同时入侵希腊和南斯拉夫，后者刚成立了反轴心国的政府。总共只有57 000人的英联邦远征部队注定要面对失败，仅仅几周之后他们中的43 000人被撤离（"恶魔"行动），而此时德国空军已经在大部分地方掌握了制空权。

当他们的国家被轴心国占领后，希腊政府和许多部队撤退到了希腊的克里特岛，该地在1940年被英国占据，被用作在巴尔干地区进行战斗以及轰炸罗马尼亚油田的基地。5月20日，德军伞兵部队在德国空中优势的掩护下，开始了倾尽全力的空降入侵。尽管新西兰将军弗莱伯格进行了坚决的抵抗，但马拉曼机场和其他几处重要目标都很快沦陷，越来越多有着装甲和炮兵支援的德军从空中和海上抵达克里特岛。第一天夜里，德军登岛人数为9 530人，最终陆续上岛35 000人，其中伤亡12 000人（如此之大的伤亡使得德国人后来再也没有发动大规模空降行动）。撤退再一次成为必然。到6月1日，最初驻扎在岛上的英国部队只有刚刚超过一半的人员得以登船离开，1 742人阵亡，11 370人被俘。在克里特岛附近的海战中，皇家海军有9艘舰艇被击沉，17艘舰艇受损，因此导致撤退行动半途而废。

后来有观点认为，希腊和克里特岛战役使得"巴巴罗萨"计划（德军入侵苏联）被迫延迟了3周之久，因此也算是起到了一定的作用。但如果要这样推断的话，它也耗尽了北非英军的实力，使其在一段时间内再也无法对轴心国发起重大攻势，并且对抗敌军进攻的防御力量也被严重削弱。

德军在1944年放弃了克里特岛，并在9月开始从希腊撤出，留下了一个政治真空。已经壮大的共产主义ELAS（希腊人民解放军）游击队渴望获得优势，但却面临着来自亲盟国的保皇主义政府和其他势力的竞争。10月，英军实施了"甘露"计划，派遣第2伞兵旅和第23装甲旅进入希腊，后来又在11月调入第4印度师。12月初，希腊内战爆发，ELAS部队开始攻击雅典。英军遵守极为严格的控制交火的命令（"只能使用轻武器进行防御"），因此局面有利于ELAS部队，很快他们就夺下了希腊首都。之后英军发动了反击，12月中旬英军第4师抵达增援，并放松了交火禁令，在1945年1月夺回了雅典，ELAS部队在11日放弃抵抗。

伊拉克

在第一次世界大战结束前，伊拉克是奥斯曼土耳其帝国的一部分，之后成为英国的委托管理地，并在1932年获得独立，但英国依然保留了大量的政治和经济特权，包括在哈巴尼亚和巴士拉拥有空军基地的权力。这种干涉他国事务的做法导致英国遭到了伊拉克人的憎恶，中立但亲盟国的摄政王埃米尔·阿卜杜拉被拉希德·阿里将军推翻，这一政变得到了阿明·埃尔·胡塞尼（他在逃离巴勒斯坦之前，是耶路撒冷的穆斯林大穆夫提[①]，曾经组织了1936年的阿拉伯大暴动）所领导的穆斯林的支持。拉希德·阿里公开表达了自己亲轴心国的立场。1941年4月末，他的部队围困了巴格达以西25英里的哈巴尼亚英国基地，之后5月2日，驻守当地的国王私人皇家团（兰开斯特）部队与伊拉克人开战并击退了进攻。伊拉克人希望得到德国和维希法国的援助，法国提供了装备，而德国空军则只是从叙利亚出发提供了几次空中打击。5月13日，英军第10印度师从巴士拉出发赶来支援，另有一支英军解围部队（HABFORCE[②]），连同阿拉伯军团部队[③]则从外约旦赶来。到5月底，哈巴尼亚之围被解，英军进一步围困了巴格达；拉希德·阿里潜逃，伊拉克的政权重新回到埃米尔·阿卜杜拉手中。

叙利亚和黎巴嫩

在法国沦陷之后，法国的保护国黎巴嫩和叙利亚（"黎凡特"[④]）成为了维希

---

① 伊斯兰教教长。
② 哈巴尼亚部队，是英军为了解哈巴尼亚之围，在巴勒斯坦成立的临时部队，包括空军和陆军，其中陆军包括第1骑兵师师部、艾赛克斯团第1营、皇家炮兵第60野战炮兵团，以及部分反坦克炮兵团和阿拉伯军团人员。
③ 阿拉伯军团为20世纪初英国在外约旦成立的正规部队，主要成员均为阿拉伯人，第二次世界大战时归属英国陆军编制，约1 600人。
④ 起源于拉丁语，意为日出之地，泛指今叙利亚、黎巴嫩、约旦、以色列、巴勒斯坦等地。

右侧图片：大战初期，一辆隶属于第11骠骑兵部队的1924年版劳斯莱斯第1代幻影装甲车正在"铁丝网"附近警戒——这是一道位于埃及/利比亚前线的防御铁丝网，由众多的铁丝和障碍组成，有的地方高达12英尺。在这辆装甲车的1939式炮塔上，有1具0.55英寸口径博伊斯反坦克步枪、0.303英寸口径布朗机枪和4英寸烟雾发射器。这样的炮塔也曾经在莫里斯轻型侦察车上使用。

波斯，1941年，在通往卡兹温的路上，一名英军准将正上前迎接一名俄国军官，这是盟军和苏联军队在整个大战期间的第一次会合——这一场面非常重要但几乎被人遗忘。波斯具有非常重要的战略地位，为苏联的战争机器提供了重要的资源——从此来自盟军的补给不用再被迫通过危险并已不堪重负的俄罗斯北部航线。在大战期间，总共有4 159 117吨补给，占到西方提供的补给总量的23.8%是通过波斯进入苏联境内。

法国的卫星国。其司令官，顿兹上将，公开宣布亲近轴心国，允许德军使用西莉亚的机场以支援伊拉克的反盟军活动，并给伊拉克叛军提供法国装备。1941年6月8日，自由法国和英联邦军队从巴勒斯坦攻入黎凡特地区。防守军队进行了顽固的抵抗，在陆地和海上，法国人——维希法国和自由法国——自相残杀，另外还有1个英国营和2个印度营。6月底，在完成了伊拉克的作战任务后，哈巴尼亚部队也被调往黎凡特地区；6月21日，叙利亚首都大马士革被英军攻克，7月中旬，黎巴嫩首都贝鲁特也被拿下。顿兹上将请求和谈，7月12日达成停火协议，2天后停战。自由法国领导人戴高乐上将呼吁38 000人的维希军队投奔盟国，但只有5 700人选择追随他，其余人则被遣返。盟军伤亡总计2 400人，维希法国则伤亡3 350人。

停战2天后，由于看到英国偶尔会为了"更大的目标"无视他国的中立，一支土耳其步兵师被调动到了叙利亚边境。土耳其此时处于非常艰难的困境中：它本来与法国和英国签订有协议，使其有责任在地中海的战斗中与盟军共同作战；但在法国沦陷之后，英国并没有急于要求土耳其履行义务，之后土耳其与轴心国签订了一个协议，以保证其领土完整。德国向土耳其施加了巨大的压力，要求其加入轴心国，但被拒绝。最终土耳其接受了盟军的军事装备和补给，在1945年2月姗姗来迟地向德国宣战。

虽然过程短暂，但叙利亚战役代价不低——澳大利亚人的伤亡比希腊和克里特岛战役加起来还要多，印度军队则在试图攻占大马士革时死伤惨重。

1941年11月，托布鲁克：一名兴高采烈的英军士兵（穿着套头衫和KD长裤）正在押送着一队德国非洲军团的战俘前往前后方，面对镜头，他得意地竖起了大拇指——这些战俘只是36 000名在奥金莱克将军发起的"十字军"行动中被俘的德军中的一小部分。这场战役发动于1941年11月，到1942年1月时，已迫使隆美尔后撤了500英里，在此过程中德军损失了大部分的装甲部队。

马耳他

这是英国在地中海中部唯一的基地，也是直布罗陀和亚历山大港之间唯一的大型港口，距离西西里南部只有60英里。从位置上而言，马耳他很难防御，但它对盟军在地中海和北非的存在至关重要，并且也是对轴心国进行航线封锁的重要支撑点。轴心国曾计划入侵马耳他，但其热情却因为在克里特岛上的惨重伤亡而消磨不少。后来轴心国认为实施猛烈的轰炸可以迫使其投降；最终，该岛在重重围困和不曾停息的狂轰滥炸中坚持了

2年。单在 1942 年 3 月和 4 月间，德军闪电般的空袭就在马耳他投下了相当于 1940—1941 年间轰炸伦敦所用弹药量的 2 倍之多。尽管这些轰炸在短时间内阻碍了盟军的进攻行动，但该岛后来又恢复了其作为海军和空军作战基地的主要作用；从马耳他出发的飞机和潜艇击沉了意大利和北非之间供应隆美尔的大部分补给舰队。马耳他岛上的卫戍部队主要执行防空任务或者其他能够保证该岛运转的工作，并为皇家空军、皇家海军和政府当局要求的所有劳作提供劳力。轴心国在北非的战败确保了马耳他的安全，使其能够成为进攻意大利的主要基地。非常不同寻常的是，马耳他全岛被乔治六世国王授予了乔治十字奖章——这是英国奖励英勇行为的最高的平民功勋——之后就被称为马耳他 GC。

巴勒斯坦

在第一次世界大战结束前，巴勒斯坦一直都是奥斯曼土耳其帝国的属地，之后在 1920 年才成为了英国的保护国，并构成了苏伊士运河北部的重要防御地带。但该地的阿拉伯人对英国的效忠却因为 1933 年纳粹掌权后越来越多从欧洲迁来的犹太难民而日益不满。1939 年英国停止允许犹太难民入境，以期稳定形势。与塞浦路斯一样，巴勒斯坦并没有成为军事行动的发生地，更多的时候是作为人员和装备的后方基地，但从巴勒斯坦和外约旦出发的军队曾在伊拉克和叙利亚进行过战斗。

波斯

1935 年波斯更名为伊朗，但当时的人们还是习惯于使用旧称。当 1941 年苏联成为盟友之后，波斯对于盟军的战略重要性变得突出，它可以成为苏联和中东的英军的陆上通道。尽管波斯号称中立，但世人皆知德国特工和技术人员在此刺探情报，并且德国还是波斯最大的贸易伙伴。波斯每年向德国出口 840 万吨原油，这使得盟军向其下达最后通牒，要求他们驱除所有的德国人员。当然这一要求被拒绝，盟军以此为借口在 1941 年 8 月 25 日攻入波斯。抵抗很快就被平息，该国被占领。伊朗国王礼萨·巴勒维被废黜，他的亲盟国的儿子，穆罕默德·礼萨·巴勒维即位。1942 年 1 月，伊朗与盟国签订了条约，并在 1943 年的德黑兰会议期间生效，一旦大战结束，盟军将在 6 个月内从该国撤出。英军在伊朗的驻防部队为"PAIFORCE"（波斯和伊拉克司令部），成立于 1942 年，由梅特兰·威

一队维克斯中型机枪组成员在作战中。在持续射击中，冷凝器上翻腾起了蒸汽云团，尽管这样的做法肯定增大了暴露的可能性，但却能够节约宝贵的水。每个步兵师下辖的3个旅中，都有1个隶属于师级机枪营的机枪连提供火力支援。

尔逊上将指挥，1943年威尔逊出任中东总司令后，伯纳尔上将接替了他的职务。

外约旦

　　1928年之前，外约旦（今约旦王国）曾是巴勒斯坦的一部分，但当埃米尔·阿卜杜拉即位后，该国获得独立并被英国委托管理。由英国人担任军官的阿拉伯军团部队在伊拉克作为哈巴尼亚部队的一部分参加了战斗，另外外约旦的边防部队，也参加了进攻维希法国属叙利亚的战斗。

撒哈拉沙漠西部（埃及和利比亚）、北非（摩洛哥、阿尔及利亚和突尼斯）

　　1940年6月法国的投降给英国防守北非的计划带来极大困扰。意大利参战后，法国在北非和黎凡特地区的殖民地不再是英国的同盟，并不再有防守上的意义——事实上，它们都已经成为了直接或间接的威胁。意大利在利比亚和东非的部队，共计有415 000人，现在可以专注力量进攻埃及。而英军在此的部队只有不到118 000人，人数远逊于对手，且分布在亚丁、英属索马里和巴勒斯坦这些地方。由于无法拥有足够的人手来保卫英国的所有领地，很快英属索马里就被迫让给了意大利。

　　在意大利参战后，英军虽然没有足够的实力发起重要攻势，但不断地在意大利利比亚战线的后方进行扰乱作战，干扰其补给队，摧毁其前沿哨所，并占领至关重要的绿洲。1940年9月13日，意大利元帅格拉齐亚尼开始进攻埃及，塞卢姆很快就沦陷，但英军进行了卓有成效的战术后撤，4天之后意大利军队仅仅抵达海岸边的小镇西迪巴拉尼。在这里意大利掘壕固守，

并在东边15英里处的马克提拉设置了一处前进哨所，他们再也无力推进。英军对于格拉齐亚尼就这样放弃抵达苏伊士运河的机会感到困惑。韦维尔抓住了格拉齐亚尼停滞不前的机会来加强力量。虽然增援和补给都很有限，但到了12月时，尽管英军还是处于数量上的劣势，但已经可以按照德国之前在法国使用过的"闪电战"战术发起一次重要攻势。这次进攻必须赶在意大利重新发起进攻之前，因为意大利人认为现有的英军根本不可能在尼罗河以西的埃及地区发起任何进攻。

　　1940年12月7日夜间，英军发动进攻

这张照片毫无疑问是摆拍图片，想要显示坦克乘员在一名战地医务人员的协助下将伤员从被击毁的坦克中抬出。这种操作方式毫无疑问地要浪费大量的人力；在完美的情况下，医疗兵会将伤者麻醉，以使他减轻痛苦和紧张。在真实的情况下，坦克战中这样的情形少之又少，被击毁的坦克中的伤者很难依靠自己的力量爬出坦克，或者立即被幸运没有受伤的同伴拖出坦克，他们经常在随后到来的殉爆或者大火中丧生。但不管怎样，要等到医疗兵抵达，都是一段漫长的等待。

（"指南针"行动）。皇家空军袭击了比尼尼和西迪巴拉尼的机场，有效地遏制了意大利皇家空军的行动；而皇家海军则重炮轰击了西迪巴拉尼和马克提拉，意大利军队主动撤出了马克提拉。在经过一场艰苦的战斗后，西迪巴拉尼被英军夺下，接着是巴克巴克和塞卢姆，意大利攻入埃及所侵占的领土全部丢失。进攻作战的第一阶段，英军抓获了 38 000 名俘虏——这比奥康纳尔上将指挥的由英国人、澳大利亚人和印度人组成的进攻部队的所有人数还要多。接着，英军围困了利比亚重要的港口拜耳迪耶，并于 1941 年元旦发起进攻，1 月 5 日拜耳迪耶被攻克，45 000 人被俘，这使得英军本就拥挤的战俘营更加不堪重负。

韦维尔继续向托布鲁克发起进攻，这是意大利海军在利比亚的主要港口，防守严密。1 月 21 日英军发起进攻，到 22 日傍晚时分就夺下该地，又俘虏了 30 000 人。接着，澳大利亚部队向班加西推进，同时装甲部队则越过沙漠绕向贝达富姆以期切断意大利防线的退路。意大利人发动猛攻想要突围，但未能成功。班加西和贝达富姆都被攻克。2 月初，英军已经推进到阿尔阿盖拉和阿杰达比亚一线——德国的非洲军先遣部队赶到此地帮助意大利人加强防守。

此时的英军已经疲劳不堪，补给线也已经拖得过长，载具、武器和装甲车辆都急需保养维护；但韦维尔本就处于下风的兵力不仅没有得到休整与补充，反而被抽调到了希腊、克里特、叙利亚和伊拉克。战时内阁认为，如果让德军穿越巴尔干进一步越过土耳其，中东地区将面临极大危险，在这样的情形下，利比亚战事只能居于次要地位。当韦维尔的部队不断被抽走时，轴心国却在不断地向非洲补充人员和坦克。德国非洲军的指挥官是在法国战役中表现卓越的埃尔文·隆美尔上将，他很快就找到了英军防线上的漏洞，并在 1941 年 3 月底发动进攻。英军虽然从英国本土和印度获得了援军，但并不能有效阻挡隆美尔的进攻，到 4 月底，已经退到了埃及国境。不过，撤退整体上而言还是有序的，英军用各种手段来阻挠和延迟敌人的进攻，托布鲁克则由澳大利亚军队严加防守——德军绕过了这一要塞地区，因此托布鲁克对德军的交通线形成了持续的威胁。在埃及边境上，隆美尔停止了进攻，整顿力量准备一鼓作气冲到苏伊士运河，这一停顿却给了韦维尔发动反击的机会。

1941 年 6 月 15 日，英军发动了一次小规模反击（"战斧"行动），虽然装甲车辆的优势对比高达 4：1，但英军还是未能完成抵达托布鲁克的战斗目标。因为这次作战失利，7 月 1 日，奥金莱克上将取代韦维尔上将成为中东战区总司令——这是一次很直接的对调，韦维尔接替了奥金莱克印度战区总司令的职务。接着该战场陷入了僵局，这使得奥金莱克得以对中东司令部的下属部队进行重组。1941年9月，阿比西尼亚、索马里、肯尼亚、坦噶尼喀、尼亚萨兰和北罗德西亚不再归中东司令部管辖，而是组建成由普莱特上将指挥的东非司令部；这一举措使得中东司令部顿时减少了150万平方英里的管理负担，可以集中精力专注于撒哈拉沙漠西部的战斗。11月，最早由尼罗河集团军改建而来的撒哈拉西部集团军，正式更名为第8集团军。

一辆福特WOT2型卡车避过敌人的炮火。沙漠地形使得炮弹偶尔会在爆炸前埋入地表一段距离，因此会使得爆炸冲击波集中向上；而沙漠中经常会有许多岩石，变相增加了由爆炸引起的杀伤力。这辆WOT2型卡车是一系列相似的通用载具中的一种，它承担各种任务，包括人员运输、水运输、无线电台车或是2磅反坦克炮载具运输等。

　　1941年11月18日，奥金莱克发动攻势，即"十字军"行动，在塞卢姆和加拉布之前的50英里前线上推进，托布鲁克的守军也发动策应攻势。1942年1月，在经历了多次大规模坦克战后，隆美尔损失惨重，不得不后撤了500英里。虽然在"战斧"行动中英军习惯于将坦克部署到小规模分散部队而非集中作战的方式已经使其付出了惨重代价，但英军并没有汲取教训。在"十字军"行动中，第8集团军坦克部队的伤亡非常巨大。可就算如此，击败隆美尔部队的胜利在英国国内并没有引起太大反响，因为12月7日日军轰炸了珍珠港，美国和日本都正式进入了世界大战。

　　摇摆不定的沙漠战役，又一次倒向了另一边。1月底，隆美尔发动了一场试探性进攻，攻到了加查拉附近，英军抵挡住了攻势。1942年5月末，隆美尔全力出击，他的坦克部队绕到了英军防线的南端，经过一系列混乱的战斗，最终打开了缺口；双方士兵都在这"大熔炉"一样的战场中精疲力竭。6月20日，驻防托布鲁克的南非军队28 000人投降，塞卢姆和西迪奥马尔的守军被迫撤出；6月30日，英军第8集团军被迫全线后撤到位于阿尔阿拉曼的预设防线，这里距离亚历山大只有60英里——同一天，地中海舰队被迫撤离该港。

　　奥金莱克非常小心地选择了防御阵地，这是北接海岸，南抵无法通过的盖塔拉洼地间的35英里宽的一条瓶颈战线。一旦这条战线被突破，英军将再也无法阻挡非洲军进攻亚历山大和苏伊士运河。1942年7月1日，隆美尔开始了一系列进攻，整个7月，双方都经历了苦战，但隆美尔未能实现突破。

　　8月间，随着亚历山大和苏伊士运河的安全得以稳固，中东司令部再一次进行了人事更替。亚历山大上将接替奥金莱克出任中东总司令，后者重回印度司令部任上。戈特上将出任空缺的第8集团军指

1942年冬季：艾森豪威尔将军视察第1德比郡义勇骑兵团，该部队隶属于新近抵达的第6装甲师。左侧伪装涂色的亨伯2型装甲车上搭载着1挺15毫米贝萨机关炮和同轴7.92毫米贝萨机枪；右侧的戴姆勒装甲车上有1门2磅机关炮和同轴7.92毫米贝萨机关枪。图中的士兵穿着BD制服和罩服，有的还配有长型手枪枪套。

挥官一职，但当他搭乘飞机前往开罗时却被击落身亡。8月13日，蒙哥马利上将取代了他的位置。8月末，隆美尔再一次开始进攻阿尔阿拉曼防线，并在路威萨特山脊打开了缺口，但并未能将其扩大，他已经越来越少的装甲部队在遭遇重创后不得不从阿拉姆哈勒法撤出。

之后，双方都停下来休整。如今轮到轴心国的部队精疲力竭、远离补给线，并且处于对方的空中优势之下。蒙哥马利获得了来自英国本土的新部队的增援，以及新的装备——特别是6磅反坦克炮和美制M4谢尔曼坦克——开始在数量和装备上与德军旗鼓相当。蒙哥马利以其谨慎小心的备战方式而闻名，他一再顽固地拒绝了要求他尽早发动攻势的要求，而是专注于训练和计划，直到他认为一切都妥当稳固必胜无疑。

1942年10月23日21点30分，蒙哥马利从阿尔阿拉曼防线北部发动了"轻足"行动，以猛烈的徐进弹幕射击开端，继之以步兵突击，向德军最严密的防线发起进攻。但这场进攻受困于德军的雷场，因此在11月2日，英军在南线又展开了"增压"行动。到11月4日，英军终于突破了德军防线。11月12日，尽管大雨滂沱阻碍了推进，但英军还是将所有的敌军都赶出了埃及，并俘虏了将近80 000人，以及1 000门火炮和500辆坦克。隆美尔则一路溃退，越过了整个昔兰尼加和的黎波里塔尼亚。

※　　※　　※

1942年11月初，在马耳他以西的地中海上已经没有了盟军控制的领土。1942年11月8日，星期天，10万名美军和英军部队在艾森豪威尔的指挥下，在法属摩洛哥和阿尔及利亚登陆（"火炬"计划）。维希法国的防军在卡萨布兰卡和阿尔及尔进行了短暂但顽固的抵抗；其他地区的部队则投降欢迎盟军到达。最终，在付出了比预期更多的伤亡之后，盟军终于迫使所有的维希法国部队投降。

最初，盟军计划立即向东发起猛攻，以防敌军有机会增援突尼斯，但为了将之前维希法国的部队团结在盟军一边，必须谨慎地处理法国领土上的政治因素，这种基于政治上的考虑浪费了盟

1943 年，突尼斯：一名德军空军医疗兵，很可能来自于"赫尔曼·戈林"师，两边是英军担架员。在重大作战中，无论盟军还是轴心国军队，被俘的医疗人员经常短期内被编入医疗部队以应对医疗资源的紧缺，特别是当伤亡人数超过现有的医疗部队处理能力时。

（左）1943 年 2 月一支由各种各样的载具组成的联合车队正向西通过的黎波里塔尼亚。为了能够让第 8 集团军持续战斗以攻入突尼斯，巨大的后勤难题始终折磨着盟军的指挥员们。在整个利比亚海岸线上，只有一条碎石铺就的小路——还是战前意大利人修建的。蒙哥马利将军曾经说过，"从开罗到的黎波里有 1 600 英里，司令部在一头，前线部队在另一头，这距离就好像司令部在伦敦，而先头部队已经打到了莫斯科，但两者之间仅仅只有一条路！"

军猛攻的势头。德军迅速进入突尼斯，并为了保险起见，接管了原维希法国部队驻防的阵地。但这种合作的局势很快就结束了，突尼斯的维希法国部队在巴里将军的命令下，转而向德军宣战，并一路战斗，试图与向东攻来准备占领重要的突尼斯港和比赛大港的英国第 1 集团军会合。安德森上将掌握了主动权，突击队员和伞兵渗透进入了阿尔及利亚东部，一支步兵旅向这些港口发起猛攻，在 11 月 27 日抵达距离突尼斯仅有 10 英里的特包尔巴。但英军第 1 集团军的攻势也到此陷入了僵局。

第 1 集团军做出了各种努力想要继续推进，但这些依然在轴心国控制下的港口每天都涌入成百上千的补给物资和补充兵力，再加上坦克和俯冲轰炸机对英军防线进行着无情的狂轰滥炸。12 月 1 日，敌军发动反击，突进了 20 英里；在圣诞节那一周里，两军在朗斯特普山进行了艰苦卓绝的战斗；但在这之后，由于极端恶劣的天气，双方都未能再发动过重大攻势。1942—1943 年冬季——寒冷并且非常潮湿——英军的主要精力都用在力图占领一些优势据点上，以利于向突尼斯发起最终进攻。在丘陵地带里，由于地形险恶，驮马成为了与摩托化车辆一样重要的后勤工具。

在东线，第 8 集团军于 1943 年 1 月 23 日占领了的黎波里，在短短两周后，其被摧毁的港口设施就开始重新运作。这一港口对于接下来的英军的推进至关重要，特别是当时他们的补给线已经接近极限。第 8 集团军在此暂停了攻势，休整部队并为下一个目标——突尼斯——储备物资。尽管英美联军的登陆已经极大地戳伤了法西斯阵营的士气，并使其在 1943 年 2 月撤出了利比亚，但敌军还是准备不惜一切代价守住突尼斯，同时对抗英国第 8 集团军从东线发起的攻势以及英国第 1 集团军、美国第二军和实力稍逊的法国第十九军从西面发起的进攻。

为了保证两条战线上的盟军的合作，第 8 集团军在 1943 年 2 月 18 日划归到艾森豪威尔的最高司令部指挥，同一天，该集团军从利比亚进入突尼斯；该司令部将所有的盟军部队整合为第 18 集团军群，艾森豪威尔为总司令，亚历山大将军以副总司令的身份负责作战行动。美国政客花了很多力气才说服前维希法国部队，他们中大多数人都拒绝在英军麾下作战——英军对法国舰队的偷袭行动依旧是一段酸楚的回忆。

2 月下旬，轴心国阵营分别由冯·阿尼姆上将的第 5 装甲集团军和隆美尔的非洲装甲集团军对法军和美军发起了两次进攻。德军在穿越凯瑟林隘口的战斗中，对美军第二军造成了重大伤亡，但最终盟军守住了阵线。德军的这些暂时性的突破，带来的最大后果是数支美国陆军航空队被迫撤离，这使得压力重重的轴心国的空军和港口得到了喘息的机会。

1943年3月6日，在东南线上，隆美尔针对英国第8集团军先头部队的进攻被挫败；之后3月20日，蒙哥马利开始执行"第二次增压"作战行动，开始进攻马雷斯防线。在两天之内，德军的防线被突破，但由于本来准备填塞旱河床的柴草堆被雨水打湿无法承受坦克的重量，后续的推进最初并不太顺利。之后一支新西兰部队从左翼迂回包抄发动进攻，使得攻势得以继续，到3月底，马雷斯防线被彻底攻破。

4月6日，第8集团军突破了轴心国部队在瓦迪阿卡利特的阵地，第二天与美国第二军在加布加夫萨路会师，最终完成了对轴心国部队的包围。之后盟军开始从各个方向推进，4月末，突破重任落在了第1集团军身上。5月9日，盟军开始执行最终的地面突击行动（代号"伏尔甘"），第二天，突尼斯和比赛大被攻克；5月11日，博恩角半岛上的轴心国部队停止了抵抗。亚历山大上将通报丘吉尔："我谨向您汇报，突尼斯战役结束。所有的敌军已经停止抵抗。我们成为了北非的主宰。"

一个步兵反坦克炮组拖着他们的6磅反坦克炮正在突尼斯的一处山路上前行。这门炮重达2 500磅，哪怕是移动一个小部件，都需要几名士兵通力合作。6磅反坦克炮射程达到5 500码，炮口初速达到每秒2 700英尺（约823米/秒），熟练的炮手可以达到每分钟10发的射速。每个战斗营下属的支援连中的反坦克排共有6门反坦克炮。

西西里

现在，盟军的船只可以在地中海大部分区域自由航行，这为接下来的军事行动提供了极大的想象空间；轴心国阵营的腹地完全暴露。在意大利的西西里岛上开辟第二战场，可以确保至少20个德军师被困在该战区，这既能减少苏联的压力，也可以减少最终登陆法国时的压力。而且盟军准确地预计到意大利会很快停战妥协，从而使整个地中海被盟军控制。

在尝试渡过突尼斯和西西里海岸之间的狭窄海峡前，盟军需要对海上突击进行实力扩充、人员休整和训练，并进行特种装备的生产和配发。登陆艇和船只非常稀缺，登陆入侵西北欧的计划已经开始实施，亚历山大上将不得不顶着各种资源都已经被转运到别处的压力执行登陆作战。事实上，这一登陆作战计划的规模要远远小于政治家和纸上谈兵的领袖们的期望值。

在突尼斯和西西里之间，是意大利的潘泰莱里亚岛及其卫星岛屿——兰佩杜萨岛以及里诺萨岛。为了防止意大利空军以此为基地威胁西西里登陆部队，潘泰莱里亚岛遭到了盟军的狂轰滥炸，该岛在盟军计划实施登陆（"开瓶器"行动）之前的6月10日投降。

（右）1943年7月：一辆严重超载的通用载具，停在西西里的海滩上，正等着被拖离海岸；乘员脸上有着明显的尴尬微笑。观察台和布朗机枪为准备登陆采用了可以观察到的防水措施，使用了一种含石棉的胶布。这种载具是一种具有高度通用性的轻型车辆，可以为步兵师提供各种支援作用，可以作为最基础的布朗机枪载具、迫击炮载具或中型机枪载具。

1943 年 9 月，西西里，第 6 步兵师的苏格兰步兵正登上一艘步兵登陆舰（LSI）以横跨墨西拿海峡进入意大利本土；他们穿着 KD 长裤，搭配了踝部绑腿。9 月 3 日的"湾城行动"将第十三军的部队投入到了意大利"足尖"的雷焦卡拉布里亚海岸附近。

1943 年 7 月 10 日，西西里登陆开始（"哈士奇"行动），英军第 8 集团军和美军第 7 集团军分别从该岛的东南面和南面登陆，同时空降部队也渗透到了岛内目标。仅仅从绝对数字上而言，这场登陆行动的参与部队可与诺曼底登陆相提并论：光是最初的突击阶段就有 16 万人——8 个步兵师、600 辆坦克、1 800 门火炮、24 000 辆载具、超过 4 000 架飞机和 3 500 艘舰只。第 8 集团军下辖第八军的第 5、第 50 步兵师，以及第三十军的第 51 高地师、第 1 加拿大师和第 78 步兵师，另有伞兵和突击队部队。

恶劣的天气降低了敌军的空中活动效率，并增强了登陆的突然性。海上登陆如预期般一样顺利，空投作战则近乎于一场灾难：没有经验的运输机飞行员和战舰上的紧张的防空炮射手，导致许多空降人员过早跳伞，无助地溺亡在海中，有幸登陆的部队也已支离破碎。德军的反应很迅速，但由于空中支援有限，他们并不能够获得成功。24 小时之内，锡拉库扎的重要港口被占领，减轻了必须直接运输到海滩上的补给压力。没有多久，英军和美军就成功会师，形成了从利卡塔到锡拉库扎的一整块滩头阵地。大多数意大利人都欢迎盟军，7 月 25 日墨索里尼被免职，意大利国王重新掌权并开始寻求和平。

第 8 集团军在沿着西西里岛东岸向北进攻的途中经历了一些艰苦的战斗，同时美军则迂回向北、向西行进，之后再沿着北岸向东行进，两者的最终目标都是位于西西里和意大利本土之间的狭窄海峡墨西拿。大多数意

大利部队一触即溃，但德国军队包括精锐的"赫尔曼·戈林"师却完成了卓有成效的战斗撤退。8 月 17 日，所有的抵抗都宣告终结，许多德军部队成功地撤回意大利本土，另有 20 000 人被歼灭，7 000 人被俘（英军伤亡总计 19 396 人，其中不少于 11 598 人是因为疟疾伤亡）。9 月 3 日，新成立的意大利政府无条件投降并倒向盟军。

意大利

在意大利境内，已经有 15 个德军师，并且每天还有更多的

德军不断涌入。意大利法西斯政府的倒台并没有使得盟军占领这个国家的任务如同一些人希望的那样轻松，反而使得非常有能力的德军总司令凯瑟林上将完全抛开忠诚度和战斗力都非常值得怀疑的意大利军队，规划了一个非常有战斗决心的（以德军为主体）的防御计划。奥托·斯科尔兹内在12月12日执行了一次大胆的突击，将墨索里尼从大萨索山山顶的拘禁处救出，这一举动鼓舞了法西斯死硬分子的士气，并造成意大利军队分化出了一小部分，以"意大利社会共和国"的名义在意大利北部投靠德军作战，另一些则成为了盟军部队。

意大利的地形非常适合针对向北进攻的入侵者组织防线：东面和西面狭窄的海岸平原被许多河流分割，中间是南北走向的亚平宁山脉，几乎贯穿了整个国家。德军非常娴熟地利用了这些天然的障碍物，这使得意大利战役代价高昂，进展缓慢。盟军认为，唯一能够突破这些防御的方式只能是纵深迂回，在空中掩护的情况下，部队尽可能在远端登陆。1943年9月3日，英军第十三军越过墨西拿海峡（"湾城"行动），在雷焦卡拉布里亚附近登陆，试图吸引德军防御部队向南运动，但其实德军已经撤到了内陆。从9月9日起，马克·克拉克上将的第5集团军，下辖美军第六军和英国第十军（第46、第56步兵师，第7装甲师和第23装甲旅），在萨勒诺登陆（"雪崩"行动），此地距离那不勒斯仅有35英里，他们遭到了德军的顽固抵抗。在南面，第8集团军夺下了塔兰托、布林迪西和巴里，并继续向萨勒诺推进，在9月17日与第5集团军会合。到该月底时，那不勒斯也被盟军占领，但其港口设施早已被撤退的德军炸毁。

罗马是盟军的下一个预定目标，但必须首先突破强大的德军"古斯塔夫防线"。该防线西起加埃塔，东至奥尔托纳，横贯整个意大利半岛。第8集团军从中央山脉的东翼进攻，美军/英军第5集团军则从西翼进攻。两者的推进都付出了沉重代价——英军第56步兵师（第5集团军）在11月的沃尔图诺河附近的卡米诺山战斗中，经历了噩梦般的血战；同时，第8集团军则艰难地渡过了桑格河。蒙哥马利麾下的加拿大部队迫使古斯塔夫防线最东端的奥尔托纳的德军后撤，但冬季的到来和惨重的伤亡使得突破口并未能进一步扩大。

盟军决定，采用迂回的方式来突破以卡西诺山为支点的

1943年10月，意大利，一辆英军的谢尔曼Ⅲ型（M4A2）坦克正开向阿尔维萨，恰好路过一辆牛车。在整个大战期间，谢尔曼坦克各种型号累积生产量达到了令人震惊的49 234辆，成为了最为重要的盟军坦克。1942年，英军第一次获得谢尔曼坦克，有270辆参加了阿拉曼战役；在1943—1945年间，它在英军部队中的服役数量甚至超过了丘吉尔坦克和克伦威尔坦克，高峰期总计装备了32个装甲团。在不讨论它缺点的前提下，驾驶这款坦克的5人组英军士兵大多称赞它的速度、简易性、可靠性、空间优良——当然最重要的是那门能够发射高爆弹和穿甲弹的75毫米口径主炮。

古斯塔夫防线：由卢卡斯将军指挥的第六军将在距离罗马南边仅 30 英里的安奇奥西海岸登陆（"鹅卵石"行动）。其计划是迅速推进到内陆以切断罗马和古斯塔夫防线的联系，迫使德军向北运动。1944年 1 月 22 日，美军第 3 步兵师和英军第 1 步兵师在几乎未受抵抗的情况下登陆。但卢卡斯将军随后就掘壕以待，希望积聚力量而非立即冲入内陆。德军迅速抓住了这一延误带来的良机，封锁了海岸，这些本来应该派到其他地区的人员和物资足足被困了 4 个月，并没有带来什么战果。在 2 月和 3 月间，英军第十军的第 5、第 56 步兵师也被派往该地，增援第 1 师。

古斯塔夫防线在西翼的支撑点是卡西诺山，封锁了所有通过利里河谷前往罗马的途径，盟军只能采取正面突击的方式攻克此地。安奇奥登陆本意是为了吸引卡西诺的德军北撤，如今事实上成了盟军不得不猛攻卡西诺山，而吸引围困安奇奥的德军回防的局面。1944 年 1 月和 5 月间，在恶劣的天气中，

为了夺下卡西诺山，盟军进行了四场代价高昂的战役，其中有的战斗堪称"二战"中最为艰难血腥的战役之一。1 月和 2 月间，英军第 4、第 46、第 56 师参加了卡里吉利诺战斗；2 月中旬和 3 月中旬，第 2 新西兰师和第 4 印度师参加了战斗；5 月中旬，英军第 78 师，第 3、第 5 波兰师参加了战斗。早已被炸成废墟的卡西诺镇和修道院，最终在 1944 年 5 月中旬被攻克，这是英军第 8 集团军的部队调到西翼援助美军第 5 集团军，再加上自由法国军共同努力的结果（"王冠"行动——第 4、第 78 英国师，第 8 印度师、第 1 加拿大师，都隶属于第十三军）。同时，安奇奥海滩之围也终于被解。

德军撤向了他们预设的"希特勒"和"朵拉"防线，由于要不断地与亚历山大上将的先锋部队进行殿后作战，他们并没有时间巩固防线，因此很快不得不又继续北撤。占领罗马——这种不设防的城市——这样的虚荣对克拉克将军而言是太大的诱惑，他并没有继续向轴心国部队紧逼，而是在美军和英军之前让出了一个缺口，使得德国第 10 集团军得以逃脱。6 月 5 日，他达成了自己解放罗马的野心，他本认为这无疑可以带

并非所有的坦克都隶属于坦克部队：这辆谢尔曼 M4A2 型推土机就是由一支皇家工兵的野战中队乘员驾驶，另外搭配了一名皇家坦克团的驾驶员。在面对意大利战场上德军采取拖延战术时，皇家工兵突破障碍清除工事的能力成为了关键。在皇家工兵部队中还装备了其他谢尔曼变种坦克，例如装甲维修车等。

在大战爆发初期，英军成功地保持着机械化部队的能力——不同于还依然严重依赖于马驮运输的德军。但是，总有一些地区是摩托化运输所不能到达的。在中东战场上，骡马还只是偶尔使用，但到了意大利地区就变得普遍起来。当冬天的雨季到来，道路泥泞，机械载具不能通行时，骡马还是能够通过这些地区。图中的赶骡人正指挥着这些负担沉重的牲畜穿越在亚平宁山区常见的崎岖地形。

来数不清的荣誉，但命运就是如此戏弄他，第二天盟军在诺曼底的登陆使得他在罗马的胜利大阅兵只能占据世界各新闻媒体的次要位置。

1944 年夏天，盟军从罗马出发向北追击，经历了许多艰苦的战斗，突破了凯撒防线、维泰尔博防线、拉西米恩防线和亚诺河防线，这些德军的殿后战斗都拖延了盟军的进度，并使得德军能够准备他们最后的主要防线"哥特防线"（后来更名为"绿色防线"，盟军则称之为比萨－里米尼防线）。此时在意大利的盟军部队相对于在法国战斗的部队而言，已经是二线部队；7 月，盟军的数量开始减少，尽管有 6 个师被抽调准备在法国南部登陆，他们还是抵达了哥特防线。虽然有几处阵地被突破，但在 9 月初的冬季雨期到来之前，该防线还是没有被攻破，这使得德军得以从东线抽调了 8 个师来增强力量。德军小心谨慎的防守和天气状况使得盟军不得不坐困在亚平宁山区里艰难地度过了第二个寒冷的冬天。

在 1945 年 2 月的雅尔塔会议之后，亚历山大上将（1944 年 11 月 24 日起担任地中海总司令）被告知，他在意大利的主要任务就是牵制尽可能多的敌军，以便于西北欧发起主要攻势。但是，亚历山大将军按照自己的思维方式，认为这一命令的最佳执行方式就是摧毁敌军。

1945 年 4 月 9 日，盟军展开了最终攻势：美国第 5 集团军沿着西翼进攻，英国第 8 集团军（英军第五、第十、第十三军和波兰第二军）则冲破哥特防线的中部和东部，越过"成吉思汗"防线，攻入意大利北部平原和波河河谷。博洛尼亚、费拉拉、阿金塔，以及波河防线和阿迪杰河防线先后被第 8 集团军攻破，盟军无情地猛攻德国 C 集团军群，试图在其撤入阿尔卑斯山之前将其歼灭。到 4 月底，意大利战场上的德军已经全面崩溃，1945 年 5 月 2 日，双方达成停火协议。在这些战斗中，第 8 集团军 123 254 人伤亡；美军第 5 集团军的伤亡为 188 746 人；轴心国伤亡人数估计为 434 646 人。

法国南部

"龙骑兵"计划最初的构想是发动一次佯攻，以吸引诺曼底地区的德军，

但这一目标已经由安奇奥登陆行动完成。尽管英国方面反对进一步削弱在意大利的盟军战斗力，1944 年 8 月 15 日，美军第六军还是在法国的里维埃拉登陆，其侧翼是实力强大的自由法国部队。英军在这一行动中只有英／美联合组建的第 1 空降特遣队被空投到突击区域的内陆。第 2 独立伞兵旅的人员被空投到勒米伊村，尽管空投人员分散在了 25 英里的区域内，但所有的目标都还是在上午 10 点前被占领，两天之后这些伞兵与从海岸赶来的部队会师；之后在 8 月 26 日撤出法国战场，重回意大利。

卡西诺镇遭到了持续的狂轰滥炸，变成了一片废墟，但顽固的德国防御者还是依托这些废墟在 1944 年 1—5 月间击退了盟军的多次进攻。这些 5 月间在废墟中摸索前行的英军士兵混搭穿着各种服饰：装备了汤姆逊冲锋枪的士官穿着美国"租借法案"中生产的 BD 长裤和毛线套头衫；紧跟其后的士兵穿着斜纹粗布上衣和 WA 长裤；第三人穿着美制 WA 上衣和长裤，队列后面的人则与士官的打扮一致。

炮兵

在上一篇中，我们使用了大量的篇幅来介绍步兵编制和装备，这里则重点介绍炮兵——这是英国第 8 集团军中最具有优势的兵种，连德国人也坦率地承认了这一优势。

皇家炮兵团[①]是第二次世界大战中英国陆军最大的单位（整个兵种都保留着历史上的"团"的称号，事实上在这一兵种之下，各个部队还是按照不同的装备授予了战术团级番号，例如"皇家炮兵团（RA）第 107 中型炮兵团"）。皇家骑炮兵（RHA）是 RA 的组成部分，有自己独立的战术团级番号；虽然有例外，但通常他们装备的都是自走火炮而非牵引火炮。

炮兵的主要职责是支援步兵和装甲部队，因此中型和重型炮兵被配置在集团军级，而野战炮兵团则在军级或师级层面提供支援。在大战中，英军还成立了混成的集团军群级皇家炮兵（AGRAs），每个下辖 1 个野战炮兵团、4 个中型炮兵团和 1 个重型炮兵团，由司令部指挥，加强配属在军级并按需要部署。皇家炮兵所使用的火炮的主要种类如下：

反坦克炮

在两次世界大战间歇期中研发的坦克都是轻型坦克，因此反坦克武器的研发也是着眼于能够击穿这些目标的装甲而已。当 1938 年 QF（速射）2 磅反坦克炮开始服役时，它还不失为一种有效的武器，在 1940 年的法国之战中尚能胜任，但之后坦克的发展很快就让其过时作废。虽然它可以在

① 英国炮兵兵种的名称就是"皇家炮兵团"（RA），但在实际翻译中，为了避免混淆，除个别地方外，统一都简单翻译为"皇家炮兵"。

一门部署在重要的那不勒斯港和维苏威火山外围村镇里的6磅反坦克炮。盟军于1943年10月1日夺下那不勒斯港。炮组乘员穿着KD长裤和衬衣，装弹手还穿着标配的毛线套头衫。

1 000码的距离外击穿50毫米厚的装甲，但只能发射穿甲弹，德军坦克可以在其有效射程之外用高爆弹轻松将其击毁。

1941年，6磅反坦克炮开始服役，其表现更加优异并拥有更好的穿透力。这款其实在战前就已经设计好的武器也成为了英军坦克的炮塔主炮，并被美军采用，被称为57毫米M1反坦克炮。当皇家炮兵部队启用6磅炮之后，2磅炮则重新配发给了步兵营的反坦克排。当然，后来皇家炮兵的反坦克团开始采用17磅炮后，6磅炮则也下放给了步兵反坦克排。

1942年，第一款17磅炮的炮架还未研发完毕，因此作为权宜之计炮管被置于25磅野战炮的炮架上，并被送往北非战场对抗德军装甲。17磅炮的炮口初速高达2 980英寸/秒，能够真正有效地对抗德军装甲，甚至包括豹式和虎式坦克，后来它还被搭载在谢尔曼"萤火虫"坦克和"阿喀琉斯"坦克歼击车上，为装甲团提供反坦克火力。1944年，1个英军装甲师的反坦克装甲团下辖4个炮组，各配备12门17磅牵引反坦克的2个炮组，各12辆"阿喀琉斯"坦克歼击车的2个炮组；后来又增加了"弓箭手"坦克歼击车，这种歼击车也配备给了步兵师的反坦克团。每个步兵师有1个反坦克团，下辖4个炮组，每个炮组有3个分队，每个分队有3门反坦克炮。

防空炮

防空炮分为轻型炮和中型炮。轻型防空炮包括20毫米博尔斯登防空炮和40毫米博福斯自动加农炮，都配属在师级[1944—1945年间冬季，有

1943年，意大利，一门战斗中的3.7英寸口径防空炮。这种重型3.7英寸火炮是一种可移动的多用途火炮，与德军的88毫米防空炮相似，它也可以用来对付地面目标，向超过20 600码的目标每分钟发射25发炮弹。

1940—1941 年

1：1940 年，直布罗陀司令部，国王团（利物浦），第 2 营，列兵
2：1940 年 12 月，利比亚，西迪巴拉迪，塞尔比部队，冷溪警卫团，第 3 营，警卫列兵
3：1941 年 4 月，希腊，第 1 装甲旅，国王皇家步枪兵（KRRC），第 9 营，中尉

A

1：1941 年 6 月，伊拉克，国王私人皇家团（兰开斯特），第 1 营，列兵
2：1941 年 11 月，西迪拉扎赫，皇家炮兵，第 60 野战炮兵团，军官
3：1941 年，马耳他，南方步兵旅，德文郡团，第 2 营，列兵

B

1：1941 年 8 月，黎巴嫩，贝鲁特，宪兵，下士
2：1942 年 10 月，阿尔阿拉曼，第 7 装甲师，第 5 皇家坦克团，B 中队，谢尔曼坦克指挥官
3：1942 年 11 月，撒哈拉沙漠西部，第 1 特别空勤团，伞兵

1

2

3

1: 1942 年 11 月，托布鲁克，第 7 装甲师，皇后皇家团，第 1/5 营，连级军士长
2: 1942 年 11 月，阿尔及利亚，第 1 突击队，中尉
3: 1943 年 1 月，利比亚，杰贝勒塔尔胡纳，第 7 装甲师，皇后皇家团，第 1/6 营，列兵

1

2

3

D

1943 年

1：1943 年 1 月，利比亚，的黎波里，第 7 装甲师，第 11 骠骑兵，B 中队，士兵
2：1943 年 3 月，突尼斯，第 51（高地）步兵师，卡梅隆高地人团，第 5 营，上尉
3：1943 年 3 月，突尼斯，西德让纳，第 46 步兵师，国王私人约克郡轻步兵团，第 2/4 营，列兵

1

2

3

E

1943 年

1：1943 年，突尼斯，第 8 集团军司令部，皇家工兵，战地观测连，上尉

2：1943 年 6 月，潘泰莱里亚，第 1 步兵师，第 1 看守连，下士

3：1943 年，西西里，第 51（高地）步兵师，苏格兰高地警卫团，第 1 营，下士

1: 1943 年 7 月，西西里，卡泰纳诺瓦，第 78 步兵师，皇家恩尼斯基伦燧发枪团，第 6 营，燧发枪手
2: 1943 年 12 月，意大利，卡米诺山，第 56 师，伦敦苏格兰人团，第 1 营，担架员下士
3: 1944 年 5 月，意大利，卡西诺，第 4 步兵师，东萨里团，第 1/6 营，下士

2

1

3

1944—1945 年

1: 1945 年 4 月，意大利，卡斯提诺，第 2 特别空勤团，伞兵
2: 1944 年 8 月，法国，勒米伊，第 1 空降部队，第 2 独立伞兵旅，列兵
3: 1945 年春，那不勒斯，第 78 步兵师，第 138 皇家炮兵野战炮兵团，炮兵下士

AIRBORNE

1

2

3

的步兵部队——如第52（低地）师的部队——在他们的支援连中配发了2×20毫米博尔斯登防空炮，用通用载具车运输]。重型防空炮包括3.7英寸、4.5英寸和5.2英寸防空炮，其中大部分是3.7英寸防空炮——这种强大的武器如同德国的"88"防空炮一样，也可以用以对付地面目标。重型防空炮团（HAA）配属在集团军级，有3个二分队制的炮组，每个分队有4门炮。轻型防空炮团（LAA）下辖3个炮组，每个炮组有3个分队，每个分队有6门博福斯防空炮。在装甲团中，其中一个炮组会装备搭载在十字军坦克底座上的20毫米或40毫米防空炮。

野战炮

当大战爆发时，英军曾在第一次世界大战期间使用过的18磅野战炮依然在列，并升级了炮架使用橡胶炮轮。但后来它被"速射25磅MK Ⅰ型榴弹炮"所取代。许多18磅炮都在1940年的法国战役中损失。后来25磅MK Ⅰ型炮被MK Ⅱ所取代，后者的炮口初速和射程——12.25千米（7.7英里）——稍有提高；这款榴弹炮成为了整个大战期间及之后野战炮兵团的标准装备。3.7英寸的山地榴弹炮则在远东战场上使用，最初是因为它可

一门3.7英寸重型防空炮。这种炮的四轴可以去掉，但装备上四轴支撑后，可以在遭遇战中快速部署，这一点在沙漠地形中尤其重要。照片中这门炮的操作者是马耳他炮兵，他们通常来说只要求进行本土防御，但还是有一小部分志愿者参加了海外战斗。

1943年3月，突尼斯：一群被俘的英军士兵迷茫地站在一起，一旁是被敌军缴获的25磅1型火炮。可以看到火炮上的内置转动平台。这样的照片被广泛发表在德国的宣传媒体上，以"鼓舞"那些怀疑轴心国是否在非洲战场取得胜利的国内民众。但仅仅几周之后，盟军在非洲的最终胜利就传到德国国内，纳粹反对者们将其称为"突尼斯格勒"。

英军的25磅炮可以发射反坦克炮弹，在6磅反坦克炮部署到西非沙漠战场前经常被用作反坦克用途——进行直线火力射击——用于增强前线的反坦克火力。

1943 年，意大利，在一处用伪装网覆盖的炮位上，英国皇家炮兵部队中型炮兵团的 5.5 英寸火炮正向德军阵地射击。这些炮手们穿着宽松的 KD 短裤，头戴钢盔，另有基础携具上挂着弹药袋和水壶。

以拆卸为靠人力负重的部件而配发给伞兵使用。后来被替换为类似但质量更上乘的美式 75 毫米 M1A1 火炮。

1 个步兵师中有 3 个皇家炮兵野战炮兵团，每个团下辖 3 个炮组，每个炮组有 2 个分队，共 8 门牵引式 25 磅炮。在装甲师中有 2 个皇家炮兵或皇家骑炮兵野战炮兵团，1 个装备的是牵引式 25 磅炮，1 个则装备的是自走火炮（25 磅主炮的"司事"自走炮或美式 M3 中型坦克底盘上的 105 毫米主炮的"牧师"自走炮）。

中型火炮

1939—1940 年间，欧洲远征军配备的主要中型火炮是 6 英寸榴弹炮，但因为在敦刻尔克大撤退时被大量遗弃，剩余的火炮只能作为本土防御武器。4.5 英寸加农炮和相似的 4.5 英寸速射榴弹炮也是经历过第一次世界大战的老装备，这些加农炮很快就成为训练用炮，榴弹炮则还在服役。从 1941 年起，4.5 英寸和 6 英寸榴弹炮都逐渐被更重型的 5.5 英寸加农 / 榴

英国皇家炮兵的防空战斗依赖于及时的侦察以集中火力——如果没有侦察设备的支援，当听到炸弹的呼啸声之后就是飞机引擎的轰鸣，那就为时已晚，只能躲到战壕里听天由命。1940 年，雷达只用于英军的本土防御。这种看上去很原始的"声学设备"却是较为有效的监听运动敌机的设备，通常由一名或两名士兵操作，可以探测定向上 7 英里左右的距离；与光学设备不同的是，在夜晚和能见度低的环境中它依然有效。

在可视距离内对空中目标的侦察基本上是使用测高仪，它的远距离观测准确度较高，并能提供更大的观测角度，因此观测效果更佳。观测数据会被传达给测绘单位，测绘单位从而计算出防空弹幕的射击位置以期拦截空中目标。左边的中士穿着领口打开的上衣，搭配有热带军衔 V 形条纹的 KD 布条。中间的炮兵在自己的 MK I 型头盔上缀有皇家炮兵的红蓝两色钻石图形。

弹跑取代。中型炮兵团下辖 2 个炮组，炮组下有 2 个分队，每个分队各有 4 门火炮。

重型火炮

1940 年法国战役失败时，皇家炮兵的重型炮兵团将其 12 门 8 英寸榴弹炮丢在了欧洲大陆；在英国本土的 8 英寸榴弹炮的炮管被换为了 7.2 英寸以提高其发射效率。从 1943 年起，英军也购进了美国的 8 英寸榴弹炮并进行改造，缩减口径但保留了炮架。从 1941 年 7 月起，7.2 英寸火炮有 MK I – V 等型号，1943 年 12 月起则有特制的 MK VI 式，这些型号在整个大战中都在使用。美制的 155 毫米"长汤姆"火炮也从 1943 年起被英军采购，这款 6.1 英寸口径的火炮射速更快，最大射程为 23 000 米，而 7.2 英寸榴弹炮的射程只有 16 000 米。每个重型炮兵团中有 4 个炮组，每个炮组有 4 门炮。

超重型火炮

一小批皇家炮兵超重型炮兵团装备了美式武器：有 M1 式 8 英寸火炮，其强大的威力可以将 238 磅的炮弹射到 32 584 米远，射速为每 20 秒 1 发；还有

准确地进行远距离观测需要许多人力。图中的巴尔－斯特拉的测距仪是用于阿拉曼战役中第 51（高地）步兵师第 154 旅指挥部的。在步兵层面上，测距仪对于诸如迫击炮、中型机枪等武器精确打击远程目标非常重要，测量人员也可以将相关参数提供给支援的炮兵部队。

M1 式 240 毫米榴弹炮。每 2 门火炮组成 1 个炮组，每个超重型火炮团有 3~5 个炮组。

海岸炮

如果 1940 年德军真正发动"海狮"计划，他们将不得不面对英军海岸线上防御火炮的猛烈轰击，这些火炮包括从可以移动的 6 英寸火炮到混凝土工事中的 15 英寸火炮，后者的射程远达 24 英里——甚至可以直接覆盖某些法国的装载港口。最密集的岸炮部署地点自然是东南面的英吉利海峡，特别是要覆盖多佛和加莱之间的狭窄海峡。1941 年之后，德军入侵的威胁消退，但海岸炮对于英军控制多佛海峡的船运依然有着重要作用。虽然偶尔也会有疏漏，但这些海岸炮的存在使得从德国港口出发的德国海军舰只不得不绕过整个大不列颠地区才能进入大西洋或其他海域。

制服

虽然在中东和地中海地区由于位置、季节和天气有所不同，但包括哔叽呢 SD 常服和 BD 战斗服、连体服、丹宁布服在内的军服都在英军的着装范围之内。这些制服，包括头部装备、脚部装备和装具，都已经在上一篇中详述，因此这里只详细介绍专为炎热气候下的作战行动而设计的卡其色斜纹服（KD）。

英国陆军很早就有在炎热气候中作战的经验，其遍布全球的帝国殖民地也使得他们拥有在各种地形条件下作战的视角。在热带环境中，轻薄、沙色的制服既能够提供一些伪装，也非常适用和舒适。这种"卡其服"（其名字来源于乌尔都语，意即"沙尘"）从 19 世纪初起就曾在一些地方使用，但直到 19 世纪 90 年代才开始大规模推广，其颜色和"斜纹棉布"面料（来自德语，是三段螺纹状面料）使其被称为"卡其斜纹服"。

维多利亚时代的 KD 常服与第二次世界大战初期的 KD 服除了细节之外并没有太大区别。20 世纪初，下翻领取代了原来的老式立领。衣袋翻盖有三角状、扇形或方形三种。尽管是按照标准型进行生产，但在不列颠和许多海外殖民地分别进行生产，还是导致在细节上有许多不同。其上衣，有抛得闪闪发光的黄铜衣扣与徽章，搭配行军长裤、绑腿和

图中的 3 英寸迫击炮炮组乘员，很可能是来自新近从印度调来的部队，他穿着印度生产的绒线衬衣，上有黄铜肩章军衔，搭配 KD 短裤和踝部绑腿。他们还是装备着老款的 08 式携具，刺刀套上有一个防止皮具进沙的布质套。从右边的士兵身上可以看到迫击炮手的皮质望远镜盒。

3 英寸迫击炮可以拆分为人力可以运输的 3 个部分——炮座（38 磅）、炮架（45 磅）和炮管（43 磅）——但是实际操作中基本上都是由载具运输。它的射程达到 2800 码，一名熟练的炮手可以在 1 分钟内准确发射 5 发炮弹。炮弹装在三角形弹药框架内。在步兵营的支援连下属的迫击炮排里，共有 6 门迫击炮。

钉头靴穿着。

20 世纪 30 年代中期，KD 常服系列又增加了 KD 短裤和热带衬衣，这些宽松的衣物在热带穿起来更为舒适。衬衣和短裤的搭配很快就取代了常服，后者的配发在 1941 年就告终结，但之后的一小段时间内还是因为库存而小规模地使用了一段时间。新的衬衣采用了一种软薄的埃尔特克斯网眼布料，既有很好的通风性，又能防止被太阳晒伤；套头式，胸前有四扣式开口，其下有两个褶带盖衣袋；可拆卸的双肩章通常用一颗纽扣和扣环固定，所有的衣扣都是棕色塑料材质。尽管是长袖设计，但按照条例规定，士兵在穿着时通常都是卷起袖子，所以袖子更短的款型其实更常见。搭配的短裤采用的是质地更硬一些的斜纹布料，配有腰带、皮带环扣以及各种裤袋。除短裤之外，还配发有 KD 长裤、骑兵马裤，以及被称为"孟买灯笼裤"的长裤。这种灯笼裤是在裤腿底部上翻并用扣子扣合，看上去更像是很厚实的短裤，但当需要时可以把裤腿翻下去保护小腿——例如，当需要防范蚊虫时。

稍微正式一点的制服是一件丛林衬衫（军官为丛林夹克）搭配长款 KD 裤。丛林衬衣是一种宽松剪裁的四袋式外衣，与老式的 KD 常服相似，但为开口领设计，采用斜纹布、网眼布或人字斜纹布（HBT）生产。尽管其设计初衷是要敞穿在长裤外，但经常被抄进腰带里。军官的丛林夹克与他们的正式卡其色斜纹常服上衣相似，但更轻薄宽松；由于军官可以自行采购制服，因此在细节上也有各种差异。大多数丛林衬衣和丛林夹克的显著特征是其肩章带，以及用同样材料制成的行军腰带，但后者经常被弃之不用。长裤有几种款式，但基本上都是宽松剪裁的直裤脚，有两个侧袋。

1943—1944 年冬季，北非或巴勒斯坦：一名南非上尉（可以看到他的肩章滑片底部的橙色条纹）正在一辆 M3 格兰特坦克旁与一名第 14/20 骠骑兵部队的上尉交谈。南非上尉穿着丹宁布罩衣，其下是绒线套头衫，外有 37 式携具和手枪套。骠骑兵军官穿着剪裁讲究的军官版大衣，在肩章带上和衣领及袖口翻折处有团级黄色绳边。两人都戴着坦克兵的黑色贝雷帽。南非装甲车团在阿拉曼战役后曾从前线撤下休整，但在 1944 年 4 月，新成立的第 6 南非装甲师抵达意大利，重新加入了第 8 集团军。

1941 年 5 月，托布鲁克围城战中的一个轻型防空炮的三人炮组。从这张照片中可以清晰地看到所有英国军人佩戴的两件式红绿识别牌。刻在这两张识别牌上的信息包括姓氏、姓名首字母、故乡和服役号码——如果一名军人阵亡，识别牌中的一枚将随尸体下葬，另一枚则取下由部队保管。还可以看到他们没有系紧下颌带的 MK Ⅱ 型头盔。

这一战场上的各种极端天气，使得英军经常混搭穿戴各种制服组件：在寒冷天气中，他们经常穿着呢质 BD 战斗服和大衣，混搭穿戴 BD、KD 服组件以及毛线套头衫也很常见，甚至也会在寒冷的沙漠夜晚中穿着为了挪威战役而配发下来的"衬里大衣"。到北非战役即将结束时，美国生产的战时援助军服运抵该地，美式的人字斜纹布丛林衬衣、棉布长裤和短裤与呢质 BD 战斗服一样，配发给了一线的英军士兵。美国生产的 BD 战斗服使用了比英国或英联邦国家质量更好的呢布，其外观上则是哔叽呢 BD 战斗服和缩水版战斗服的综合体，其上衣有暗襟盖片但是口袋没有褶，衣袋有明扣。（美国还提供了战时援助版的 4 号步枪和刺刀。）

在热带气候中，头部装备——通常是卡其色呢质作战帽，1944 年后改为通用帽——另有遮阳盔。这种热带软木遮阳盔非常适合在印度和非洲的气候中使用，但对官方而言，这其实是印度地区的特有装备；在印度之外包括中东和非洲地区，其实配发的是相似的沃尔斯里遮阳盔。两者其实都不能提供防弹功能，在作战中通常佩戴的是 MK Ⅰ 和后来的 MK Ⅱ 钢盔。遮阳盔的用途逐渐减少，到 1943 年春时，只能在后方或个别卫戍人员的装备中见到，并且不久之后彻底消失了。

装具

1939 年大战爆发时，中东和北非的大部分英军士兵还是装备着过时但还堪使用的 08 式装具。所有的 1937 款新装具和诸如 0.303 英寸口径布朗轻机枪之类的新武器都首先供给了法国战场上的欧洲远征军。在法国沦陷后，这些补给被船运到热带战场，部署在埃及的士兵开始逐渐换装 1937 式装具，其中步兵享有所有兵种中的优先权。印度提供了大量的劳力，并成为为北非战场供应诸如 1937 式装具在内的许多装备的主要生产地。在非洲战场配发的，是标准版的 1937 式装具，但士兵们经常不按照条例穿戴，并且对铜质配件也没有经常抛光。

标志

英国陆军在大战中佩戴的标志并非本书描述的重点，但可以简略叙述如下：佩戴在肩部和袖部最重要的标志包括肩标、部队徽章、兵种条纹以及团级徽章。在一个经过训练的人看来，就算不佩戴帽徽，他们也可以从这些元素中辨别每个英军士兵所属的团、营，以及更高

1943 年，突尼斯：一名锡福斯高地团的士兵端着两个饭盒和一个水杯，军需官正向他的衬衣前襟里塞进去一盒火柴和五包非常流行但又差评漫天的印度生产的"V"字牌香烟。这种香烟在西非沙漠战场上有极大的供应量。从这张照片中可以清晰地看到在苏格兰人团中取代了 FS 制服帽和后期的 GS 帽的"汤姆·奥桑特帽"（苏格兰圆扁帽），其主要是由泛白的卡其色布料制成，另有颜色较深的绒线布料制成毛管，团级标志镶嵌在格子呢底布上。

的部队从属编制。这些标志的本意是为了向其战友显示相关信息，便于辨识，但由于后来敌军也掌握了这些标志的含义，因此有一条规定（通常被忽略）是战斗部队在作战行动时必须摘下所有标志。

在大战前开始生产 BD 战斗服后不久，英国陆军便将标志系统进行了大幅度缩减，规定在 BD 战斗服上只能出现军衔标志和技能徽章，团级和军级肩标都不被允许出现；但是，很多人将原来的 SD 服上的黄铜标志移到了 BD 服上使用，并且——由于战时经济原料的缺乏——后来被官方确认更改为布质可滑动的肩标标志。这些标志最初是采用卡其色呢布，上面有黑色缝制的字母；后来采用了更经济的版本，是卡其色上的黑色印刷体；其他各种衍生版本包括热带 KD 服上的黑色版本，以及丛林 JG 服上的黑色版本（当然，最基本的卡其色底黑色字符呢布版本在各个战场都有）。

1944 年 5 月末，意大利，在进攻莫雷塔河的战斗中，隶属于"格林·霍华德"（第 5 步兵师第 15 旅）部队第 1 营的士兵正在小心地前进。这是隶属于为了突破安奇奥海滩封锁打进阿尔班山区的"水牛行动"中的牵制性进攻作战。在这次战斗中，该营损失惨重，有 155 人伤亡，占到了总兵力的 20% ~ 25%——这在第二次世界大战中并不少见，但如果放在今天，任何西方军队都会将其视为一场灾难。前方最右侧的中士的小型背包上有一个白色胶带十字架，这方便让其后的士兵辨识身份。

近卫骑兵和禁卫骑兵继续在袖子顶部佩戴着他们战前的有全套肩标的彩色布质团级标志。空降部队也采用了这种设计，尽管陆军部并不允许这样做，但有一些其他部队也纷纷效仿。1942 年时，这种情况变得非常普遍，因此军方为了进行标准化，于 1943 年 6 月颁布了相关条例，启用了为所有部队设计的一系列肩标和用色方案。所有步兵，除了步枪兵之外，都是深红色底的白色字母；但是有的部队无视这一着装条例，继续佩戴能够反映他们团队历史的标志，例如在意大利战场上的汉普郡团各营仍旧配搭黑底黄色肩标，而皇家诺福克团则佩戴黄底黑色肩标，苏格兰部队并不佩戴这种肩标，而是用团级格子纹臂章代替，有各种尺寸和形状。

尽管在大战期间，最初并没有设计师级徽章，但为了激励团队精神和荣誉感，很快就出现了一大批标志，很多都是基于在"一战"中的英军部队所有标志原型进行设计的。1940 年，英军正式授权佩戴部队徽章，要求佩戴在 BD 战斗服上衣袖子顶部，低于肩标。这一系统包括了所有诸如军分区、司令部、集团军、军、师一级及相似的上级部队，另外还包括独立旅。

1940 年 9 月，彩色的兵种条纹开始启用，佩戴在 BD 战斗服和大衣上。这些条纹为布质，尺寸为 2 英寸 ×2.5 英寸，用单色和混合色来辨识所有的兵种和勤务，佩戴在部队徽章之下或是单独佩戴。每个师中步兵旅的步兵用条纹的数量来区别旅的番号——第 1 旅为 1 根，第 2 旅为 2 根，第 3 旅为 3 根[①]。

在兵种条纹下是团级标志。由于同一个英军团下的各个营很可能隶属于不同的旅、师，甚至不同的战场，因此营与营之间团级标志的区别很大。

---

① 英军师编制中，第 1~3 旅，基本是按照编成时间和经验多寡来排名的，第 1 旅为资深旅，第 3 旅为新兵旅。

87

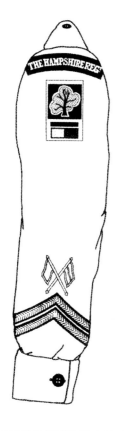

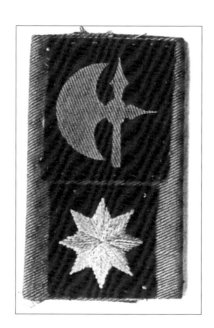

英军的热带衬衣，因为经常换洗，因此所有的标识都是可拆卸的。虽然有时部队标志会被压钮固定在袖子上，但这些标志被直接缝在肩章带上也是常见的，更常见的缝在 KD 布料制成的肩章环带上。这些标志的外观因各部队而大相径庭，从一片空白到全套营、旅、团、师标识具备的都有。

上左：黑底黄色印制的战斧图案是第 78 师的标志，其下是团级图形——黑底白色刺绣星，这是东萨西克斯郡团第 1 营的标志。

上右：白色三角形代表第 1 师，其下的两根红色兵种条纹代表第 2 旅——下辖第 1 皇家营、第 2 北斯坦福德营和第 6 戈登营。

随着战争进程的发展，原来平淡无奇的 BD 制服和 KD 制服上，逐渐出现了各种彩色的部队标志和其他标志。对于军事爱好者而言，可以通过这些标志分辨兵种、部队隶属情况、军衔、资质、甚至有时还可以辨别具体的营级单位。

一个典型的例子就是这件 1945 年在意大利的汉普郡团第 5 营士兵穿着的 BD 制服上的配饰。

（由上至下顺序）团级肩章，此处使用的是非标准的黑底黄色，是该团第 1/4 营和第 2 营的标志，通常隶属于第 128 旅。第 46 步兵师的肩章（详见第 77 页插图 E3）。从深红色的单条步兵兵种条纹可以辨识出这是该师的资深旅，第 128 旅。黑黄两色的团级图形。在长袖底部，两面交叉的旗帜分别是白色和蓝色；两条反向 V 形条纹——优异行为徽章——是卡其色底白色，表明该名士兵服役 5 年中没有"记录在案的劣行"。

这些标志从简单的单色臂章到多彩的几何图案或者其他配件都有。

虽然陆军曾试图阻止使用可能泄露部队归属的布质标志，但他们从未想过取消头部装备上的金属帽徽，这些帽徽可以辨识佩戴者的军种、兵种以及各个团的归属。在战时资源短缺的情况下，为了能够节约黄铜和其他金属原料，塑料帽徽逐步代替了金属帽徽。但这一规定并不能很好地被执行，一旦士兵有机会获得金属帽徽还是会将这些塑料帽徽丢在一边。大型的皇家炮兵加农炮帽徽后来被替换为曾在 SD 服的衣领上佩戴过的小一些的手雷徽章，但那些还佩戴着硬质 SD 帽的军官当然还是使用着原来的帽徽。

在撒哈拉沙漠西部的英军部队中，有的很流行在头盔上做记号。有时这种记号是复刻的团级帽徽，有时则是袖子上的团级标志或团级格子纹的复刻。之后没多久，除了极少数例外——皇家炮兵中的部分部队还在他们的头盔上涂装红蓝两色的钻石图案，这种做法逐渐消失了。

插图图说

A: 1940—1941 年

A1: 1940 年, 直布罗陀司令部, 国王团 (利物浦), 第 2 营, 列兵

在法国沦陷后, 直布罗陀殖民地成为了英国在欧洲大陆上最后的要塞, 它拱卫着地中海至关重要的西部入口。在大战期间, 这里蜂巢状的隧道系统足有 25 英里长, 隧道和洞穴被用来作为指挥所、住所、仓库和弹药转储基地。这名国王第 2 营的卫兵正在这许多隧道中的一处站岗, 混搭穿戴着 KD 短裤和毛线 SD 上衣、长筒袜、绑腿、深色版 1937 款装具和 MK Ⅱ 钢盔。恩菲尔德步枪搭配战时缩水版的枪带, 用双层厚布料制成, 这是制作防水防潮布的布料, 而非正规的扁平吊带。

A2: 1940 年 12 月, 利比亚, 西迪巴拉迪, 塞尔比部队, 冷溪警卫团, 第 3 营, 警卫列兵

在"指南针"行动中, 冷溪警卫团第 3 营归 A. R. 塞尔比准将指挥, 这是英军在北非战场上针对意大利军队发起的第一次重大攻势。该营作为撒哈拉沙漠西部部队 (1941 年 1 月改名为第十三军) 的分遣队协助了这次从 12 月 8 日开始发起的进攻; 在 8 周时间里, 数量处于绝对劣势的英军推进了 500 英里并俘获了 13 万人。这名警卫列兵的外形与沙漠战役中的传统英国士兵形象有所不同。尽管去掉了加固帽框线, 但 SD 帽还是使他与众不同, 这种帽子只配发给了警卫团、CMP、MPSC、SASC 以及教导炮兵、骑兵部队和军乐队。此图中配有黄铜团级徽章、防毒气护目镜, 绷在帽冠上的颏带。另有套在热带衬衣外的卡其色毛线套头衫、呢质围巾、KD 短裤、长筒袜、绑腿和钉头鞋。装备为战斗标准的 37 式装具, 背后有一个小背包, 左臀上是防毒面具和 1 号步枪刺刀刀鞘, MK Ⅱ 钢盔斜挂在右边的水壶上。气步枪是标准的 0.303 英寸恩菲尔德 1 号 MK Ⅲ 步枪, 已经安装了刺刀。

A3: 1941 年 4 月, 希腊, 第 1 装甲旅, 国王皇家步枪兵 (KRRC), 第 9 营, 中尉

作为"光彩"行动部队的一分子, KRRC 第 9 营被船运到希腊, 支援第 1 装甲旅。步枪团——KRRC 和步枪旅——通常是装甲旅中的"摩托化"步兵营角色, 这也是延续了他们 150 年历史中作为快速轻装部队的传统。第 9 营在希腊的时间很短, 但他们在沃韦战役、希腊战役和克里特战役中都有上佳表现。这名年轻中尉的装备虽然有违条例, 但在有的部队军官中很流行。他佩戴着全套手枪标准的军官版 1937 式装具, 有腰带、支撑带、支撑带附件、指南针袋、弹药袋、手枪盒、水壶、背包和军官版小提袋。毛线套头衫搭配下士 KD 衬衣, KD 军帽滑片上有黑色金属标志, 军衔星佩戴在衬衣肩章带上。KD 长裤松垮地盖住了黑色军官靴, 头盔为沙漠伪装色的标准 MK Ⅱ 钢盔。

B: 1941 年

B1: 1941 年 6 月, 伊拉克, 国王私人皇家团 (兰开斯特), 第 1 营, 列兵

在镇压了拉希德·阿里的叛乱后, 这名列兵正在巡逻。其所属的营曾参加了哈巴尼亚基地的防守。他按照轻装巡逻的着装规范, 装备了 1937 式腰带、支撑带以及弹药盒, 穿的是热带衬衣、KD 短裤和全长度绑腿。该部队从印度调往伊拉克, 1937 式装具的换装工作并未完成, 因为欧洲和北非的部队在装备优先权上要高于印度地区。他戴的遮阳帽很适合在伊拉克的干旱酷热环境下使用。

英军步兵快速通过典型的沙漠开放地形——也许是张摆拍图片, 将一辆废弃的德军 3 号坦克作为背景。作为"战斗着装"中 37 式携具的一部分, 他们在腰带后方装备了 37 式"战壕工具", 这是 1942 年开始配发到西非沙漠战场上的。

B2: 1941 年 11 月，西迪拉扎赫，皇家炮兵，第 60 野战炮兵团，军官

西迪拉扎赫之战是北非战役中第一次大规模的坦克对决。英军第 7 装甲师在战斗中损失了 2/3 的坦克，由此刺激着英国为现代化的机动战争推出新的军事理论。此战中炮兵也损失惨重，许多火炮或被击毁，或耗尽弹药。这名炮兵军官（不能辨识出具体军衔）和许多人一样，采取了很松散的着装态度。他穿着自行采购的巴拉西厄①长裤，款式与 BD 长裤相同，另有毛线 BD 上衣，全长度的羊皮大衣。脚上的沙漠鞋是小山羊皮鞋面，另有橡胶鞋底。这些装备很适合在沙漠地形穿着，舒适度很高。他戴着的皇家炮兵彩色作训帽更是使得他本人的着装风格与战地着装条例格格不入。

B3: 1941 年，马耳他，南方步兵旅，德文郡团，第 2 营，列兵

在轴心国空军昼夜不停的攻击下，马耳他岛上的英军步兵发现他们的主要职能变成了支援防空炮兵炮组，或是帮助皇家空军维修被轰炸的跑道，甚至是帮助战斗机装载弹药。这名德文郡团第 2 营的列兵，携带着橡胶头锤子，要为不断开火射击的高射炮填充 20 毫米弹药。他的制服包括一条规范穿着的丹宁布罩服长裤，用标配支撑带支撑，

另有袖子裁短的热带衬衣，戴着一顶 MK Ⅱ 头盔，上有马耳他岛的部队特有的黑色和沙色伪装。由于高度紧张和高强度劳作，马耳他岛上的英国军队或多或少地都放松了着装上的要求。

插图：南方步兵旅采用的是红色盾牌上一个白色马耳他十字的部队标志（后来该旅更名为第 231 独立步兵旅），其下属部队是德文郡团第 1 营、汉普郡第 1 营和多赛特郡第 1 营。

C: 1941—1942 年

C1: 1941 年 8 月，黎巴嫩，贝鲁特，宪兵，下士

这名宪兵部队的骑兵下士恰好表现出遵守阿卡②风俗习惯的英国占领军的典型装束。他穿着一件上了浆的棉质 KD 丛林衬衣，印度生产的棕褐色缎纹卡其骑兵马裤（也有用 KD 布料制成的版本），另有全长度毛线裹腿，搭配钉头靴和马裤。他的臂上有"MP"臂环，另有红色帽冠的 SD 帽，这些都显示出他的宪兵身份。他还配有皮质的 1903 款手枪套装和长款骑兵警棍。马具则包括白色笼头 1902 款缰绳，1912 款马坎，以及警棍的皮革环套。

C2: 1942 年 10 月，阿尔阿拉曼，第 7 装甲师，第 5 皇家坦克团，B 中队，谢尔曼坦克指挥官

这名军士指挥着一辆美国"租借法案"提供的 M4 谢尔曼坦克，隶属于第 22 装甲旅，表现出了一种许多坦克手都有的邋遢的外表。KD 罩服，是英军载具乘员和机师的通用标配服装，穿起来很困难，但却很适合在坦克驾驶舱中穿着。在罩服外他穿了一件圆领的毛线套衫。他身上的装具，包括 1937 款腰带，有肩部支撑带和支撑附件，但看上去有些多余；也许在发生意外时，这些支撑带有点用处，但它同样也可能阻碍乘员逃生。他戴有一顶美国的 1942 款坦克手头盔，上有英国的 19 号无线电耳机和头部装备；美国援助的坦克都提供了包括头盔在内的全套装备。与其他皇家坦克的战术番号团部队一样，第 5 皇家坦克团士兵佩戴着黑色的皇家装甲部队贝雷帽，上有银色的皇家坦克团帽徽。

随着美式 M3 斯图尔特（"蜂蜜"）坦克和 M3 格兰特坦克一起到来的还有第 1 版的美式坦克头盔，有着全皮外壳和织物边缘内衬。这款头盔和插图 C2 中展示的款式，对于沙漠作战来说都很不合适，士兵们经常舍弃它们而选择标准的 MK Ⅱ 型头盔。这张照片拍摄于 1941 年晚期，他是一名隶属于国王皇家爱尔兰骠骑兵团第 8 营的斯图尔特 1 型坦克指挥官。他解开了上衣纽扣以搭配头部装备和喉部话筒，穿着一件标配的卡其色绒线套头衫，里面是热带衬衣。

---

① 一种用丝和毛线或者棉和人造丝线织成的布料。

② 现以色列北部港口城市。

1942 年 2 月，骠骑兵团第 10 营 C 中队的一辆十字军 I 型坦克，一名指挥官正站在炮塔上方。虽然这是沙漠的白天，但他们还是穿着 BD 制服、皮质坎肩，还有绒线围巾。头部穿戴包括两顶卡其色 FS 帽、一顶卷边巴克拉克拉法帽和黑色皇家装甲军贝雷帽。在两名士官的袖子上有黑色椭圆底－白色犀牛标志，这是第 1 装甲师的标志；在左边军士的袖子的 V 形纹上方的亮点是团级军士的黄铜色袖章，黑色底部上威尔士亲王羽冠和卷轴图案。

C3: 1942 年 11 月，撒哈拉沙漠西部，第 1 特别空勤团①，伞兵

1941 年 10 月，在中东地区，从原 LAYFORCE（中东敢死队）中挑选成员成立的 SAS 部队，在敌军防线后执行了许多远距离破坏任务。他们破袭敌军的交通线，破坏水和补给转运地点以及敌军机场。这些攻击将大量轴心国战机摧毁在地面，一名 SAS 军官布莱尔·帕迪·迈恩，在一个夜晚就破坏了敌军 47 架飞机。1942 年 10 月，这支部队的官方称谓从 "L 支队" 改为第 1 特别空勤团。这名伞兵提着一罐配发的朗姆酒。尽管执行长途奔袭的载具中空间非常有限，他们还总是能够找出位置来放这些朗姆酒。有 "SRD" 字样的广口壶是 SAS 和 LRDG②等远程突击部队的标配。这些朗姆酒对于熬过沙漠的寒冷夜晚有着重要的作用。这名士兵按照典型的 "混搭和适用" 原则，穿着一件 BD 哔叽呢长裤，并将 KD 衬衣抄在裤子中，另

---

① 即 SAS，英国特种空勤团。

② 远程沙漠突击队。

有标配的皮革无袖短上衣，毛线袜搭配皮革便鞋。他的头部装备是很实用的阿拉伯头巾，被一些 SAS 和 LRDG 成员用作防晒和防沙尘的装备。他的腰带上有套在枪套里的手枪和套在皮革刀鞘里的第 1 版战斗匕首。

D: 1942—1943 年

D1: 1942 年 11 月，托布鲁克，第 7 装甲师，皇后皇家团，第 1/5 营，连级军士长

在阿尔阿拉曼战役之后的胜利推进中，这名二级准尉正行军进入刚解放的托布鲁克港，他隶属于——很不寻常的——全部由他所在的团下辖的营所组建的旅：第 131 旅。第 131 旅是第 7 装甲师 "沙漠之鼠" 的摩托化步兵旅，下辖皇后皇家团第 1/5、第 1/6、第 1/7 营。他的制服是第 8 集团军步兵的标准制服，但在战役的这个阶段，其实已经很少见到 "孟买灯笼裤"——而且这种裤子其实并未真正受过欢迎，此时已经绝大部分被裁短了。他还搭配有标准的网眼织物衬衣、MK Ⅱ 头盔、无足长筒袜和绑腿，

以及 1937 款装具，"孟买灯笼裤"上还有另一根皮带。唯一可见的标志是他的花环王冠准尉徽章，佩戴在皮质腕套上——比佩戴在前臂上更实用，可以让袖子很容易卷起来。他的武器是 0.45 英寸的汤姆逊 M1928A1 款冲锋枪，它曾在这些战役中被广泛使用，但在 1944 年的意大利战场上，已经开始小规模换装斯特恩冲锋枪。

插图： 皇后皇家团的帽徽

D2: 1942 年 11 月，阿尔及利亚，第 1 突击队，中尉

在"火炬"登陆计划中，突击阿尔及利亚的东路部队包括美军第 39、第 168 团级战斗队，英军第 11、第 36 步兵旅，以及第 1、第 6 突击队。第 1 突击队的任务是摧毁阿尔及利亚的岸防炮组。西迪费卢奇未发一枪就宣告投降，但敌军在马提福角附近的狄迪思要塞却进行了顽强的抵抗并给突击队员带来大量伤亡。这名中尉穿着丹宁布罩服版的战斗服，双肩都有联合作战标志，肩章上有军衔标志，他还戴着一顶毛线舒适帽。原本的照片中可以看到他的衬衣和可拆卸衣领采用了不同的卡其色——这是一种疏忽，还是一种时尚？ 37 式装具包括腰带和肩部支撑带，一个装手雷的单独基本袋，手枪枪套和军官小包旁有个单独支撑附件。所有的装具都染成了白色，这是从最早的圣纳泽尔突袭行动中吸取的经验：在夜间，友军人员可以在近距离中很容易识别，以减少在突击行动中经常发生的误伤风险；在稍远一些的距离上，又不会因为反光而暴露偷袭行动。但在探照灯照射或日出及黄昏时分，这种设计则会显得非常显眼，特别是在运动中。他的腰间有一根绳索，穿过腰带上的支撑附件上的登山扣。他还穿着网眼短袜和橡胶鞋底的突击队专用鞋。

插图： 联合行动徽章上有参与行动的三个兵种各自的特征符号：海锚、汤姆逊冲锋枪和皇家空军雄鹰，都是以深蓝色为底的红色图案，最开始是"墓碑"形状，后改为圆形。

一张很稀有的突击支援团的突击队队员照片。该团成立于 1943 年，主要为其他突击部队如 SBS（特别舟艇团）或希腊突击部队在爱琴海的行动中提供重型武器支援——包括中型机枪、迫击炮、反坦克和防空炮。其基地位于意大利的达尔马提亚群岛，他们参加了多德卡尼斯群岛的作战行动，并支援了铁托的南斯拉夫游击队。图中的突击队员戴着 SAS（特别空勤队）的贝雷帽，上有该团的徽章——并非近似的皇家苏格兰骑兵团徽章，这也许是第一张该徽章的影像图片。

D3: 1943 年 1 月，利比亚,杰贝勒塔尔胡纳，第 7 装甲师，皇后皇家团，第 1/6 营，列兵

在 1943 年 1 月 21—22 日夜间，第 131 旅皇后团第 1/6、第 1/5 营的士兵经过奋战，打通了从塔尔胡纳村通过杰贝勒塔尔胡纳直抵的黎波里平原的道路，为第 7 装甲师继续对敌军的追击并攻入突尼斯扫平了障碍。这名布朗机枪 1 号射手身着 KD 长裤，但没有网眼短袜或绑腿，另有热带衬衣，肩章扣在了罩在外面的毛线套头衫上。作为一名摩托化步兵，他只携带了少量装备，其基础装具只有腰带、支撑带、通用包和水壶。布朗机枪的备用弹药袋挂在他的肩上。

E: 1943 年

E1: 1943 年 1 月，利比亚，的黎波里，第 7 装甲师，第 11 骠骑兵，B 中队，士兵

1943 年 1 月，席卷利比亚海岸的冬季寒潮，不仅带来了寒冷的气候，也摧毁了托布鲁克和班加西的港口设施，严重地削弱了第 8 集团军向突尼斯推进的能力。因此占领的黎波里——在附近的 630 英里海岸线上唯一一处还可利用的深水港——成为了当务之急。最先进入的黎波里的盟军士兵是第 11 骠骑兵 B 中队的装甲车乘员，他们是第 7 装甲师的侦察团，在 1 月 23 日拂晓之前进入此地。这名士兵穿着骑兵款大衣以抵御清晨的寒冷，KD 长裤下还有一条 BD 长裤，他戴有围巾，还有一件 BD 战斗服披在肩上——可以看到黄 / 红色的皇家装甲部队兵种条纹。他的头部装备是很独特的棕色和樱桃色团级贝雷帽，上面没有标志，这是为了纪念其部队原来在"轻骑兵冲锋"中所穿的制服。

E2: 1943 年 3 月，突尼斯，第 51（高地）步兵师，卡梅隆高地人团，第 5 营，上尉

马雷斯防线在大战前就已经修建，是法国为了预防意大利部队从邻近的的黎波里塔尼亚发动进攻而修建的。它的两侧是海洋和玛塔玛塔山，其前沿是兹格扎干谷，要对该防线发动重大攻势，必须先攻克此处。此时的干谷还因为冬季降雨而一片洪涝，但英军工兵设法在其上打开了缺口以供步兵和坦克通过。隶属于第 51 步兵师第 152 旅的卡梅隆第 5 营在兹格扎干谷和马雷斯防线的战斗中都赢得了很高的声誉。这名连长穿着哔叽呢战斗服，其苏格兰便帽上有格子纹底的团级帽徽章，他还佩戴了 37 式手枪装具和军官版小袋。他的头盔挂在右臀上。在 BD 上衣的袖子上有第 51（高地）师的"HD"标志，其下是资深旅的步兵红色兵种条纹，以及团级标志——椭圆形的卡梅隆格子纹章。戴在上衣开口领下的领巾，是个人配置。

插图：红色圆圈中的红色的"HD"字符，是第 51 师在 1940 年 9 月于英国本土重建后使用的标志，原第 51 师隶属于欧洲远征军，已经在法国战役中被歼灭。但前后两支部队都是由高地团的正规营和国土营构成。

E3: 1943 年 3 月，突尼斯，西德让纳，第 46 步兵师，国王私人约克郡轻步兵团，第 2/4 营，列兵

第 46 步兵师抵达突尼斯时，恰好赶上轴心国军队在北非战场上的最终溃败。对西德让纳地区的占领是在突尼斯春季时典型的大雨中完成的，大多数参战人员都穿着呢质 BD 战斗服，但也有的士兵混搭穿着 BD 战斗服和 KD 战斗服。这名布朗机枪二号射手穿着一件战前的哔叽呢 BD 战斗服上衣、KD 短裤、网眼短袜和战斗装具。他右肩上挂着的两个通用袋上装着布朗机枪的备用弹匣，另外他还携带着备用枪管。在他的肩章上，他佩戴了老款的卡其色底黑色肩章滑片，"KOYLI"。在袖子上，有第 46 师的橡树标志，其下是两根红色兵种条纹，标志着他隶属于该师的中间旅，第 128 旅。

插图：黑色方块上的谢尔伍德森林橡树图案是第 46 步兵师的标识，其下辖来自于不列颠中部地区北边的国土部队。

一名穿着丹宁布工装裤，裸露上身的士兵正在使用空气动力锤。皇家工兵使用了各种现代工具，但这些工具的使用还是无法完全替代艰苦的劳工工作。皇家工兵被认为是一支战斗部队，他们的主要职责是近距离支援步兵和装甲兵，这两者经常需要工兵来清理雷场以及清除或架设障碍物。

F: 1943 年

F1: 1943 年，突尼斯，第 8 集团军司令部，皇家工兵，战地观测连，上尉

皇家工兵为第 8 集团军在北非及之后在意大利战场上提供了至关重要的支援。他们测绘地形、清除雷场，标明安全通道，修理道路和桥梁，同时还填平干谷及其他天然障碍物。这名工兵军官所穿的从埃及裁缝手中采购来的衣物，非常适合沙漠战役。帽子采用了质量上乘的浅卡其色巴拉西厄布料，有棕色皮革颌带和铜质 RE 帽徽。丛林夹克和长裤都没有采用棉质 KD 面料，而是采用的厚灯芯绒布料——这种布料更厚实并且在冬季更温暖。他穿的绒面高帮皮马靴，在军官中非常流行。其装具包括腰带、指南针袋、弹药袋和手枪盒，另有一个大的地图袋。因为他经常使用指南针而非手枪，因此他用一个挂绳将指南针挂在脖子上。

插图：从尼罗河集团军改编而来的第 8 集团军，在第一次作战（"十字军"行动）后启用的标志是蓝色底白色十字军盾牌，上有黄色十字。之所以使用黄色十字而非中世纪时十字军使用的红色十字，是不想与热那亚红十字相混淆。

意大利本土某处果园中的英军战俘。他们标配的英军制服已经被剥掉，取而代之的是丹宁布工装裤、白色衬衣以及与美国海军帽相似的圆帽。这群战俘看起来在劳动中还很愉悦。虽然有一些非人道的例子存在，但在意大利战场上的大部分战俘还算是没有被虐待。

F2: 1943 年 6 月，潘泰莱里亚，第 1 步兵师，第 1 看守连，下士

这个处于突尼斯和西西里岛之间咽喉要道上的小岛可谓是堡垒森严，有 16 个海岸炮组，另有规模不小的驻防部队。为了消除其对西西里登陆计划的威胁，在 5 月 8 日—6 月 11 日间，盟军出动了 5 285 架次飞机，投下了大约 6 200 吨弹药，炸毁了 80 门海岸炮中的 11 门，损毁了 54 门。在突击部队抵达海岸之前，意大利驻防军队主动投降。这名宪兵是负责看守 11 000 名意大利战俘的小分队成员之一。他穿着美国生产的 KD 长裤和采用 HBT 人字斜纹布的 WA 丛林衬衣，SD 帽型帽檐，另有"MP"袖标，搭配步枪装具。他的武器是一支 0.45 英寸口径的汤姆逊冲锋枪，英军使用时的官方称谓是"机械卡宾枪"。

插图： 第 1 师的白色三角师级标志；师级炮兵团将其放在红蓝色的皇家炮兵钻石图案中，皇家通信兵部队则放在蓝色钻石图案中。

F3: 1943 年，西西里，第 51（高地）步兵师，苏格兰高地警卫团，第 1 营，下士

这名战前正规营的资深老兵，在登上人员运输车前拍照。他参加过欧洲远征军第 154 旅，在 1940 年 6 月中坚守勒阿弗尔的港口，当第 51 师的其余部队被俘虏时，他们侥幸撤离。该师在 1942 年 8 月抵达北非，参加了阿尔阿拉曼、马雷斯、阿卡尔特干谷、昂菲达维尔、突尼斯等战役，并且参加了西西里战斗，之后接到命令调回英国本土，这支历经苦战的部队被用来进攻"欧洲要塞"。这名班长没有佩戴军衔标志，但他佩的砍刀和汤姆逊冲锋枪

说明他是一名士官。他穿着热带衬衣，以及 1941 款 KD 短裤，无袖的毛线套头衫，无足长袜和绑腿。苏格兰高地警卫团的团级红色羽毛已经从高地人的便帽上去掉，帽子上现在没有装饰，但在战场上会配上帽徽。这名士兵按照全副武装的行军标准穿戴着整套装具，有大背包、卷起来的毛毯、轻型防毒面具和插在皮革刀鞘里的砍刀，在腰部以下是一个可充气漂浮的救生圈。

G：1943—1944 年

G1: 1943 年 7 月，西西里，卡泰纳诺瓦，第 78 步兵师，皇家恩尼斯基伦燧发枪团，第 6 营，燧发枪手

这名第 38（爱尔兰）旅"斯基伦"团第 6 营的士兵行军穿过这座刚刚攻克的小镇，但不久之后他所在部队就在 7 月 31 日—8 月 3 日间，为了争夺佩图里琴附近的山顶阵地而与赫尔曼·戈林师的步兵和装甲部队进行了残酷的激战。在西西里炎热的夏季气候中，他将 KD 丛林衬衣松垮垮地穿在 BD 毛线长裤上，BD 长裤要比 KD 长裤更厚一些。这名列兵装备着 0.303 英寸口径的李·恩菲尔德 4 号步枪，但他所在班的其他人员已经混搭装备恩菲尔德步枪和 4 号步枪。对于在地中海战区的大多数士兵而言，恩菲尔德步枪依然是标准装备——西北欧战场上的第 2 集团军拥有 4 号步枪的优先配给权，但从 1942 年开始，在北非战场上也有小规模的试用。他还携带着排级 PIAT 反坦克武器所需的三发式弹药。他的轻型防毒面具包挂在左臀上，这一款防毒面具包最早大量出现是在 1943 年，但是在这时还是较为罕见。

G2: 1943 年 12 月,意大利,卡米诺山,第 56 师,伦敦苏格兰人团,第 1 营,担架员下士

在卡米诺山的冬季,战斗非常艰难,英军遭遇了掘壕以待的敌军的顽强反抗。补给物资必须通过骡马或者人扛肩挑运上山,伤员则需要由担架员在骡马的协助下在泥泞和潮湿的岩石路中艰难地运下山。这趟从山上运往团级医疗站的行程要花费 3 个小时,返回前线急救站又需要 3 个小时。这名隶属于第 168 旅伦敦苏格兰人团第 1 营的担架员正陷入了这样的气候和地形的困境之中,已经被雨淋透了的 BD 战斗服和皮革无袖短上衣,让他感到分外寒冷和精疲力竭。在卡米诺山上的许多士兵都将防毒气披风作为雨衣,其缺点是容易损坏,并且在大幅度运动时也无法挡雨或保暖——这使得担架员们其实无法在运送伤员时用其挡风遮雨。这名士兵两侧袖子上都有下士的 Ⅴ 形军衔纹章,左侧还有担架员的臂环。他在肩上斜挂着弹药包,并携带着折叠起来准备运回山上的通用担架。

插图: 第 56(伦敦)师采用的是红底黑猫图案,猫是迪克·惠灵顿的猫[①]。该师参加过巴勒斯坦、叙利亚、伊拉克、突尼斯和意大利的战斗,并在萨勒诺和安奇奥海滩都进行过激战。黑猫图案下方是伦敦苏格兰团的团级标志——粗灰呢上的深蓝色蓟花。

G3: 1944 年 5 月,意大利,卡西诺,第 4 步兵师,东萨里团,第 1/6 营,下士

战争进行到这一阶段时,着装条例已经没有那么严格,每个士兵可以按照最适合他的款式进行搭配。大多数人穿着 BD 长裤,但有的人选择 KD 长裤,英国和美国的呢质衬衣以及套头衫都有人穿着,BD 上衣在炎热天气中已经很少有人穿了。这名班长穿着一件美国生产的人字斜纹布丛林衬衣,衬衣抄进了 BD 哗叽呢长裤中,他携带着步枪兵装具和掘壕工具,装备着一把汤姆逊冲锋枪。第 4 步兵师在卡西诺镇的战斗中与德军第 1 伞降猎兵师进行了苦战,并为渡过修道院山下的拉皮多河建立了桥头堡阵地。

插图: 第 38(爱尔兰)旅的三叶草标志有时会被取代,但通常是位于师级标志之下。标志内的红色三角形表明这是皇家恩尼斯基伦燧发枪团第 2 营。之下是第 4 师的第一款"象限仪"标志,从 1944 年春天开始佩戴。

H: 1944—1945 年

H1: 1945 年 4 月,意大利,卡斯提诺,第 2 特别空勤团,伞兵

第 2 特别空勤团的人员,被空投到都灵南面的卡斯提诺地区,以支援在解放北方城市中发挥了重大作用的意大利游击队。他们提供各种专业技术和人力,以及重型武器支援——此图中就是 0.303 英寸的维克斯中型机枪。SAS

初看上去这是一张穿着典型的德军热带制服的德军非洲军团士兵肖像照。但其头盔是英军沃尔斯利款式,更奇怪的是,他的上衣是缴获的英军 KD 常服,但被改为了细纹纽扣,并去掉了肩章带,取而代之的是 SD 版常服的肩章。其他部件还有德军的雄鹰胸章、铁十字勋带和国家运动徽章。

伞兵可以穿着按照个人意愿混搭的衣物,既有伪装防风罩服也有厚毛线套头衫。这名负荷沉重的伞兵,身上披挂着 0.303 英寸口径弹药,穿着标配毛线套头衫,哗叽呢伞兵长裤,以及橡胶底的突击队鞋。他的装备也是混搭风格,既有美式也有英式:美式的 M36 手枪腰带,M3 战斗匕首与 M8 刀鞘,M1911A1 款手枪以及皮革 M1916 款枪套,搭配英国生产的指南针包和双弹匣袋——这种弹匣袋既可以放勃朗宁机枪的 9 毫米子弹,也可以放 M1911A1 机枪的 0.45 英寸弹药。

---

① 迪克·惠灵顿是英国传说和童话中的人物,曾担任伦敦市长。关于迪克·惠灵顿的猫有一则非常出名的英国民间童话。

H2: 1944 年 8 月，法国，勒米伊，第 1 空降部队，第 2 独立伞兵旅，列兵

8 月 15 日，一支英 / 美混合的空降部队被空投到戛纳和土伦之前的法国南部海岸的重要地点，以支援两栖登陆行动。这名伞兵穿着丹尼森罩服（右肩上有跳伞资质章），里面是 KD 衬衣，丹宁布长裤和皮质钉头鞋以及挖眼短袜。他的装具是步枪手 37 式装具，装备 0.303 英寸 4 号步枪，有网状索带的第 3 版伞兵头盔——这种索带在 1944 年中期后广泛配发，但直到大战结束，皮质索带和网状索带都同时在使用。为了执行在普罗旺斯的"龙骑兵"行动，所有的盟军士兵都在上臂佩戴了国旗标志，以便在穿越田野和村庄时向惊讶的法国人表明自己的友军身份。

插图：栗色背景上是骑在帕加索斯飞马上的柏勒洛丰①图案，其下有同样颜色的"空降兵"字样，是第 1 空降师和第 6 空降师共用的标识。

H3: 1945 年春，那不勒斯，第 78 步兵师，第 138 皇家炮兵野战炮兵团，炮兵下士

对于这名正在康复中的炮兵下士而言，他终于有机会能够造访那不勒斯的许多景点。这座城市，是英军休假的主要中心之一，造访者可以参观维苏威火山（1944 年 3 月重新爆发过），庞贝古城遗迹，或是前往各个酒吧、咖啡馆和各种因为盟军士兵的消费而兴起的新奇场所。这名下士外表光鲜，表现出一种军官范。他的美制 BD 战斗服采用了比英制战斗服更好的面料，并且还有哔叽呢款 BD 战斗服上的暗襟设计和 1940 款的束带设计。军官版 SD 帽此时已成为时尚，许多地中海战区的士兵都自行采购军官质地的帽子并搭配军官式颏带。穿着这种衣物当然是违反着装条例，但在想要吸引女士们注意的英军士兵中非常流行（还有些非军官人员自行在埃及的市场中采购剪裁得很好的 SD 服，外表仿军官版，这一做法往往会激怒委任军官——有时甚至是准尉们也会大光其火）。在他的 BD 服袖子上是蓝底红色的皇家炮兵肩标，第 78 师标志和皇家炮兵兵种条纹，其下是炮兵下士的军衔章。他的勋略章包括 1939—1945 年星章、非洲星章和第 1 集团军的番号，以及意大利星章；另外可以看到他左袖口上的受伤纪念条纹。

插图：第 78 师的黑底黄色战俘标志。该师成立于 1942 年 5 月，作为第 1 集团军的部队曾参加过突尼斯战役，之后隶属第 8 集团军并参加了西西里和意大利战役，之后作为占领部队被派往奥地利。

---

① 柏勒洛丰是希腊神话中科林斯的英雄，他捕获了天马帕加索斯，杀死了喷火怪兽。

英国陆军 1939—1945 年 (3)

远东

The British Army 1939—1945 (3)
The Far East

简介

第二次世界大战是一场全球范围的冲突，并非只发生在那些激战的国土上，还有许多国家卷入其中——虽然其中大部分只是作出了政治表态，而并未参加实际的军事行动。在远东战场上，这种现象更为突出。远东战场起始于1941年12月7日，这一天日军突袭了在夏威夷珍珠港的美军舰队——这一事件影响巨大，盖过了日军同时对英军驻守的中国香港和马来亚的突袭。接下来的数天内，美国、英国、澳大利亚、新西兰、南非和加拿大，另外还有哥斯达黎加、萨尔瓦多、海地、多明尼加共和国陆续向日本宣战；之后一个月内，古巴、危地马拉、巴拿马也紧随其后。大约三年后德国的战败导致更多的国家加入到入了盟军阵营：1945年2月有厄瓜多尔、巴拉圭、秘鲁、智利、委内瑞拉、乌拉圭、埃及、叙利亚和黎巴嫩；接下来的四个月里则有沙特阿拉伯、伊朗、土耳其、阿根廷、巴西和意大利。当美国大兵和海军陆战队员在太平洋岛屿的悬崖峭壁上攀爬，英联邦的士兵在新几内亚和缅甸的丛林中披荆斩棘时，他们对于这些新的"盟友"闻所未闻，也就不难揣摩他们对于这些事件的评论了。"在远东战场上的战争胜利，更多地是依托于美国和英联邦的巨大努力[①]。"

由于要应对与德国的艰巨挑战，苏联在1939年鲜为人知的蒙古战役[②]后与日本签订了互不侵犯条约。这场战役中有30 000人阵亡，而朱可夫将军则取得了自己作为野战司令的第一场胜绩。斯大林曾经承诺在欧战

"比尔"·斯利姆将军，是军人中的军人，在行伍之中享有最崇高的声望。他出身低微，在第一次世界大战中于皇家沃里克郡团服役并获得提拔；他曾在盖里博卢半岛和美索不达米亚作战，两次负伤，获得英国战功勋章。1940年他在厄立特里亚指挥第5印度步兵师的一个旅时，第三次负伤。1942年，他从驻中东的第10印度步兵师师长任上被提拔指挥缅甸第1军，之后在1943—1945年指挥第14集团军，在这一过程中，斯利姆多次展现出面对困境的卓越指挥能力。作为一名个性很强的指挥官，他始终能够耐心地处理与诸如史迪威和温盖特这些的"刺头"的人际关系。他很快就理解了空中补给的重要性，从而有效地支持了温盖特的长途奔袭渗透作战。1944年，他先是成功抵御，之后彻底瓦解了牟田口企图突破钦敦江的攻势；随后发动连续的反击，到1945年8月时已经将完全丧失统一组织能力的日军分割包围在数个包围圈中。在这张照片中，他穿着军官版丛林夹克，上有皮质的"橄榄球"衣扣，戴着一项丛林帽，其帽罩上有将官版帽徽。

① 原文如此。
② 诺门罕战役。

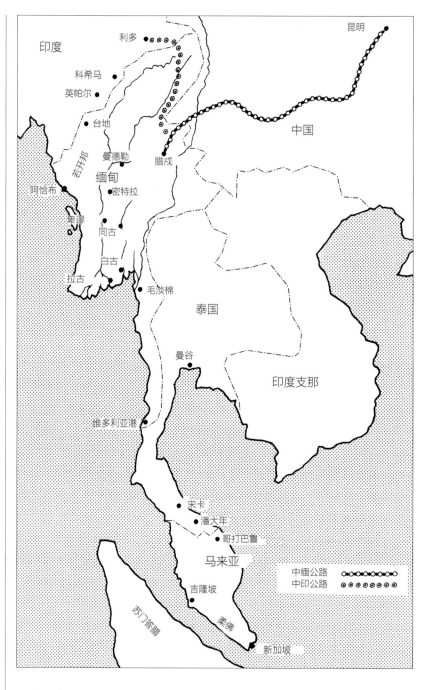

地图中的标注：

印度 · 利多 · 昆明

科希马 · 英帕尔 · 台地 · 若开邦 · 中国

曼德勒 · 缅甸 · 腊戌

阿恰布 · 密特拉

皎谬 · 同古 · 白古 · 拉古 · 毛淡棉 · 泰国

曼谷 · 印度支那

维多利亚港

宋卡 · 潘大年 · 哥打巴鲁 · 马来亚

吉隆坡 · 关丹

苏门答腊 · 柔佛 · 新加坡

中缅公路 ●○●○●○●○●○
中印公路 ○○○○○○○○○

这张地图粗略地显示出盟军东南亚司令部所管辖的主要作战区域。

结束后三个月内对日作战，但直到 1945 年 8 月 8 日——美军在广岛投下了原子弹后——才正式宣战。自此之后，他迅速地扩张了苏联在远东的领土范围，在数天之内就摧毁了饥饿疲惫且装备缺乏的日本关东军；日军有超过 80 000 人阵亡，50 万人被俘。这场苏维埃的迅猛攻势以及与此同时美军继续投放原子弹，使得日本高层开始公开讨论有条件投降——这种分歧也为后来的朝鲜战争埋下了隐患。但是不管怎样，日本的投降使得长期以来令盟军头疼的对日本本土的登陆作战计划终于可以弃之不用，也使得成百上千的美国人、英国人、英联邦人和日本人的生命不至于被浪掷。

远东的英国军队

英国第 12 集团军最初是在中东组建，准备参加包括"哈士奇"（西西里岛登陆）行动在内的地中海战斗。1945 年 5 月，为了进行缅甸作战，第 12 集团军进行了重组，下辖第四和第三十三印度军。之后，1945 年 1 月，第 12 集团军被解散。

第 14 集团军于 1943 年 10 月在印度成立，其下辖第四、第十五、第三十三印度军；1945 年 5 月，第四和第三十三军被划归第 12 集团军，另外补充了第三十四军。第 14 集团军于 1945 年 12 月被解散。

战役

马来亚 1941—1942 年：马来亚北部战役，1941 年 12 月；马来亚

1945 年 8 月或 9 月：日本军官依次上缴他们的军刀，右侧站立着一名英军军官。仔细观察原图，可以看到他拿了一支装着 4 号刺刀的 MK4 型斯特恩冲锋枪；在他的左身侧，还可以看到 4 号刺刀刀鞘，悬挂在两件套伞兵版扣饰上。

中部战役，1941 年 12 月—1942 年 1 月；柔佛战役，1942 年 1 月；新加坡战役，1942 年 2 月 8—15 日。

东南亚 1941—1942 年：中国香港战役，1941 年 12 月 8—25 日；西婆罗洲战役，1941 年 12 月 16 日—1942 年 3 月 9 日。

缅甸 1942—1945 年：缅甸大撤退，1942 年 1—5 月；印度 - 缅甸边境战役，1942—1943 年；第 1 次温盖特远征，1943 年 1—6 月；第 2 次印度 - 缅甸边境战役，1943—1944 年；钦敦江战役，1944 年 11 月（日军越过钦敦江发起攻势并随后撤退）；第 2 次温盖特远征，1944 年 2—8 月；光复缅甸战役，1944—1945 年。

战役简介

缅甸

缅甸位于印度洋的东岸（孟加拉湾），在北面与印度、中国接壤，东面与泰国和法属印度支那接壤；1937 年以前，它曾是英属印度的一部分。与法国控制的大量土地一样，缅甸主要是由冲积平原、沼泽、丛林和山地构成。其最主要的平原位于国土中部，北面、东面和西面则环绕着山地，西面则是沼泽遍地海拔较低的海岸地带。其主要的地形标志包括流经中部低地最终抵达南部冲积平原并在此汇入安达曼海的伊洛瓦底江，以及其在西北方向的主要支流钦敦江，其与印度边境呈平行状。其他主要的河流包括萨尔温江，蜿蜒在盖过东部的山地中；锡当河，在伊洛瓦底江南段与其平行；西面的加拉丹河，在若开地区的崇山峻岭中曲折而来，然后汇入萨尔温江。

缅甸战役是在整个大战期间英联邦部队鏖战最久的战斗，开始于 1941 年 12 月，直到 1945 年 8 月日本总投降后才宣告结束。其中真正来自大不列颠本土的部队数量非常有限，不能与北非战场和欧洲战场相提并论。在远东作战的士兵认为自己是"被遗忘的军队"，非常嫉妒那些在沙漠或西北欧战场上扬名立万的战友（并且非常羡慕这些战场在资源分配上的优先权）。直到最近，他们所面对的特殊困难处境以及他们所取得的成就才逐渐被认同，但当时不管是战地图画还是其他类似的战时出版物都非常缺乏关于远东战场的描述。

在艰苦的条件下，英联邦部队在缅甸付出了 73 909 人的伤亡，但只有 14 326 人阵亡（在整体伤亡人数中，热带病占了较高的比例）。在这

1943 年，缅甸，从林训练，这名士兵穿着这一时期各种热带制服的混搭版：无领绒线衬衣是欧洲生产的，另有 KD 长裤和钢盔。需要注意的是他携带刺刀刀鞘的方式：环扣是绑在 P37 款携具通用袋上方的左侧肩带上的，这样使得 1 号刺刀可以高悬在手臂下方，以使其不受腿部运动和丛林低矮植物的影响。

14 000 多个牺牲者中，只有不到 5 000 人是来自英伦三岛，这在整个大战期间阵亡的 144 079 名英国士兵中只占一小部分——所有军队的阵亡人数加起来是 264 443（与之相对应的是，英国平民有 60 595 人死于敌人的军事行动）。部署在缅甸的绝大部分盟军部队是来自英属印度的军队，毫无疑问由他们承担了绝大部分的伤亡。

只有 2 个完整建制的不列颠步兵师部署在缅甸（第 2、第 36 步兵师），在这一战场上的英国步兵营部队约等于 8 个师；"钦迪特"特遣队中的英国步兵也约等于 2 个师；另外几乎所有的印度师中下辖的 3 个旅里都有 1 个不列颠营，即每个师 3 个营。部署在这一前线上的印度步兵师为第 3、第 5、第 7、第 14、第 17、第 19、第 20、第 21、第 23、第 25、第 26、第 36 和第 44 师。在缅甸的其他印度部队中的英国步兵单位相当于 4 个额外的不列颠步兵师。1942 年的缅甸撤退中，另外还有 2 个不列颠坦克团，在其后的战役中，印度军队的坦克旅中还有另外 6 个不列颠坦克团；同时，印度部队中的火炮部队大部分都是不列颠部队。

1941—1942 年

日军第 15 军入侵缅甸的目的具有三重性。首先是要为入侵马来亚的日军部队提供后侧掩护；其次，它可以使得日军占据至关重要的从缅甸通往中国的"中缅公路"，不仅可以破坏中国试图在缅甸北部对日军的进攻，还可以削弱已经牵制了大量日军的中国军队；缅甸同时还是下一步进攻英属印度的重要桥头堡——印度可是令人垂涎欲滴的战略目标。

缅甸的防务理论上由担任印度总司令的将军阿奇博尔德·韦弗尔爵士负责。而事实上在缅甸国内的最高指挥权归于准将霍顿，他担任缅甸集团军的总指挥官——其实这是一个浮夸虚假的头衔，他手下不过只有 2 个营的不列颠步兵，2 个旅的印度步兵，8 个营的缅甸来复枪步兵，提供支援的只有区区 37 架飞机。

日军对缅甸的进攻发起于 1941 年 12 月 14 日，其第 55 步兵师团下辖的第 143 步兵联队从泰国南部越过国境，试图夺取克拉地峡的维多利亚角上至关重要的机场，该处是支援在马来亚作战的英军重要基地。

12 月 23 日，仰光遭遇了第一次空袭，这是补给缅甸战场并且维持向中国输送物资的重要港口。英国防空力量薄弱，在经历了狂轰滥炸后，霍顿将军要求从这座城市撤退，但韦弗尔则坚持要不惜一切代价守住仰光。他派出斯迈斯少将的第 17 印度步兵师从海路增援霍顿，第一批部队在 1942 年 1 月抵达。1 月 15 日，日军开始从维多利亚角越过克拉地峡进抵仰光，沿路夺取了更多的机场并使得自己的空军活动范围愈加扩大。1 月

20 日，日军第 55 师团和第 33 师团的部队越过泰国边境进入缅甸，威胁到了毛淡棉和高格力。

日军从泰国发动的攻势很快就迫使英军退到了锡当河。在第 17 印度师的大部分部队还未来得及撤到西岸时，日军就夺取了该地一处至关重要的桥梁，并为了防止英军夺回，在 2 月 23 日将其炸毁。失去了超过一半手下的斯迈斯少将被严厉问责，并被解职。日军此时已经突破了第 17 印度师残部以及第 1 缅甸师在勃固的防线。

3 月 5 日，上将哈罗德·亚历山大爵士替换了霍顿，被指派为缅甸战役的总司令，但英军阵地很快就崩溃了。英方组织的两个师发起的反攻也宣告失败，仰光——被日军狂轰滥炸并几乎被重重包围——最终被迫放弃。3 月 8 日，日军第 33 师团进入该城。对这一港口的占领，以及在马来亚的胜利，使得日军可以用船运来第 18 和第 56 步兵师团以作增援。

亚历山大下令向北方撤退，日军则沿着伊洛瓦底江和锡当河的平行河谷追击。在更远的西北处，中国第 5 和第 6 集团军[①]在美国将军史迪威的率领下——3 月由蒋介石任命为总参谋长——试图守住曼德勒和同古，以保证英军左翼的安全。3 月 19 日，威廉·萨利姆将军被任命为"缅甸军"——下辖所有的不列颠、印度和缅甸部队——指挥官，而亚历山大将军则被任命为战区司令。3 月 30 日，中国军队从勃固撤退，并且未能摧毁锡当河上的重要桥梁，这使得部署在卑缪附近的缅甸军侧翼暴露。日军便掌握了完全的制空权，在 4 月初冲破防线，几乎包围了不列颠－缅甸部队，最后幸亏中国一个师的奋力援助才最终突围。[②]

4 月 26 日，缅甸的战局已经无可收拾。亚历山大将军下令向着印度东北方向的阿萨姆地区的山地边境进行战略撤退。4 月 29 日，腊戌——中缅公路的西部起点——落入日军之手，这切断了蒋介石麾下抗战部队的国外

一名年轻的不列颠上尉正在一次从林巡逻前向他手下的第 11 锡克团的士兵讲解任务要领。该团的第 1 营与其他两个营一起隶属于第 7 印度师的 89 印度步兵旅。这些锡克族人在 KD 布料头巾外裹着伪装网；其中一名大胡子的士官，装备着一挺汤姆逊冲锋枪，可以清晰地看到他脖子上的身份辨识牌——绿色椭圆标牌和红色圆形标牌，上面有识别身份所用的姓名、军衔、番号和宗教信仰等信息。

① 应为第 5 军和第 6 军。
② 仁安羌大捷。

补给。缅甸军尽力保持了较好的秩序退回了印度；到5月20日，最后一支部队也撤入了阿萨姆，不到一周之后，缅甸全境沦陷。缅甸大撤退，是英国军事史上最远距离的撤退。缅甸战役中，不列颠和英联邦军队一共伤亡13 500人，而日军伤亡仅为5 000人。

1942—1943 年

亚历山大将军的司令部在阿萨姆地区的英帕尔进行了重编；8月间，他转任到中东战场，但之前就已经规划用整个1942年来储备补给、训练部队，以期在12月间从孟加拉湾的若开海岸发动反击。在史迪威的带领下，一支数量庞大的中国军队也撤入了印度，之后得到整编。由于资源有限，在印度上演了政治上的重重角力，韦弗尔、史迪威、蒋介石相互讨价还价，再加上大雨滂沱阻碍进攻，直到1942年12月17日，才由远东集团军的埃尔文将军发动了第一次若开攻势。

第14印度步兵师沿着马屿半岛进攻的目标是阿恰布港，此地可以作为进一步进攻的桥头堡和机场。英军发动了两次大型攻势，但都宣告失败。日军很快就增援了原本薄弱的防卫力量，并于1943年1—3月在拉代当和东拜一线进行了顽固的抵抗。3月份，日军转入攻势，到4月中旬，斯利姆将军（第十五印度军）被授予若开地区的指挥权时，英军已经无力苦战了。在1943年5月，他们被迫撤回出发地。

为了支援若开攻势，由准将奥德·温盖特领导的远距离渗透战斗群（第77印度步兵旅）在1943年2月中旬到4月下旬间进行了第一次远征。尽管军事上获得的成就并不突出，但这次最远进抵克钦山的远征在无处不是战败的时期里给了盟军巨大的精神鼓舞，并提供了非常有益的经验——特别是如何对孤立的军队进行空投援助——在后来的整个缅甸战役中，这些经验都发挥了重要作用。

一辆隶属于印度装甲旅的美制M3格兰特中型坦克快速通过由原木搭成的"木排路"。当雨季来临，这一战区的大部分道路都变得泥泞不堪时，这一举措可以使得机动载具依然保持一定的行动力。在北非战场上，M3格兰特下部的75毫米固定炮在乘员们不得不逃离被击毁的坦克时非常碍事，但在远东战场上，这就完全不是一个问题。首先它们很少遭遇敌军的坦克，即使偶遇，对方从各个方面而言都远不如盟军坦克，大多数坦克的作战任务都是近距离为步兵提供直射火力支援。

1943—1944 年

1943 年 10 月间，印度司令部进行了改建。东南亚的战斗任务由海军上将路易斯·蒙巴顿负责，史迪威将军出任副官；印度东部集团军被改编为第 14 集团军，由斯利姆将军指挥。11 月，第十五印度军（克里斯蒂森将军）在若开地区进行了一系列的试探性进攻。随后，英军计划发起一轮新的重要攻势，其主要目标是攻入缅甸中部和北部，以第 14 集团军攻入若开地区，辅之以第二次规模更大的钦迪特远征以扰乱日军后方。同时，史迪威将军指挥中国远征军从列多出发，沿途修桥开路，以重新连接中缅公路；另外他还希望从云南出发的中国部队能够攻入缅甸西北部。

但是，当英军还在规划这些攻势时，牟田口廉也的日军第 15 军也准备着手进攻。他们以"汉号"行动在若开地区反击盟军，但其实这只是疑兵之计；其主要的攻势是"乌号"行动，意图发动突袭，冲破钦敦江防线，攻入位于阿萨姆地区，夺下重要的盟军基地英帕尔。牟田口廉也在得到由苏巴斯·钱德拉·博斯领导的印度国民军的支援下，幻想能够攻入印度，以获得对抗英国的巨大优势。

"汉号"行动于 1944 年 2 月 6 日发动，日军第 55 师团进攻了位于孟都的第十五印度军。在 3 周的战斗后，日军最终失败，英国部队不但没有投降，反而在重重包围的情形下依靠空投补给牢牢地把守住了阵地。

1944 年 3 月初，史迪威将军的中国远征军和温盖特的钦迪特部队都取得了不错的战绩（"星期三"行动），前者进攻了北方的日军第 18 师团，后者则破袭了该师后方。在 3 月的第一个周末，日军发动了"乌号"行动，在数个重要地点渡过钦敦江。第 33 师团逐渐压迫第 17 印度师的阵地，使其向北退却；但英军在得到第 20 印度师的增援后稳住了阵脚，使得日军几乎再也未能从南方向英帕尔推进一步。日军在若开的失利使得盟军可以将两个师调向北方以增援阿萨姆前线。4 月 5 日，日军第 31 师团进攻了科希玛，此处是通往英帕尔以北的重要铁路枢纽。为了增援防御此地的一小支卫戍部队，一支不列颠部队冲破包围抵达阵地，因为英帕尔－科希玛之间的交通被日军第 15 师团切断，这支部队随后向南进攻英帕尔。

在艰苦卓绝的战斗中，英帕尔和科希玛的部队都始终保持着旺盛的战斗意志，在空投补给的支持下，他们打退了敌人一次又一次的进攻。盟军掌握了制空权，这使得皇家空军在四个月的战斗中成功地将上百万加仑的燃料和超过 12 000

1945 年春，第 14 集团军第 4 军下辖的第 116 皇家坦克作战团 C 中队的军官和士兵们。这支部队装备了 M4 谢尔曼坦克，并和其他 3 个印度团共同构成了第 255 印度坦克旅。2 月 10 日，在伊洛瓦底江流域的木各具，他们首次投入实战。皇家坦克兵第 116 作战团成立于 1942 年 7 月，是由原戈登高地人团第 9 营改编而来。同许多这样改编的步兵部队一样，他们还是保留了原来的苏格兰圆扁帽以及部队徽章。照片中的各种衣物是远东战区坦克士兵的典型搭配：（左）穿着 JG BD 长裤和帆布运动鞋的士兵，（中）上尉穿着 KD 衬衣和长裤，有 JG 版军衔肩章，（右）准尉则穿着 JG BD 上衣和长裤，有军官简化版的标志。

人的增援部队通过空运投入到前线。在日军的补给线无法支援之后，他们的攻势很快就告一段落；牟田口廉也计划中的后勤补给只能供给三个星期的战斗。尽管因为饥饿与疾病大幅削弱了战斗力，日军还是以他们一贯的狂热持续进攻了数周，但此时战斗的主导权已经转移到了英军手里。4月18日，一支增援部队抵达科希玛，但英帕尔－科希玛之间的公路交通直到6月22日才全线恢复。

7月11日，缅甸方面军司令官河边正三命令牟田口廉也退过钦敦江，再加上月底到来的雨季，使得大军行动殊为困难。在最初发起进攻的85 000名日军中，53 000人伤亡，只有不到30 000人能够撤退；牟田口廉也也丢掉了他所有的补给、运输工具、坦克和重型武器。进攻印度的尝试最终证明对日军而言是一场灾难，日军在钦敦江攻势失利后直到大战结束都未能恢复元气。

第2步兵师下属多塞特郡团第2营的士兵正搭载通用载具奔赴科希玛，这是英军步兵和支援部队专有的多用途轻型履带式载具。从图中可以看到缅甸地区典型的狭窄道路和茂密的植被；照片很明显是拍摄于旱季，要不了多久西南方向的季风就会在6月抵达，带来狂风暴雨，将干燥的路面变为一片泥泞。

1944—1945 年

1944年5月，中国部队在萨尔温江前线发动了一次大型攻势，意图重新打开中缅公路并与从印度出发的由史迪威将军指挥的中国远征军会合。8月，重要的交通枢纽密支那终于被攻克。"醋·乔"史迪威在政治和军事方面都与蒋介石有着不可调和的矛盾，1944年10月在蒋介石的强烈要求下，史迪威被撤换。中缅公路最终在1945年1月恢复通车，在接下来的10个月内它运输了38 000吨战略物资进入中国。但是作为对比，从印度出发的"驼峰"航线每个月的运输量就高达39 000吨，因此人们对于付出重大牺牲重新打通中缅公路的重要性

英军士兵正在穿越一处在激战中被完全摧毁的缅甸村庄；一名步枪手装备着恩菲尔德步枪，他的同伴则手持装有尖刺刺刀的 4 号步枪——在大战的最后一年里，这种武器的混搭使用在英军步兵部队中很常见。

（左）1945 年春，仰光北部，一个步兵班正从由缅甸人掌舵的本地船只上登陆。这种本地小船很多都被征用来在战役期间横渡河流。照片背景中河流的宽度恰如其分地显示出，缅甸地区密集的水网是如何阻碍人员、车辆和补给的自由流动的。这些士兵穿着 JG BD 长裤和 JG 丛林衬衣。

不禁产生了怀疑。

1944 年 9 月，蒙巴顿被授权发动"首都"攻势，由斯列姆的第 14 集团军解放缅甸。斯列姆的主要攻击部队，从东北方向到西北方向依次展开，包括第三十三（斯托普福德将军）、第四（梅塞伟将军）、第十五（克里斯蒂森将军）印度军。日军新的缅甸方面军司令官木村兵太郎被告知不要希望得到任何来之外部的援助。他手下的第 33 军（本多政材），有 2 个师团，部署在腊戍，以防范盟军打通印度与中国的联系；在中部，位于腊戍、曼德勒和密特拉之前的是第 15 军的 3 个师团，以防范盟军从伊洛瓦底江发动的攻势；南边以及西部，则是第 28 军（樱井省三）另加的 2 个师团，以期阻挡任何向仰光发起的攻击。

12 月 3 日，"首都"行动拉开序幕，第 11 东非师和第 20 印度师（第三十三军）以及第 19 印度师（第四军）渡过了钦敦江。斯列姆将军计划以第三十三军向曼德勒的进攻迷惑敌军，同时第四军则绕道西部，向重要的交通中心密特拉发起进攻，而第十五军则进攻阿恰布的海岸和兰里岛。尽管日军负隅顽抗，但随着预期中的战果接踵而至，斯列姆发起的攻势愈发不可阻挡，他通过迂回包抄和侧翼渗透一次次地瓦解了敌军坚守的阵地。到 1945 年 1 月中旬，第三十三军已经在曼德勒北方的伊洛瓦底江对岸建立起了桥头阵地；一个月之后，当日军的注意力被牵扯在北方时，第四军开始渡过南部的河流，进攻密特拉西部；3 月 3 日，密特拉被攻克；3 月 20 日，曼德勒光复；4 月 23 日，同古光复；1945 年 5 月 3 日，在伞兵空降和两栖登陆的双重攻势下，仰光光复。

斯列姆的一系列重大胜利，使得残存的日军主力被迫龟缩在两个包围圈内：第 28 军残部固守锡当河以西，第 15 军和第 33 军残部则躲进了同古东面的崇山峻岭中。在饥饿与疾病的打击之下，他们并不能对英军的进攻进行顽抗，只能在绝望中四散逃离。在勃固山脉和锡当河地区的日军曾经试图突围，但他们付出了 17 000 人的伤亡，却只造成了英军 95 人的损失——战损比超过 170：1。1945 年 8 月 28 日，日本宣布预备停战后，这里的硝烟才终告结束。

为了"打扫战场"，1945 年 5 月底，新的第 12 集团军（斯托普福

德将军）组建，统一指挥在缅甸的英国军队，同时第 14 集团军（邓普西将军）则返回印度整训，准备解放马来亚。斯列姆将军则被任命为盟军东南亚地区陆军总司令。

1941—1942 年对缅甸的入侵中，日军只有 2 000 人阵亡，另外在新加坡和马来亚损失了 3 500 人——他们只付出了如此低的代价就夺取了英国在远东的大部分殖民地。而当英国人重新夺回缅甸时，则让日军付出了惨重的代价——大约 185 149 名日军士兵阵亡（比英国陆军士兵在整个第二次世界大战中的阵亡人数还要多大约 41 000 人）。

1945 年 2 月，第 36 步兵师正在奔袭瑞丽江和曼德勒。图中的炮手应该隶属于该师的皇家炮兵第 130 或第 168 野战炮兵团，他们正在为 25 磅 MK Ⅰ 型火炮挖掘炮位，这是一项耗时很久的艰苦工作。英军炮兵无论是在装备、组织度，还是利用效率上都胜过了日军。

1943 年，印度总司令克劳德·奥金莱克将军正在视察谢伍德森林人团。将军穿着军官版丛林夹克，而右边的森林人士兵则穿着卡其色的埃尔特克斯面料衬衣，上有"林肯绿"索带和卡其色底黑色纹路的团级标志章。两人都戴着依然在印度战区使用的遮阳头盔。士兵的头盔上还有一个有绿色边缘的帽罩。

中国香港

这个地域狭小但至关重要的英国贸易殖民地[①]位于中国海岸线上，有 400 平方英里，但是防卫力量极其有限。当横行在中国大陆上的日军向其发起进攻时，中国香港完全不能匹敌。它的卫戍部队只有 12 000 人——由印度人、不列颠人和加拿大人组成——只有几艘船只和 7 架飞机。1941 年 12 月 8 日，日军对其发起进攻；日军第 38 师团，在空中支援下，横扫了英军外围据点。12 月 9—13 日之间，英军从大陆撤回到香港本岛。15 日，日军继而展开攻势并占领了一处滩头阵地，但英军（加拿大部队）的抵抗非常激烈，迫使日军在 12 月 20 日进行了重组。当日军恢复了战力后，很快又展开进攻，在食物和淡水都非常短缺的情况下，守军于 1941 年的圣诞节投降。

印度

印度东部的阿萨姆和孟加拉——由东部司令部（1942 年 4 月改建为东部集团军）管辖——与缅甸接壤，并且位于直通印度腹地的要道上，一旦日军攻克就可以长驱直入。日军对这一战场的进攻已经在"缅甸"这一小节中提及，不再重复。

在整个大战期间，印度的政治和民生问题都非常突出，特别是 1935 年起印度国大党的代表人物甘地和尼赫鲁就不断利用因为大战而引起的分裂问题号召将印度独立运动提上议事日程。另外，名声显赫的苏

巴斯·钱德拉·博斯，干脆就直接投敌。博斯成为了印度国民军的总司令，这是一个日本控制的傀儡机构，从轴心国的印度战俘中招募士兵（光是在

---

①香港并非殖民地，此为英国作者的错误说法。

新加坡战役中就有 67 000 名印度士兵被俘）。从政治意义上而言，有大约 20 000 名印度人加入印度国民军的事实，从反面促使了英国人在大战结束后立即着手印度独立事宜。但是从军事意义上讲，印度国民军的作用极其有限：在英帕尔战役中，大约有 7 000 名印度人与日军共同作战，但其中大部分都在战场上逃亡而非阵亡，其余的则大面积投降，对日军而言，印度国民军不过是一些不可靠的劳力而已。

1939 年，战前的印度部队大约有 16 万人，但其可动员参战的兵力高达 250 万人，组建了 268 个步兵营。印度军队在东非、北非、意大利、希腊、叙利亚、伊拉克、波斯、缅甸、中国香港地区和马来亚等地都参加了战斗；其中有 24 338 人阵亡，64 000 人受伤，12 000 人失踪。

恩尼斯吉林燧发枪手团的约翰·科茨少校在印度北部地区驻训期间，向一名军士赠送了一盒香烟。该团第 1 营在整个大战期间都部署在远东战场，首先在 1942 年 3 月期间参加了缅甸战役，之后在 1942 年 10 月到 1943 年 7 月间，又隶属于第 47 印度步兵旅参加了缅甸的其他战斗。该团第 2 营先是驻防在马达加斯加，之后在 1942 年夏季划归四处征战的第 5 步兵师，隶属于其第 13 步兵旅。科茨少校穿着一件 KD 丛林上衣，戴着一顶有伪装物的遮阳头盔，另配有手枪版的 P37 携具；军士则穿着卡其色埃尔特克斯面料衬衣，上有白色军衔章，他的遮阳盔上有团级绿色羽饰和红色三角布。两者都佩戴着卡其色底的黑色肩章。

马达加斯加

这座巨大的岛屿位于印度洋上，靠近非洲东海岸，是法国的殖民地。当地政府在 1940 年法国投降后加入了盟国阵营，但由于英军突袭了位于凯比尔港的法国舰队，民众的愤怒使得统治者被换成了亲维希政权的官员。由于日军可能占据马达加斯加，进而威胁到盟军渡过印度洋从开普敦到苏伊士运河的航线，因此英军对位于该岛北端的大型海军基地迭戈苏亚雷斯展开了进攻行动。

为了对抗超过 34 000 人的法国殖民军，盟军的两栖登陆部队包括 2 个步兵旅和第 5 突击队，并有强大的海空支援，行动代号为"铁甲舰"。1942 年 5 月 5 日，盟军部队在敌军抵抗比较微弱的情况下登陆，但很快就遭到强力反击，由此丧失了突击港口所必需的突然性，只好转为寻求外交途径达到目的。5 月 7 日，该岛北部宣布投降，维希势力向南撤退。他们持续的抵抗，以及南非将军斯马特斯的顽固，使得盟军别无选择，只能将他们最初设想的有限战争变为征服全岛的战斗。在 9 月初，盟军获得了包括来自国王非洲步枪营在内的增援，在东部、西部和南部发动了数次地面以及两栖作战。1942 年 11 月 5 日，该岛被完全攻克，控制权转交到了自由法国政权手中。

马来亚

①马来属邦和马来联邦都是英国殖民者占领马来亚之后对原有土邦的政治统治形式，前者包括吉打、吉兰丹、登嘉楼、玻璃市、柔佛，后者包括雪兰莪、森美兰、霹雳、彭亨，战后与海峡殖民地合并为马来亚联邦。

马来亚并非一个完整的国家，而是许多小州邦的集合体，最主要的政治集团为马来属邦，马来联邦和海峡殖民地^①——后者是英国殖民地，前者则是英国的保护国。马来亚出产的天然橡胶占世界近 50% 的产量，以及超过 50% 的锡矿，这些都是非常重要的战争资源。日本早就对此垂涎欲滴，

1941 年 10 月，隶属于第 2 马来亚步兵旅曼切斯特团第 1 营的士兵正在进行基础丛林训练，包括正确使用树叶伪装。装备的缺乏使得远东战区的步兵营只能临时变通，用 P37 版弹药袋来代替正规的通用弹药包。当日军入侵马来亚时，曼切斯特团第 2 营的大部分人员都被俘虏。

因此从 20 世纪 30 年代末期开始，就向此地派出了大量的间谍，并扶持所谓的"反帝国主义"分子。

尽管非常清楚马来亚在经济和战略上的重要性，再加上皇家海军在远东最主要的基地就位于新加坡，但 1940—1941 年间的大不列颠必须集中所有的资源应付本土防御，因此对马来亚的防卫投入非常有限。亚瑟·帕西瓦尔少将手下只有 88 000 名缺乏训练的由印度人、澳大利亚人、不列颠人和马来亚人组成的卫戍部队，在装甲、反坦克炮和飞机方面都非常缺乏；第 9 和第 11 印度步兵师部署在北方；第 8 澳大利亚师则部署在南面的柔佛。之前英军进行了非常有限的丛林作战训练，并没有为此进行特殊的战术布置，与早就预谋已久的日军士兵相比较，完全处于下风。即使是如韦弗尔将军这样的智将居然都对这一显著的弱点视而不见。这一疏忽的严重后果，使得殖民者们在大战期间一败涂地，战后的声望也急速下降。

山下奉文指挥的日军第 25 军，下辖 3 个师团，在 1941 年 12 月 8 日凌晨入侵马来亚，在马来亚东北部实施了一次佯攻登陆。同时主攻新加坡和北大年府的主力部队则从泰国南部越过边境（由于国际时区分割线的问题，这些针对英军发起的进攻其实早于日军对珍珠港的突袭）。在这些最初的试探性进攻后，随之而来的是大规模的登陆，第 11 印度师在 12 月 10 日试图向北反击，也很快被打回了新加坡。入侵者已经在中国战斗多年，

1942 年初，马来亚，隶属于第 12 印度步兵旅的阿盖尔及萨瑟兰高地人团第 2 营的一个维克斯机枪组正在马来亚随处可见的种植园中防守一条道路。这些整齐划一的橡胶林很难阻挡日军的包抄进攻。支援机枪组的是一辆看上去就已经过时的 1931 年款兰切斯特 6×4 装甲车，乘员是马来属邦志愿军。这辆老式的装甲车，完全没有越野能力，但还是参加了新加坡防御战。

经验丰富，装备精良，并且有强大的地面和空中支援，斗志昂扬。他们认为这些"软弱"的白人殖民者卫戍军在他们拙劣的高层指挥下，完全不堪一战。确实，大部分卫戍部队领导无方、训练缺乏、装备陈旧，并且缺乏机动性，有一些部队的士气也很快就出现了问题。

山下奉文的 70 000 名强大日军采用了他们最擅长的快速奔袭战术，

在不同的区域内发动了猛烈的突袭和渗透。他们沿着公路推进，利用丛林地形迂回包抄了所有准备固守阵地的英军，切断了英国人的交通线，破坏后方并造成了一些严重的恐慌。他们的行动很大程度上得益于在 20 世纪 30 年代英国人为了发展橡胶工业而建造的许多公路，这一战役中的一大景观就是日军纵队踩着自行车沿路推进。尽管与英联邦军队一样，日军并非天生的丛林地形熟手，但日军固有的粗暴纪律性使得他们在复杂战场中依然能够保持很高的运动速度。他们的野战炮——包括部署在步兵部队中的炮兵炮组——以及他们的四个坦克团全都经过了对步兵进行正面支援的训练；他们非常适应夜战；在白天他们又很快掌握了完全的制空权。

由于未能在登陆初期遏阻日军的行进，帕西瓦尔将军别无他法只能命令部队撤退到依托数条河流布置的预设阵地；但接下来，这些阵地也宣告失守，这要归因于日军在他们侧后方发起的海岸登陆。1942 年 1 月 11 日，位于吉隆坡的英军主要补给基地被日军近卫师团和第 5 师团占领，但帕西瓦尔依然寄望能守住柔佛。1 月 22 日，包括英军第 18 师在内的援军，以及后续的澳大利亚部队陆续抵达新加坡。但在 25 日，帕西瓦尔下令总撤退，越过柔佛海峡撤往新加坡岛。在 54 天的时间里，日军穿过了整个马来亚，长驱直入多达 600 英里。

新加坡

新加坡岛被英军设计建造为一座宏大的要塞：位于马来亚半岛最南端，可以有效地抵御任何来自中国南海的进攻。从经济上而言，它是远东重要的贸易和商业枢纽，被日本人称为"东方珠宝"。在该岛南部的海防要塞可以防御任何海上进攻，并且牢牢控制住穿过马六甲海峡的航线，北方海岸上更远处所布置的射程更远的火炮则可以保护新的海军船坞。英国人也知道，该岛的弱点在于北方没有应对来自柔佛海峡的进攻的能力，但他们坚持认为有限的资源不能浪费在防御北面的威胁上——在整个方向上，为新加坡提供防卫的，可是整个大陆的部队。

1941 年 10 月，皇家海军旗舰威尔士亲王号和反击号被派往新加坡以加强海面防御；但 12 月 10 日在柔佛东海岸，它们被日军飞机拦截，由于防空力量有限，两艘战舰都被击沉，伤亡极其惨重。它们的损失对皇家海军是重大打击，对英军的士气也影响深重。

担任战区总司令的韦弗尔将军在 1 月 8 日访问了新加坡。他认为守军在该岛的防御工事建设并不完备，帕西瓦尔却声称是不想在市民中引起恐慌。韦弗尔则回应说，相比较挖掘战壕而言，日军迫在眉睫的进攻才真的会让市民人心惶惶。1 月 10 日，他致信首相温斯顿·丘吉尔，认为新加坡是不能守住的。首相则回应说，必须不惜一切代价守住该岛。

从马来亚撤退的部队在 1942 年 2 月 1 日凌晨渡过柔佛海峡进入新加坡。有大约相当于四个师的兵力拥挤在这座岛屿上，但撤退下来的部队早已精疲力竭，并且丢掉了大多数的装备，即使是新抵达的部队也是装备缺乏、组织涣散、士气低迷。作为最后的援兵，第 2 阿盖尔和萨瑟兰高地步兵抵达后，守军随后切断了连接新加坡和本土的堤道——只是切断而非完全破坏，日军工程兵还是很快可以在海滩上架起桥梁。

山下奉文的部队紧紧追在英军之后，在补给并且休整部队后，他在 2 月 8 日派出第 5 师团和第 18 师团的 18 000 人渡过西北海峡，第二天又有 17 000 人跟进。守军并未能除掉日军的桥头堡，只好后撤到沿岛而建的防御阵地，并随后最终撤入围绕着新加坡城修建的最后一道防线。帕西瓦尔急切地想要反攻，但食物和淡水的存量已经下降到非常危险的地步（穿过海峡的供水管道已经被切断），另外还有 100 万的市民需要考虑，他不得不做出退步。1942 年 2 月 15 日，约 62 000 人的盟军部队向山下奉文投降，其中大多数人甚至一枪未发就进了战俘营。后来他们才得知，日军部队在进攻新加坡时后勤供应已经出现了问题，山下奉文甚至已经开始考虑撤退重整。在进攻部队的 35 000 人中，有 1 714 人被杀。而这场最令英国人震惊的失利，带给英联邦的伤亡是大约 9 000 人（大概与日军相当），但有 128 000

照片中是刚刚作为支援部队抵达新加坡码头的炮兵，他们列队对着镜头露齿而笑。但照片背后满是辛酸，这些人在 1942 年 2 月 15 日投降之后，要么战死要么成为了日军的俘虏。这些炮手们穿着卡其色衬衣，KD 面料"孟买灯笼裤"，配沃尔斯利头盔，P37 款携具上有弹药盒，另有防毒面具罩包。

1945年9月，新加坡，第5印度步兵师的士兵将盘踞在该处长达三年半的日军一一缴械。在卡车尾部的士兵在皮质刀鞘里装着印度版砍刀；在其他人身上可以看到师级肩章，这是黑色矩形上的红色圆盘图案。在左侧，可以看到有的日军士兵戴着他们的"丛林帽"。

人（28 500 英国人，67 000 印度人，18 000 澳大利亚人以及 14 000 名华人和马来亚人）被俘虏。其中数以千计的战俘后来死在严酷的环境中——其中光是臭名昭著的缅甸铁路劳工营中就有 12 500 人丧生。

在大战剩下的日子里，马来亚和新加坡都在日军占领之中。本来盟军计划了一场解放该地的作战计划，但因原子弹轰炸日本而告终。1945 年 12 月 9 日，英国两栖部队在没有意外的情况下登陆距离吉隆坡不远处的迪克森港，日军则宣布投降。

泰国（暹罗）

1939 年，披纹·颂堪首相将暹罗改名为泰国，但"暹罗"的旧名在很长一段时间内还是被广泛使用，特别是在西方。暹罗的边境在数个世纪内多次变更；马来亚的部分地区，缅甸、柬埔寨和老挝都曾经历过暹罗人的统治，但在 19 世纪末期纷纷被割让给了殖民者。1940 年法国投降使得暹罗有机会攻入柬埔寨和老挝，恢复了他们过去的统治。作为这场争端的"调节者"，日本获得了在暹罗部署飞机和舰队的权力，就如同他们在法属印度支那一样。随着日军在暹罗国土上安营扎寨，暹罗很快就不得不与日本帝国结成了一个不怎么稳定的军事联盟，并且允许他们的军队穿过暹罗国土进攻缅甸和马来亚。颂堪政府是极少数达成了日本人所吹嘘的"大东亚共荣圈"理念的合作政府。1943 年，随着日军的进攻，暹罗夺取了四个马来属邦。这一行为和之前夺取法国殖民地的行径在战后被政客们遗忘了，其实他们对于日军的占领，并没有什么怨言，也没有公开的反抗，只是因为一部分亲盟军政客的活动，使得暹罗最终获得了"非交战国"的待遇。

钦迪特远征

韦维尔勋爵，戴着 SD 帽，正在钦迪特部队第一次远征前视察该部。他右边的是伯纳德·弗格森少校——最初是第 5 纵队司令官，后来在第二次远征时成为第 16 旅旅长。另一侧是温盖特少将。弗格森背着一个登山筐，支撑着大背包（P08 款）和小背包（P37 款）。弗格森后来写了一本回忆录，直到如今依然是丛林战斗的经典作品——《寥廓绿地》。

38 岁的准将奥德·温盖特，是一名拥有非凡想象力（也有人说他神经质）的人，拥有非传统战争的背景，是主张并推动远距离长途渗透战术的核心人物，该战术旨在切入敌军后方并通过空中力量获得补给。这种想法某种程度上要归因于日军不断地袭扰盟军阵线的交通线与大后方，迫使前线部队不得不从固有阵地撤出。战术的主要核心是要具有高度的机动性以保持突袭性，偷袭预定目标然后消失在茫茫田野之中；装备了无线电的皇家空军小队则在随机地点向取得联络的渗透部队空投补给。因此，在实战中，这些突袭部队并没有所谓的交通线可供敌人切断；同时他们在宽广范围中发动的联合攻击也可以扰乱日军后方并迫使他们改变阵地，以使得盟军的攻势得以顺利展开。

温盖特的这一战术设想甚至从缅甸大撤退时期就已经萌发，韦弗尔将军很快接受了这一原则，但他当时无法抽调出任何部队发动奔袭。温盖特说服他，单凭一支远程突袭部队（第 77 印度步兵旅）就可以获得可观的战果——创伤敌军、收集情报、与亲盟军的缅甸人取得联络、测试未来战斗所采取的装备和战术。如果这次行动取得成功，当然还可以对当时低迷的士气有莫大的提升，毕竟当时盟军处在一种无法发动任何重大攻势，而战场主动权早已落到日本人手中的沮丧境地之中。1942 年 7 月，该旅——并非单独挑选，也并非志愿者，都是该旅的固有士兵——在丛林中进行了训练，并在 1943 年 2 月开始执行了它的第一次作战任务。

第一次远征

为了让自己的部队有独特的标志，温盖特选取了"钦特"，这是神话中的保卫缅甸庙宇的护法神狮，但他对这个单词的读法有误，偶然将其拼成了"钦迪特"——这一错误使得他对自己大发雷霆；"钦迪特人"则成为了他的部队成员的别称，也许是因为这个错误的单词对于英国人而言更好发音。

第一次钦迪特作战，代号为"棉布"，此时的第 77 印度步兵旅下辖第 13 国王团营，第 3 廓尔喀来复枪团第 2 营，来自第 2 缅甸来复枪团的本地土著部队，以及第 142 突击连。原有的标准旅部建制被取消，该部队被划分为 8 个按番号命名的"纵队"，每个纵队下辖 3 个步兵排和 1 个支援排。每个纵队装备 4 把反坦克枪、2 门中型机枪、2 门轻型防空炮和 9 挺轻机枪。

这些重型武器以及无线电和补给，都依靠 1 000 头骡子搬运，这些骡子在负载被使用之后还可以作为紧急情况下的备用食物。

每个人都携带了 72 磅的装备（要是按体重负载比来看，甚至比骡子还要辛苦）。这些负载主要装在珠峰登山筐中（一种金属质地的背包样式框架，但没有口袋），包括 7 天的口粮、1 柄弯刀或廓尔喀短刀、步枪、弹药、手雷、披风、备用衣裤、4 双袜子、巴拉克拉法帽（在寒冷的夜间使用）、匕首、橡胶鞋、洗漱用具、系绳、饭盒、水壶和水袋。

"棉布"行动的主要目标为破袭分布在三个地点的重要铁路补给线，以及当地的仓库和桥梁。为了完成这些战术目标，该旅的纵队分成了 2 个集群：北方集群为 5 个纵队的 2 200 人，南方集群为 2 个纵队的 1 000 人，每个纵队都配备了由缅甸来复枪兵营拆分得来的侦察排，第 142 突击连则担任爆破小队，每个纵队还有 1 个皇家空军无线电小队。温盖特跟随北方集群一起行动，在 2 月 14—15 日夜间渡过了钦敦江，向东挺进以切断预定中的铁路线。南方集群，则由亚历山大中校带领，破坏另一处铁路线。

3 月 5 日，上述目标都已经完成；钦迪特呼叫的空投补给也完美地接收；在与敌军的最初交锋中，伤亡也微乎其微。日军的搜索营在第一次面对这些神秘的对手时非常震惊——他们居然没有后方补给线。之后部队继续向东推进，两个集群都是用本地船只渡过了伊洛瓦底江（其最宽处达到了 1 英里），目标是要破袭曼德勒 – 腊戍公路上的仓库。那时日本人已经观察到了他们的空投补给模式，因此重点在于包围他们而非找到他们的"补给线"。温盖特发现自己已经处在一处开阔、无水的险地，困难重重。3 月 24 日，第四军司令官斯库恩斯将军，通过无线电下令钦迪特远征队撤退。

直到这时，远征队的伤亡比例也不到 5%，但撤退却遇到了很大的麻烦。在伊洛瓦底江遭遇日军伏击后，温盖特命令纵队解散，自行寻觅回到英军阵线的道路——即使在地图上的直线距离也足有 250 英里，而且还要穿过两条大河和一系列崎岖的山脉。饥饿、疾病、疲乏，丢掉了大多数驮骡，并且不断地遭受日军攻击，直到 4 月末，这些分散的部队才最终抵达钦敦江西岸，行军历程在 750~1 000 英里之间。出发时 3 000 人的部队只有 2 182 人回归，其中还有大约 600 人宣布再也不会参加任何类似

1943 年，第一次钦迪特远征中的士兵。远征队中的第 77 印度步兵旅获得了大量配发的 M1928A1 汤姆逊冲锋枪。有的班全部都装备了这种武器，这些"汤姆枪班"经常被用作伏击作战中的突击力量。在右侧士兵的腰部上，可以看到特制的三联弹药袋，专门用来装这款武器的 20 发弹匣。

的作战行动。

"棉布"行动的价值很值得考量：它几乎没有实现什么战略意义，因为并没有同时发动主要攻势，这就意味着对日军部署的扰乱并无实际意义。但是，它却是宣传上有力的一发炮弹，极大地提振了英国本土和远东战区的士气。也许最重要的是，它打破了日本士兵自1942年以来不可战胜的神话，证明英国军队也可以深入他们的后方并安然返回。它为深度渗透、丛林行军及空中补给积累的战术经验也非常具有价值。另外一个并不显眼的结果，是其使得部分日军指挥官认为他们也可以借鉴这种地面渗透的战术。在1944的钦敦江攻势中，日军也做了这样的尝试——但由于缺乏必要的空中支援，对于日军第15军而言，这种尝试最终成为了一场灾难。

第二次远征

丘吉尔和罗斯福都对这次突袭试验印象深刻，温盖特很快就在1944年初获得了组织第二次远征的机会，这次远征是"周三"行动的一部分。这次行动不仅囊括了已经极大规模扩张并且采用机降作战方式的钦迪特"特别部队"；还有来自第5307混成部队（麦瑞尔突击队）的3000名美军士兵，他们独立于钦迪特部队，要支援史迪威将军的中国远征军作战；另外还有美国陆军航空队的第5318部队，通常被称为"第1空中突击队"，负责为钦迪特远征提供空中支援。

英军正通过空投给远征队补给物资。伴随钦迪特远征队的皇家空军特种信号员会在适合空投的场地与皇家空军进行无线电联系。当钦迪特的各个纵队集结在一起并按照计划行动时，大部分空投物资都可以按时获得，但偶尔也会被敌军缴获或是丢失在丛林深处。但是当钦迪特部队撤退时，这一空投体系就完全失去了效果。

这张拍摄于第一次钦迪特远征期间的照片与之前他们出发前拍摄的严肃的照片形成了鲜明的对比。坐在地上的从左到右是弗格森少校、哈曼中尉和多兰斯下士。站着的三人则是两名缅甸人和弗雷泽上尉。

空投给钦迪特部队的热带口粮，其中包括茶、巧克力以及 V 字牌香烟。由于英军认为这些东西对于保持士气至关重要，因此在所有的口粮配备中都有这些物品的身影。

这次行动中，特别部队不再采取奔袭然后撤退的方式，而是要在从英多到密支那之间日军的广大后方区域切断交通线，并占据要地，以协助史迪威的中国远征军从北方对日军第 18 师团发起的主要攻势。有的部队步行进入缅甸，其他的则采取滑翔机空降方式，为随后的空降援兵及重型装备占领跑道。盟军要建立这些"要塞"并配备足够击退日军进攻的驻防兵力；同时，"漂浮者"纵队则要攻击敌军的交通线。钦迪特特别部队此时下辖 6 个旅的 20 000 人：第 14、第 16、第 23 不列颠旅，第 77、第 111 印度旅，以及第 3 西非旅。每个旅的兵力都大约相当于 4 个营，其中有 7 个营为不列颠人，包括了一些作为步兵参战的皇家炮兵和侦察兵部队。

1944 年 2 月初，第 16 旅步行进入缅甸，经过远距离且令人疲乏的行军，在英多西北方建立了"亚伯丁"据点；3 月 5 日，第 77 旅也开始飞向更靠东边的考克乌山北方建立"百老汇"据点，之后是第 111 旅，随之是第 14 和第 3 旅。尽管损失了许多滑翔机和士兵，但这些要塞据点最终还是建立了起来，到 3 月 13 日，温盖特麾下已经有 9 000 人就位。另一个要塞则建立在前述两点之间，是靠近纳米的"白城"。

盟军的指挥官们并未能预见到，就在远征队展开行动的同时，日军第 15 军在 3 月 15 日渡过钦敦江开始向英帕尔和科希玛发动进攻，这使得钦迪特远征陷入了更加复杂的境地。但不管怎样，突击部队确实成功地吸引了本来要对付中国远征军的日军部队，并且严重地破坏了日军英帕尔攻势的补给线（日军方面的记录甚至认为这是战败的决定性因素）。但另一方面，英帕尔防御战紧急调用了运输机队，打乱了温盖特的计划。3 月 24 日，他本人搭乘的 B-25 米切尔轰炸机坠毁，所有机上成员全部遇难。

温盖特的指挥权被全部移交给了第 111 旅的伦泰恩准将。4 月 9 日，

1944 年时，为了进行第二次钦迪特远征，3 134 头骡子，547 匹马以及 250 头牛（这是为了提供新鲜的肉食）被装在韦科滑翔机或 C-47 达科塔运输机中运到了远征队的各个"据点"中。照片中的牛正被赶上一架 C-47 飞机，为此还专门准备了许多稻草。这些飞机当然也可以运输人员（而且也确实如此做过，比如温盖特本人）。

史迪威将军错误地使用了第二次钦迪特远征的部队——尽管他们只有轻武器装备并且缺乏支援和后勤，却依然派遣他们对日军重重设防的战略要地发起主动攻势。1944年6月26日，在经过了5天惨烈的战斗后，他们终于夺下了密支那西部的孟拱，但这场惨胜导致的伤亡和疾病的折磨使得他们几乎溃不成军。这张照片拍摄于孟拱，第77步兵旅的旅长（左侧）迈克尔·卡尔弗特准将，正与他的两名军官讨论下一步的行动计划。三个人都穿着JG BD衣物。右侧军官穿着一件印度产JG背心，带着一支美制M1卡宾枪。卡尔弗特有着辉煌的特种作战指挥履历，在1951年奉命重建了之前解散的英国空军特勤队（SAS）。

斯列姆和蒙巴顿改变了钦迪特部队原有的任务。他们被命令向北机动，在沙貌附近建立新的"布莱克浦"基地，并单独行动以策应史迪威的作战计划。已经精疲力竭的第16旅被撤回；缺乏重型装备，并在数周的丛林作战之后体力透支的4个旅（第14、第77、第111和第3旅）被错误地当作普通步兵使用。5月1日之后，他们就失去了专属空中支援；5月17日之后，钦迪特特别部队划归史迪威将军统一指挥。

钦迪特部队获得了许多进攻和防御作战的胜利，夺下了孟拱并对夺取密支那提供了巨大的协助，但史迪威不顾所有的请求，在他们明显疲乏无力之后将他们赶出了战场，到8月底，最后的部队（来自第14旅）也被空运出了缅甸。钦迪特部队承受了大约20%的伤亡——3 628人，其中超过1 000人阵亡；幸存者中也很少有人被认为还可以继续服役战斗。

盟军另外还筹备了一些突袭计划并准备展开针对性训练，但在1945年2月钦迪特部队被解散之前，他们再也没有投入过实战。

丛林战斗

丛林可以分为"原生丛林"和"次生丛林"两种，总体说来，两者都覆盖着繁密的森林，典型气温在80华氏度（约27摄氏度）以上，湿度达到80%~95%，年降雨量多达80英寸，其所覆盖下的地表，通常都是崎岖不平，而且多山。真正的原生丛林主要都是生长多年的植物，有非常高大的树冠，因此遮挡了高处的光线，使得丛林底部的植物生长并不茂盛，

钦迪特远征队在第二次远征结束后被调回印度——照片中的这些人虽然没有受伤，但全部都是一副营养不良、筋疲力尽的模样。1944 年 7 月 8 日的一份医疗报告指出，第 77 旅和第 11 旅的所有军官和士兵至少都遭受过 3 次，有的多达 7 次疟疾侵袭；其平均体重损失为 43 磅，并且脑型疟疾和斑疹伤寒引起的死亡率还在不断攀升。尽管如此，直到 8 月底，最后的远征部队才从战区完全撤出。

反而有利于人们迅速通过，并能有效遮挡日光的暴晒——但在缅甸地区，真正的原生丛林其实很少。该地区分布广泛的人类活动，意味着次生丛林更为常见。这一丛林形式常见于人类活动频繁的地区，该地的植物曾经被人为清理过。在刀耕火种之后又被人类遗弃的这些土地上，低矮的植物迅速蔓延生长，因此穿越次生丛林非常困难，并且由于缺乏高大树冠，也很难提供有效的遮阳效果，可视距离也大打折扣。特别是在这个国家里，因为有各种崎岖的山坡和密林覆盖的山脊，弯曲蜿蜒的河流峡谷及支离破碎的海岸线，要穿越陆路更加困难。

在丛林地形中，疾病是最重要的伤亡因素，在这里，最小的割伤都可能导致严重的后果，甚至最轻微的蚊虫叮咬，都可能使人丧失行动能力。即使在执行严格的食物卫生条例和个人卫生防护的情况下，肠胃疾病也非常普遍。背包带和潮湿的衣物反复摩擦，使得这一地区的皮肤病也同样蔓延开来。《1942 年热带和亚热带疾病备忘录》一文中提到了 38 种在热带气候下常见的疾病，包括钩虫病、痢疾、疟疾、瘟疫和黄热病等。除了这些疾病之外，营养不良、中暑、心脏病、脱水和水土不服等也非常普遍。

虽然军队会遭遇上述种种严重的疾病，但其中最糟糕的还是要算由热带蚊虫所传播引起的疟疾，因疟疾而造成的非战斗减员往往超过了正常的战斗伤亡。患者全身无力，不得不卧床休息，其间还要经历数日无法控制的冷热交替发作，时而伴随昏迷，而且一旦患病，疟疾还会经常反复性发作。其中有一种疟疾，即脑型疟疾，尤为致命。患上疟疾的士兵不得不依赖他的同伴将其转移到较为安全的后方，通常要四名健康的士兵才能转移一名患者，因此这就格外增加了前线部队的人力负担。

奎宁和麦帕克林（现在被称为"阿的平"）两者都对治疗疟疾有一定效果，但其预防作用明显大于治疗作用。英军士兵们配发了麦帕克林药片、杀虫喷雾剂、防蚊布和防蚊衣。药片的服用要求是一周两次，有专门的医疗军官负责监督士兵们按时服药（军中有个广泛流传的谣言说这些药片会导致阳痿和不育）。军中还经常召开讲座，宣传麦帕克林药片的功效，以及使用防蚊布、防蚊衣的重要性，同时还讲解要在日出和日暮时分这两个蚊虫活动最活跃的时间段保证衣着紧密没有裸露在外的皮肤。尽管在缅甸战役中，盟军遇到了很多困难，但总体而言，上述这些措施的综合应用还算是有效地减少了感染的可能；所有因为无视这些规定而罹患疟疾的士兵

在一名步枪手的掩护下，一名士官端着汤姆逊冲锋枪一边扫射一边步入一片香蕉林。在热带丛林中，遭遇战往往发生在非常近的距离之内，而且在整个缅甸战役期间，日军都充分发挥了他们在构筑掩体和伪装方面的长处，林木与土地间到处都是机枪暗堡。两名军人都戴着配有小背包的P37携具，这是近距离作战的标准搭配。

都会被认定是违反了军规而遭到相应的惩处。

　　哪怕盟军士兵们能够有幸逃脱这些热带疾病、热带植物和热带动物的困扰，对于这些从欧洲远道而来的士兵而言，丛林中的各种气候也是他们难以忍受的折磨，包括灼热的阳光和狂暴的降雨。缅甸可以分为三大主要气候区域。西南地区是季风性气候，从印度洋上刮来的大风会从 6 月持续到 10 月，这带来了日复一日的大量降雨，也导致了极度的潮湿。在这一地区的冬季，从 11 月到次年 3 月，东北地区又会涌入中亚吹来的疾风，空气变得干燥，温度相对凉爽，但还是经常达到 70 华氏度（约 21 摄氏度）左右。在这两个季风期中间是热季，气温高达 100 华氏度（约 38 摄氏度）。在这些炎热的春月中，令人窒息的炎热空气使得士兵们筋疲力尽。在夏季和初秋的降雨中，由于泥泞遍地，道路和山地基本又都无法通行。极端的潮湿环境消磨了人们的精力，让衣物和装备发霉、食物变质腐化、武器也经常生锈，士兵们不得不一天两三次地保养维修自己手中的枪械。

一名不列颠骡夫和他的骡子。骡子的负重——包括一门 3 英寸迫击炮的底座——已经卸了下来，说明该纵队目前远离敌军。骡子、马和大象都被远征队用来运输武器、装备、弹药和补给，可以穿越那些摩托化运载具无法穿过的高山密林。1945 年 4 月，盟军东南亚司令部曾经统计过他们使用了 23 595 匹骡子、6 758 匹马和 739 头驴——这既表明了这些牲畜的巨大贡献，当然也表明了要为他们准备饲料和照管所带来的巨大后勤压力。

给养

　　所有士兵们最关注的事情之一就是食物，但它的数量和质量却从来没有达到过英军士兵们的预期。在丛林中，食物的烹制和配给

1: 1939 年，印度，兰开夏郡燧发枪团，第 1 营，中士
2: 1939 年，印度西北前线，拉兹马克，萨福克郡团，第 2 营，少校
3: 1942 年，缅甸，国王私人约克郡轻步兵团，第 2 营，列兵

1

2

3

1：1942 年 2 月，新加坡，第 18 步兵师，皇家诺福克团，第 4 营，少尉
2：1942 年 5 月，马达加斯加，第 5 突击队，列兵
3：1943 年 2—3 月，缅甸，长途渗透集群（第 77 印度步兵旅），国王团（利物浦团），第 13 营，突击队员

1

2

3

B

1：1943 年，印度－缅甸边境，第 2 步兵师，通信摩托车手
2：1944 年 1 月，缅甸，"伤心岭"，第 20 印度步兵师，北安普顿郡团，第 1 营，狙击手
3：1944 年 2 月，缅甸，第 7 印度步兵师，萨默塞特郡轻步兵团，第 1 营，列兵

C

1：1944年3月，缅甸，特别行动队，南斯塔福郡团，第1营，中尉
2：1944年4月，科希玛，第5印度步兵师，女王私人皇家西肯特团，第4营，列兵
3：1944年，缅甸，第36印度步兵师，皇家苏赛克斯郡团，第9营，列兵

1

2

3

D

1：1944 年 6 月，缅甸，特别行动队，贝德福德及哈特福德郡团，第 1 营，"钦迪特"士兵
2：1944 年夏，缅甸，特别行动队，第 7 尼日利亚团，中士
3：1944 年，印度，特别行动队，埃塞克斯团，第 1 营，一级准尉

2

1

3

E

1：1945年2月，缅甸，第254印度坦克旅，皇家装甲兵第150作战团，坦克乘员
2：1945年5月，缅甸，第36步兵师，德文郡团，第1营，代理下士
3：1945年春，缅甸，多赛特郡团，第2营，上尉

F

1

2

3

G

127

1：1945年10月，新加坡，伞兵团，第7（轻步兵）营，列兵
2：1945年12月，爪哇，伞兵团，第13（兰开夏郡）营，列兵
3：1946年1月，泰国曼谷，第7印度步兵师，女王皇家团，第1营，上尉

1

3

2

H

都遇到了很大的困难。每个人都只能携带数量极其有限的食物和水，因此必须要求有稳定可靠的再补给手段。这种补给，要么是依靠摩托化运输车队往返于前线与后方之前，要么是缅甸战场上更常见的方式——空运或是伞降。在许多情况下，士兵们倾向于携带大约 7 天的补给量——标准重量是 14 磅——但这显然增加了他们的负担。混合给养口粮或是丛林给养口粮，基本是美制的 C 型口粮和 K 型口粮，这成为了前线士兵的主要食物。他们会在此基础上，用他们所能找到的一切资源尽可能地丰富食物来源：空投的新鲜鸡蛋、麦片粥、大米、水果和洁净的水。

基本上 99% 的英军士兵的热食都是在后方集中烹饪，然后由军需部门输送到前线，甚至在"钦迪特"远征部队中，都规划了热食供应的方式。一个典型的可供 6 人班组使用的"混合"食品盒包括茶、糖、奶、燕麦片、罐装培根、小饼干、人造黄油、蛋糕、正餐（罐装肉及蔬菜）、罐装水果，其他辅助物品则包括盐、卷烟、火柴、净水药片、香皂、厕纸、维生素药片和抗疟药片。种类设定得如此之多的初衷是为了满足各种需要，但实际上更大的作用是提供了足够的变通性和种类丰富的膳食摄入。英军的区域地图上还特别标注了那些会有定期市集的村庄，以便士兵们可以自行采购新鲜的物资。伞降物资所用的降落伞伞布是常用的交换筹码，缅甸人经常用其来制作衣物，他们用大米、水果、蔬菜，甚至偶尔会用家禽或是猪来交换这些布料。

空投饮用水带来了一些问题，空投用的脆弱英式汽油桶并没有足够的填充物来进行着陆缓冲，因此经常炸裂；后来使用了橡胶内衬的水桶容器在某种程度上解决了这一问题。在许多地区，干净的饮用水都是宝贵的资源，当地的河流与溪谷中的水很可能会带来传染疾病，但当迫不得已时，也只能用净水药片处理后以供饮用。在雨季中，英军士兵可以用橡胶质地的帐篷布和披风来收集雨水，将它们存入水瓶或防水布制成的水袋中。

装备

丛林地区作战的实际，要求单兵比起其他战区的同伴具有更高的自持力。因此大部分装备都必须靠单兵自行携带，常用的连级集中运载装备的模式在这一地区并不适用——如果你的背包中没有这样装备，你就别幻想能够从支援卡车中获得。由于这种后勤运输支援的缺乏，使得这一战

第一次钦迪特远征中，士兵们在丛林深处点火做饭。对热食和热饮的需求使得他们要用到明火，这在非洲和欧洲战场的某些情形下是严格禁止的行为，因为随时可能引来敌人的迫击炮弹。但是，缅甸境内有为数众多的村庄，当地人做饭的炊烟和清理雨林点燃的野火足以覆盖远征队的行踪——当然，他们还是要尽可能地将烟火控制在最小的范围内。

在山地或丛林中，唯一疏散伤员的方式就是其同伴用担架将他抬到最近的道路、河流或者机场跑道——这在缅甸意味着要花费数天甚至数个星期。在 1943 年的钦迪特远征中，搬运担架穿越崎岖的地形和茂密的雨林是根本不可能达成的任务。除非伤员能够在少量帮助的情况下跟上纵队前进的步伐，否则只能将他留下，带着一点食物、水和武器。鉴于日军经常虐待落入他们手中的俘虏，伤员唯一的希望就是友好的村民能够发现并照顾他们，而重伤员则只能坐以待毙。尽管从未公开提及，但很明显这些绝望的伤员都在被遗弃之前注射了大量的吗啡。

区的英军士兵大多采用了大容量的 08 式大背包来携带装备，另外还得加上 P37 式小背包为补充。而在非洲和欧洲战区，士兵们通常只用一个小背包就可以应付一切。

有的部队将基础附加袋系在大背包的两侧，有时还把小背包固定在大背包后部，这样不仅可以扩大容量，而且在开始进攻或突遭炮火时还可以第一时间卸下所有包袱。有的人则在这一基础上进一步发挥：女王私人皇家团第 1 营的中尉托尼·帕克就描述过一种皮质"杯具"——用诸如旧鞋舌等物品制成——固定在腰带背后，上面插着木板或是竹片，形成框条，可以使腰部担一些重量。他还曾经讲过，有的士兵会将 P37 腰带背后的带扣换成各种长背包索，这样就尽可能多地挂上各种装备。同时，人们还会尽可能地去掉 P37 式背包的肩带，只用一根背包索来减少对肩部的摩擦。

列兵纽科姆（多塞特郡第 2 营）曾经列出过 1945 年他在缅甸战场上时携带的装备：大背包里装着一套内衣、一双靴子、一双便鞋、防蚊帐、美制毛毯、两卷厕纸、一两条毛巾、针线、洗漱工具、英军饭盒、丛林口粮、盐片、净水药片以及一瓶驱虫水。当他戴着钢盔时，丛林帽则固定在背包的 X 形钢盔固定带上，背包上还有一个搪瓷杯。当发起进攻时，这些装备会被放在出发点，士兵们只携带最基本的弹药和食物——装有水瓶和战壕锹的 P37 携具，200 发 0.303 英寸口径子弹（或是四个士官装备的汤姆逊冲锋枪或斯特恩冲锋枪弹匣），还有装在通用弹药包里的一个班级布朗机枪使用的弹匣，另有一枚磷光弹和两枚 36 型碎片手榴弹。橡胶质地的雨篷通常会被卷起来固定在腰带后方，里面会装着一天的口粮——罐头牛肉和饼干。每个步兵班还有 2 个三角管状弹药筒，里面装着 6 枚迫击炮弹，由本班士兵轮流搬运。

1944 年，南威尔士边境团第 6 营的士兵正沿着一条泥泞的丛林道路寻求掩护，小心前行。这些丛林道路往往既干燥又灰尘四扬，但当雨季来临时，又会变成滚滚洪流。

制服和装备

皇家苏赛克斯团第9营的一名装备了卡宾枪的军官或准尉（前方）——正与士兵们一起推动一辆福特卡车通过泥泞的路面。这张照片拍摄于1944—1945年间，第36步兵师正在缅甸境内推进。

1943年，皇家西肯特团第4营的士兵正在印度训练。所有人都穿着KD制服，搭配相同面料制成的印度产标配作战便帽。在1944年4月间，该营在科希玛防御战中表现出色，引人注目。

从19世纪末开始，驻扎在印度和远东的不列颠及英联邦军队就开始使用棉质卡其色制服（KD制服）。20世纪30年代，这款制服被更适合热带气候的更柔软、通风性也更好的埃尔特克斯网眼织物布料制成的衬衣所取代，搭配KD短裤，或是"孟买灯笼裤"——这是一种搭配多变的长裤，可以放长到踝部用绑腿固定，也可以将裤腿用纽扣固定在小腿上方形成蓬松的灯笼状短裤。但是，这种衣物并不适合马来亚和缅甸的丛林作战需求。短裤或孟买灯笼裤会使得小腿暴露，被蚊虫叮咬，有很大的感染风险；整个衣服呈浅色，在亮度不高的丛林中过于显眼，在运动中很容易被敌人发现。

1942—1943年间，这一缺点终于被重视并克服。英军启用了一种深色"丛林绿"染色的KD制服。这些重新染色的KD制服，与深褐色的印度生产的绒线安哥拉衬衣一起，很快成为了标准的丛林制服——但迟至1944年，缅甸战区的有些部队还是穿着KD制服，并且在印度的英军始终装备的还是KD制服。这种重新染色的方案只是权宜之计，英军还在总结丛林作战的经验，以求研发更合适的丛林作战服。1943年间，英军试验性地尝试了各种制服、装备和原材料。第一款专为丛林作战设计的制服是印度生产的"丛林绿"（JG）版英国陆军标准通用作战服（BD制服）。1943年开始生产的这款"JG BD"制服包括一件埃尔特克斯布料上衣、一条耐磨的作训裤；为了应对非丛林地形，这款制服还生产了卡其色版。1944年初，新的JG BD制服曾广泛配发，但士兵们认为其上衣穿起来很不舒服，也不实用。其质地太薄，所以相对于标准的绒线BD制服而言，很容易缩水或是被卷到腹部上方，使得肚皮暴露在外，与各种携具和装备发生摩擦。士兵们只要有可能，总是会把它换成更长的四袋版的JG埃尔特克斯布料丛林衬衣，或是既舒适又广受欢迎的印度法兰绒两袋衬衣。

莱斯布里奇计划

　　JG BD 制服和其他许多缅甸战场上的装备的各种缺点，使得英国陆军启动了一项旨在设计全新的制服和单兵装备的大型研究计划。这场研究计划被称为"220 计划"（或因为其主要领导人 J. S. 莱斯布里奇而被称为"莱斯布里奇计划"），他们在 1943 年 10 月至 1944 年 3 月间，在远东战场上进行了 6 个月的研究。他们向印度、澳大利亚、新西兰和美国的军事专家请教，也向一线战场上的士兵征询意见，以收集对现有衣物和装备的优缺点分析，并尝试可以更换改进的地方。这一研究计划最终打造了一整套全新的制服和装备，并将原有的不适合丛林作战需求的装备舍弃。

　　在大不列颠本土他们又进行了大量的科学实验论证之后，新的 1944 款制服和装备成为了当时比任何其他国家都要先进的丛林制服，并成功地为每位士兵平均减轻了 16 磅的重量负担。其包括靴子、袜子、内衣、套头衫、两件套丛林服（或坦克服）、热带帽、雨披、MK Ⅳ 型头盔（有可拆卸的内衬，金属外壳必要时可作为储水用具）、全套携具和帆布背包。扩展装备包括薄毛毯、汽油打火机、香皂盒、个人用镜子、洗漱用具、轻便剃须刀、针线盒、折叠刀、多用军刀、合金罐等个人用品和辅助用品，以及单兵净水袋。其他装备则包括太阳镜、笔记本专用防水布、"渔网"防蚊帐、班用医疗盒及理发装备——还有全新的步枪和刺刀。从原有装备中得以保留的只有牙刷、梳子、作战用系带。这套全新的装备基本解决了英军士兵在实际需求中的大多数痛点，并且甚至兼顾了之后的作战需求。

　　1944 款制服装备中包含了一个全新的运输包，即"人力运输包"（GS），它是美军"育空"背篓的现代化版本，这一装备可以追溯到 19 世纪的美国探险者们。但其思路来源甚至比这更为久远，这种依靠头部绑带分担重量的做法在东方民族中已经流行了好几个世纪。但是这种和 GS 背包一起配发的头部绑带（旨在用强壮的颈部肌肉分担重量）并不受英军士兵的欢迎，使用率很低。在这种背包的帮助下，士兵们可以搬运从水到重武器弹药在内的各种负重。另外还有 1944 款帆布背包，可以用 3 个 D 形环固定在 GS 背包外侧。采用这种方法比起原来帆布背包的内置肩带，可以减轻背负者肩部的压力。

　　尽管直到 1945 年 8 月战争突然结束前，1944 款装备都未能大规模配发，但作为逐步更新原有装备计划的一部分，还是有许多部队接受了 1944

　　陆军元帅韦维尔，作为印度总督，正在向第 2 步兵师第 5 步兵旅皇家诺福克团第 2 营的代理下士威廉姆斯颁发战功勋章。威廉姆斯穿着印度生产的丛林旅作战上衣和长裤，戴着卡其色毛毡软帽，上有第 2 步兵师的标志——黑色方块上的交叉白色钥匙——佩戴在上翻的左侧帽檐上。他还携带了一柄长款的 1 号刺刀，但它其实已经普遍被更短的印度版刺刀所替代。背景中的士兵们穿着 JG BD 制服，戴着宽边软帽或苏格兰圆扁帽。后者表明这些士兵应该是该师第 4 步兵旅下属的皇家苏格兰团第 1 营。韦维尔戴了一顶参谋军官版红色帽墙卡其色绒线 SD 帽，穿着 KD 款丛林上衣和长裤。

款装备中的一些小部件，诸如单人镜子等。

1944 款携具

　　新的丛林用携具的大规模生产开始于 1944 年。英国军方要求这些全新的携具必须立即配发到滞留在英国本土并准备开赴远东战场的部队手里，而那些已经在远东战场上的部队，则必须等到生产规模跟上需求。第 5 伞兵旅是第一支装备了新的携具抵达远东战场的部队，但仅仅在他们抵达印度几天之后，日本便于 1945 年 8 月宣布投降；直至 1946 年，该战区的大部分部队还是装备着印度生产的制服和携具。1944 款携具是专为丛林作战设计的，轻薄、可防水，并且采用了轻质的合金配件。原本还要生产一款用于温带作战的深褐色版本，但由于原有的 P37 版携具存量过大，而不得不终止。

轻型武器

　　1944 年，一个满编的英军班包括 10 名士兵，分为 7 人的步枪组和 3人的布朗轻机枪组。班长——通常是下士——负责指挥步枪组，原本装备着一把 0.45 英寸口径的 M1928A1 型汤姆逊冲锋枪，如今已经逐渐被替换为 9 毫米口径的斯特恩冲锋枪。步枪组中的其余 6 人装备 4 号步枪，现在统一更换为 1 号 MK Ⅲ 型步枪，两者都是 0.303 英寸口径。布朗机枪组则由副班长指挥，一般是代理下士或资历深的列兵；他和布朗机枪的"二号射手"都装备着步枪，"一号射手"则携带 0.303 英寸口径的布朗机枪。每个排的直属班有一门 2 英寸口径迫击炮和一门 PIAT 反坦克器（单兵反坦克抛射器），后者是用来替换 1943 年后停止生产的 0.55 英寸口径博伊斯反坦克枪。

　　每个步枪营有 1 个支援连，下属排中则各有 6 门3 英寸口径迫击炮、3 辆通用载具车、6 门反坦克炮，以及支援工兵。标准的英国步兵喷火器是 22 千克重的"ACK"喷火器，操作人员背的容器里可装载 18.6 升燃料，喷射距离可以达到 45米，其容量可以保证进行 10次每次 2 秒钟的喷射。这种喷火器并非是步兵连的常规装备，并且由于不怎么人道，

　　1944 年 2 月，第二次若开战役，一名布朗机枪手正抽着烟在清理他已经拆卸成部件的机枪。这名下士穿着一件印度绒线套头衫，JG BD 长裤，灰色的绒线袜在踝部裹腿上方翻了出来，同时他还戴了一顶在此时并不多见的卡其色绒线作战便帽。

其部署情况很少有人提及。

更重型一些的武器，则集中在师级支援营手中。其下属1个营部连、1个重型迫击炮连以及3个机枪连。迫击炮连下辖4个排，每个排有4门4.2英寸口径迫击炮；每个机枪连下属3个排，每个排有4挺0.303英寸口径维克斯机枪。在缅甸战场上，通常是骡马负责迫击炮、维克斯机枪、PIAT反坦克器的运输工作，如果地形允许，当然他们也会使用通用载具车辆。

步兵的主要装备是0.303英寸口径的栓式枪机步枪，最初是大战前生产的1号MK Ⅲ型SMLE（S短，M弹匣，L李，E恩菲尔德）步枪，1943年后逐渐被替换为4号步枪。这两款步枪本质上并没有太大区别：10发装的可拆卸弹匣、有效射程600码，最大射程2 000码。1号步枪重8磅14.5盎司，4号步枪则轻一些，是8磅10.5盎司。4号步枪的一款改进型，4T（T，瞄准镜）型步枪，则曾被用作狙击枪。

但对于丛林作战中的复杂地形而言，恩菲尔德步枪和4号步枪都太长了一些。当装配1型刺刀时，原本就有3英尺6.5英寸长的恩菲尔德步枪更是达到了5英尺1又2/3英寸。印度陆军将刺刀缩短了5英寸，这种特制短刃的刺刀被称为2型刺刀；许多在缅甸的部队都宁愿选择恩菲尔德步枪和短的印度刺刀，而非4号步枪和尖刺刺刀。

1943年底，英军生产了一款改进型的4号轻型步枪，比原有4号步枪的3英尺8又3/4英寸（装上刺刀后为4英尺5英寸）短了5英寸，重量也减轻了1磅14.5盎司。在枪托右侧有一个枪带扣环，另有橡胶质地的枪托垫，用来吸收因为枪管缩短而带来的更大的后坐力，同时还为短枪管特别设计了新的消焰器。除了枪口焰光更显著和经常"卡壳"外，轻量化的短枪管还影响了射程和精确度，其表尺只有200码到800码，与之对应的是恩菲尔德步枪上的2 000码和4号步枪上的1 300码。最初因为丛林作战时大多是与敌军短距离交火，这

土著士兵正在搬运弹药箱。从照片中可以清楚地看出印度生产的携具的粗劣：两名士兵的小背包都已经丢失了用来固定索带的扣环，右边的士兵还失去了腰带的后扣。

1944年雨季，约克及兰开斯特郡团第2营的士兵在若开前线作为第14步兵旅的部队参加了惨烈的战斗。照片中这个筋疲力尽的步枪班，其成员都穿着JG BD制服，装备的武器包括布朗机枪、混搭的恩菲尔德步枪和4号步枪，一把汤姆逊冲锋枪。

一问题并不突出，这是在战后该步枪没有被考虑大规模配发的重要原因之一。1944年3月，英国军方订购了10万支轻型化的4号步枪，在9月，英军将其正式定型为"5号1型步枪"，截至大战结束时，总计生产了251 136支。

基层指挥官——士官和部分军官——装备着冲锋枪。英军获得了数量庞大的0.45英寸口径汤姆逊冲锋枪，其停止力深受使用者好评。在大战末期，随着更轻便的武器在前线的广泛应用，9毫米口径的斯特恩冲锋枪逐渐替代了汤姆逊冲锋枪——虽然有不少人怀念这一武器。有的部队的军官和许多士官都使用美制0.3英寸口径的半自动M1卡宾枪。这种轻型化的武器很受欢迎，它有15发弹匣，比起传统冲锋枪而言射程更远，当然其停止力要逊于标准步枪。军官、载具乘员和一些重型武器操作人员则装备了0.38英寸口径的左轮手枪——通常是2号左轮手枪。这种精确度不怎么高的6发装弹手枪的重量为1磅11.5盎司。另外还有一批0.45英寸口径的美制M1911A1和9毫米口径的勃朗宁HP半自动手枪配发给了如伞兵和

下左：1944年，班级火力很大程度上要依靠图中的这种"机枪组"：士官装备着一把9毫米斯特恩冲锋枪，布朗机枪的2号射手装备的是一支0.303英寸口径恩菲尔德步枪，1号射手则操作机枪。可以看到布朗机枪手的水壶绑带中放的是一个金属饭盒。

下右：第36步兵师第29步兵旅，皇家苏格兰燧发枪团第1营的一个布朗机枪组，正在一个用铁轨枕木加固的战壕中。这挺机枪采用了宽大的枪带——标准的窄型枪带在激烈的射击中可能会磨损肩部。

1942 年，缅甸，步枪排的自用支援武器，是可以发射短程高爆弹、烟雾弹和照明弹的 2 英寸迫击炮。早期的 MK Ⅱ 型迫击炮有固定的炮座，后来通过减少炮座重量将总重从 19 磅减少到了 10.5 磅。

突击队在内的特种部队。由于其在精确度和停止力方面都不能令人满意，并且很容易向敌方狙击手暴露身份，许多军官并不喜欢使用左轮手枪而改用步枪或冲锋枪。

班级的常规弹药配备为装在 5 个弹匣里的 160 发 9 毫米斯特恩冲锋枪子弹、装在 5 个圆形弹袋里的 800 发 0.303 英寸子弹，21 个 30 发布朗机枪弹匣，另有烟雾弹和碎片手榴弹。当然，在实际战斗中，士兵们总是尽可能多地携带弹药。班级战斗单位还会携带迫击炮和 PIAT 的弹药。

5 号 1 型步枪和 5 号 1 型刺刀。这款"丛林卡宾枪"是原来的 4 号步枪的短管轻量版，专门为在丛林地形中的近距离交火设计。本来计划在所有的战场上替换原有的标准版本，但最终放弃：短枪管带来更大的枪口闪光和卡壳——这是使用标准的 0.303 英寸弹药带来的后果，毕竟该武器原本更适用于低威力子弹。

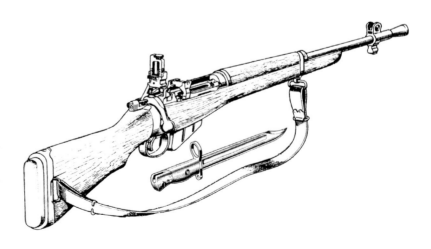

插图图说

A1: 1939 年，印度，兰开夏郡燧发枪团，第 1 营，中士

这名高级士官身着战前英军典礼着装条例所规定的光鲜制服。他身着卡其色作训常服上衣，KD 短裤（与长裤不同的是，他可以自行决定短裤的长短），头戴遮阳头盔。作为一名中士，他右肩上挂着高级士官的红色绶带。新的 37 款携具还未能大量供应，因此他穿戴着旧款的 08 式腰带；直至 1941 年，有的部署在印度的步兵部队都还在使用这款腰带。在遮阳帽上有兰开夏郡燧发枪团的标志——红底白色的"LF"字母以及手雷图形和黄色羽饰。作为一名长期服役的正规军军人，这名中士在他的左胸袋上方佩戴了陆军长期服役和良好行为勋章，以及 1908—1935 年印度服役奖章。

A2: 1939 年，印度西北前线，拉兹马克，萨福克郡团，第 2 营，少校

这名军官身着的热带常服是根据温带版绒线 SD 常服改良而来的，笔挺硬直，光鲜华丽，搭配常服的一般是对应的布质腰带，偶尔会搭配山姆·布朗武装腰带。由于正在阅兵现场，这名军官携带了 1892 款步兵剑，有覆盖着皮层的剑鞘；这种佩剑的习惯在大战中逐渐被取消。1938 年，在印度和缅甸的所有部队，都用卡其色遮阳帽替代了旧版沃尔斯利通用军帽，但在其他热带战区，这种军帽还是得以保留。萨福克郡团的军人在遮阳帽上缀有自己的徽章，那是位于左侧的黄色布料底上的线条化的直布罗陀城堡图案。这一城堡图案同样是他们的帽徽和领章的重要组成部分。在头盔上有独特的印度"伯尔吉"盔罩，前部宽大，在侧面和后面有接缝装饰，采用的是该团的红色专用色。后来英军用长裤取代了图中的马裤和皮质绑腿以及带刺马靴。这名连长佩戴着战功十字勋章、1914—1915 年星章、1914—1918 年战争勋章、1918 年胜利勋章，以及 1908—1935 年印度服役奖章，后者是他在该团第 1 营服役期间获得的。第 2 营直到"二战"爆发前，未获得印度服役奖章。

A3: 1942 年，缅甸，国王私人约克郡轻步兵团，第 2 营，列兵

国王私人约克郡轻步兵团第 2 营，从 1936 年开始就部署在缅甸。驻扎在印度和缅甸的部队在整个英军序列中，重要性并不高，那些在欧洲和北非战场上与轴心国作战的部队往往能够获得新装备、新制服的优先配发权。在"二

这名骑着诺顿摩托车的骑手，正在各个部队间往来联络。他穿着 JG BD 制服，戴着早期的骑手头盔。这张照片拍摄于阿萨姆－缅甸边境靠近英帕尔的地区。

战"全面爆发后，英军陆续下发了数量有限的布朗机枪和一批 P37 携具（但许多在印度的步兵单位——如图中所示——只是接收到了弹药袋，而非更大一些的通用袋）；但早已过时的刘易斯机枪依然是这些部队中可怜的主要排级火力。1942 年初日军发起的雷霆攻势中，国王私人约克郡轻步兵团第 2 营与本战区的其他部队一样，装备低劣：他们没有钢盔也没有砍刀，全营只有 20 个指南针，而且当他们被编入第 1 缅甸旅开赴前线时，他们的维克斯中型机枪还被调走用于机场防御。这也难怪当经历了锡当河战役和眉苗战役之后，该营最终只剩下不到 80 名"尚可一战"的人员。他们撤入了印度境内，之后这支几乎被全歼的部队再也没有参加过任何战役行动。

图中的列兵手持装有枪榴弹发射器的恩菲尔德步枪，身着埃尔特克斯面料的热带衬衣，袖子卷了起来，下摆抄入 KD 长裤之中；遮阳盔和 1937 款携具被用于伪装的树叶遮挡起来。这款发射迈尔斯手雷的枪榴弹发射器，有效射程达到 200 码，在茂密的森林中使用起来其实比 2 英寸口径的迫击炮更安全：它们的引信是时间引信，而非迫击炮弹的着发引信，后者很可能在触碰到丛林上空茂密的树冠时就提前爆炸。

B1: 1942 年 2 月，新加坡，第 18 步兵师，皇家诺福克团，第 4 营，少尉

1941 年 9 月，当向皇家诺福克团的三个国土自卫队营发放热带制服时，许多人都认为他们将被派往中东。但他们实际的目的地却要遥远得多。当这些"自卫队员"抵达新加坡时，山下奉文的日军已经横扫了马来半岛，兵锋直指柔佛海峡。这些新近抵达的英军被编入了新加坡

1944 年，特里克特下士，部队不详，正端着恩菲尔德步枪小心地前进。他穿着 JG BD 制服，戴着 MK Ⅱ 型头盔，P37 携具，另有 1 个非标配的棉质弹药袋，上面有 5 个口袋，每个口袋里装了 2 个 5 发装 0.303 英寸弹匣。

岛的防卫部队中，但在仅仅 17 天后，由于无能的高层指挥、低迷的士气和补给水的缺乏，他们就落入了日军俘虏之中，这一惨败被许多人认为是英国陆军从未有过的奇耻大辱。这名年轻的副官穿着此时英军军官的典型制服：热带衬衣和 KD 短裤，配有军官版 P37 款手枪携具套装，另有指南针和双筒望远镜。可以看到他的头盔上有黄色的团级标志。

B2：1942 年 5 月，马达加斯加，第 5 突击队，列兵

这名突击队员戴着最近启用的"毛毡帽"，其更常见的称呼是"灌木帽"或"宽边帽"（甚至有时会错误地被称为"廓尔喀帽"——廓尔喀人喜欢戴两顶帽子，一顶扣一顶，这样可以增加厚度，但帽檐并没有上翻）。图中的帽子左侧被固定上翻，便于在丛林中运动，这种方式在实战中并不常见，但战争后期又被广泛采用，并在帽檐上增加了师级辨识色。图中的士兵穿着卡其色埃尔特克斯布料衬衣和 KD"孟买灯笼裤"，配有长筒袜和短袜。他手持

的武器是广受欢迎的 M1928A1 型汤姆逊冲锋枪，枪口有卡兹补偿器（一种枪口制退器）；有超过 50 万支这种由美国自动武器公司生产的"汤姆枪"在斯特恩冲锋枪配发之前用于英军部队中。

B3：1943 年 2—3 月，缅甸，长途渗透集群（第 77 印度步兵旅），国王团（利物浦团），第 13 营，突击队员

图中的深褐色绒线衬衣是印度配发的制服，搭配 KD 长裤和印度生产的钉头鞋。塞得满满当当的 P08 款大型背包用索带固定但并没有其他支撑附件，因此可以在突遭敌情时迅速扔下。因为图中的士兵装备的是汤姆逊冲锋枪，所以他的 P37 携具上有两个特制的三袋式弹药袋，里面装着冲锋枪用的 20 发弹匣。

C1：1943 年，印度 - 缅甸边境，第 2 步兵师，通信摩托车手

对于所有层面的指挥链而言，通信摩托车手都是不可或缺的，但由于他们必须在任何气候条件下都要往返各处传达指令——在泥泞的雨季中尤为困难——所以他们往往承受着比例高得惊人的非战斗性减员。这名骑手穿着绒线作战服长裤，搭配皮质摩托车靴，长裤和靴子上都满是雨季特有的路面泥水斑点。他的头盔是美制的 M42"装甲兵头盔"——与 M3 李式中型坦克和 M3 斯图尔特轻型坦克一样，都是美国提供的大量援助物资之一——无论是地中海还是印度的摩托车手都很喜欢这种装备。印度生产的摩托车手防水布夹克上衣虽然质量和设计比不上不列颠生产的类似产品，但至少为他们提供了在不好天气下的部分防护。

C2：1944 年 1 月，缅甸，"伤心岭"，第 20 印度步兵师，北安普顿郡团，第 1 营，狙击手

在战争爆发的头四年里，北安普顿郡团第 1 营在印度执行卫戍任务，但在 1943 年 12 月他们接到命令奔赴缅甸战场，被编入第 32 印度步兵旅。该营的第一次战斗是参加卡亚州的撤退作战，之后他们在 1944 年 3 月参加了英帕尔血战。1944 年 1 月 7 日，狙击班换掉了他们原有的罗斯步枪，取而代之的是新的 4 号 MK Ⅰ 型（T）狙击步枪。当时的天气非常恶劣，狙击手们在瓢泼大雨中的可视距离大约只有 50 码。当时每个班还配发了 4 具攀树工具，但其实并不实用，很快就被弃之不用。

想要在热带的倾盆大雨中保持干燥几乎是不可能完成的任务，印度生产的防水布面料帐篷布可以提供部分防护，但潮湿的空气几乎润湿了所有的衣物和装备——这对于狙击手的狙击镜而言是个很大的麻烦。毛毡软帽也因吸收了太多水分而导致帽檐垮了下来，在大雨之中人们更倾向于使用钢盔。

C3: 1944 年 2 月, 缅甸, 第 7 印度步兵师, 萨默塞特郡轻步兵团, 第 1 营, 列兵

　　萨默塞特郡团第 1 营是第 114 印度步兵旅中的不列颠营, 该旅另外两营是第 14 旁遮普团第 4 营和第 8 廓尔喀团第 4 营。1944 年 4 月, 该营被南兰开夏郡团第 2 营代替, 全营被重新部署到了西北前线。在第二次若开战役中, 他们坚守马屿山下的峡谷阵地, 在挫败日军第 55 步兵师的进攻中起到了至关重要的作用。在缅甸战场上, 密集的夜间巡逻是必不可少的措施, 日本人非常擅长发动夜袭。巡逻还可以搜集敌军站位和动向的情报, 为日军向盟军阵地可能发起的进攻提供早期预警。这种武装巡逻危机四伏, 其中最重要的就是容易走散而迷路—— 一旦掉队, 能够设法安全回到本方阵营的士兵都可谓是福大命大。大声呼救是毫无用处的, 因为日军为了引诱盟军脱离站位, 也经常用英语呼叫, 迷惑盟军; 作为落单的英军士兵如果也这样做, 其结果无非就是被日军俘虏或是被英军哨兵射击。

　　在缅甸的山区里, 一旦白日的酷热退下, 一切又立即变得阴冷起来。这名士兵戴着一顶帽子, 穿着印度生产的丛林绿作战长裤, 其安哥拉衬衣外则是一件绒线套头衫。在他的脚上是缴获品——日本人的分趾厚底短袜以及橡胶鞋。能够获得这些缴获品的士兵往往将其作为在露营地的拖鞋, 或是在巡逻任务中使用的轻便无声的作战鞋。为了执行巡逻任务, 他只携带了最少的装备, 通常只有武器和弹药。这名士兵装备的就是安装了较短的印度 1 号 MK Ⅰ 型刺刀的恩菲尔德步枪, 一个能装 50 发 0.303 英寸子弹的棉质弹药带, 另有两枚手雷。为了伪装, 所有暴露在外的皮肤都被抹黑了——这也有一定的驱虫效果。

D1: 1944 年 3 月, 缅甸, 特别行动队, 南斯塔福郡团, 第 1 营, 中尉

　　"特别行动队"的衣着和装备在很大程度上吸收了第一次温盖特远征中所获得的各种经验。这应该是在行动初期, 也许是刚刚才从机场抵达战场, 这名隶属于卡尔弗特准将指挥的第 77 印度步兵旅的排长看起来还精力充沛、体能良好。他戴着宽边软帽, 为了适应丛林战, 伪装部分染成了绿色, 帽罩上还缠绕着以备更换的鞋绳, 紧急情况下, 它可以用作止血带, 或是将零散的装备捆起来打包, 甚至是露营时捆绑帐篷——空投物资的降落伞伞索也经常被用作此途。尽管此时印度陆军的 1943 款 JG BD 制服几乎已经成了标配, 但这名军官还是选择穿着印度生产的

　　1945 年 2 月: 一名卡宾枪手团第 3 营的代理下士正在休息, 其部队一辆 M3 李式坦克正通过轮渡跨过缅甸的一条河流。黑色的皇家装甲兵贝雷帽上有卡宾枪手团的团级徽章, 他穿着 JG 制服, 配有泛白的手枪版 P37 携具。1944 年 4 月 13 日, 该团的 B 中队在英帕尔战役中表现极为出色。

棕色安哥拉衬衣, 这种衣物在白日时较为舒适, 在山地阴冷的夜晚中又能够提供格外的保暖。裤子是 JG BD 制服的标准版本, 搭配常规的钉头靴和配发给士兵用的绑腿。第二次钦迪特远征中, 他们使用了一批美国生产的 0.3 英寸口径 M1 半自动卡宾枪, 这种枪由于其轻便性以及相对于左轮手枪和栓动步枪而言的高射速而广受欢迎。另有美国生产的军用砍刀, 是在英军原有的标配砍刀基础上改进的版本, 在美国生产配发到英军部队中, 它一般装在 P37 携具中。

D2: 1944 年 4 月, 科希玛, 第 5 印度步兵师, 女王私人皇家西肯特团, 第 4 营, 列兵

　　阿萨姆山区中的科希玛是迪马布尔地区至关重要的铁路线端头, 这条铁路线是印度东北地区和缅甸北方地区准备发起"重大攻势"的盟军第 14 集团军的重要交通线。在 1944 年 4 月初的两周内, 隶属于第 161 印度步兵旅的西肯特团第 4 营, 承受了来自日军第 31 步兵师的猛烈攻击, 几乎消耗殆尽。日军为了夺取该地, 发动了数次疯狂的攻势, 守军几乎陷于崩溃的边缘。最终他们和阿萨姆团的部分士兵获得了 1 个印度营和 3 个不列颠营的增援冲破重围, 但残酷的战斗一直持续到了 6 月底。

　　这名精疲力竭的士兵抱着几盒美军的 K 级口粮, 这些口粮与饮用水和弹药一样, 都是通过空投援助给这些被重重包围的防军。他穿着印度 JG BD 长裤和一件 JG 背心,

（上）坦克手们。所有人都穿着 JG BD 长裤，搭配踝部裹腿和钉头鞋，混搭穿着 JG BD 上衣、JG 背心和带扣印度绒线套头衫。下士的军衔标志是白色肩带，上尉则在 KD 肩章带上扣上了自己的军衔肩章。

（右）德文郡团第 1 营的士兵，缴获了日军的军旗。

其 MK Ⅱ 型钢盔上有印度式的伪装盔网。由于日军经常近在咫尺，因此战壕锄必须时刻带在身旁以作近战之用。英军标配的砍刀在快速打开空投补给品的外包装时非常有用，这些空投补给只有少部分能够准确地投入到占地少得可怜的英军防御阵地中。

D3: 1944 年，缅甸，第 36 印度步兵师，皇家苏赛克斯郡团，第 9 营，列兵

第 72 步兵旅（1944 年 5 月前为印度步兵旅）下辖的 3 个营，之前曾改编为皇家装甲兵的作战团；之后又全部重新改为步兵，其中的皇家装甲兵作战团第 160 营恢复了原有的皇家苏赛克斯郡团第 9 营的编号。这名布朗机枪手穿着 JG BD 制服，这种制服由于采用的埃尔特克斯面料过于轻薄，因此很容易与耐磨布长裤分开，裸露出腰部的一大片皮肤。该营通常习惯在宽边软帽上装饰团级帽徽，但这并非条例要求，而往往是个人行为。宽边软帽戴着很舒适，但在大多数部队中，它绝不能替代钢盔的作用，一旦与敌军接触，士兵便会将它取下塞到背包里。MK Ⅱ 型钢盔被设计可以提供低速弹道保护（如炮弹弹片等），但人们发现它甚至还可以偶尔抵挡日军的 11 式机枪发射的 6.5 毫米小威力子弹。布朗机枪的弹匣装在印度生产的 P37 携具里，印度生产的携具采用了粗劣的布料，耐磨性较差，低质的黄铜或铁质附件也经常被折断或损毁。

E1: 1944 年 6 月，缅甸，特别行动队，贝德福德及哈特福德郡团，第 1 营，"钦迪特"士兵

长途渗透旅下辖 4 个营：包含约克及兰开斯特郡第 2 营的第 14 步兵旅、苏格兰高地警卫团第 2 营、贝德福德及哈特福德郡团第 1 营、莱切斯特郡第 7 营。这名钦迪特士兵腰部以下全裸，正准备穿越形成了无数峡谷的河流。包括钦敦江在内的大型河流对于交战双方而言都是天险，除了最熟练的泳者外，几乎不可能在没有舟船的情况下横渡。另有为数众多的支流，相对而言可以跋涉通过，骡马可以在骡夫的引领下渡过这些支流。当时间和环境允许时，英军士兵们经常脱掉衣物——特别是 JG 长裤，这种长裤在潮湿的丛林环境中很难干燥，容易因为摩擦而引起各种皮肤疾病。他的长裤、食物以及其他需要保持干燥的物品都放在背包中以远离水面。他的鞋子，则穿在脚上，尽管会被河水浸湿，但这可以保护他的脚不受河床里尖锐的石头所伤害，这些看上去微不足道的划伤在医疗条件匮乏的情况下会让人疼痛难忍，甚至带来严重的后果。像这样的远征所需要的物品，不可能由基本的 P37 携具完全携带，在实际操作中，英军士兵会在大背包两侧附上许多通用袋，甚至有时会直接把小背包系在上面（这一方法并非钦迪特士兵所独有）。尽管臃肿而且负担沉重，但当需要时，士兵可以快速卸下这些负重，而且当执行武装巡逻任务时，还可以把这些背包暂时置放在营地里。这名士兵的负重包括一个储水袋（布质，可以防止水分蒸发——每个班有两个），装在布袋里的丛林口粮，用降落伞索捆卷起来挂在

背包下的吊床，一把廓尔喀反曲刀，以及半条美军标配毛毯（另外还有向宿营地空投来的美制帐篷布）。

尽管科克兰上校指挥的美国陆军航空队第1空中突击队在定位和空投支援钦迪特部队方面做出了杰出的工作，但恶劣的环境和繁重的任务还是很快拖垮了英军士兵。温盖特不得不小心翼翼地维持部队士气，通过空投邮件以及其他能够鼓舞士气的物品来提振人心。其中包括廓尔喀的咖喱粉，以及一些小小的奢侈品——例如一名讲究军官所嗜爱的鼻烟（但不幸的是，在一次意外中，这些鼻烟落到了廓尔喀人手中，而当被发现时，这些鼻烟已经被烹入了食物中……）。

E2: 1944 年夏，缅甸，特别行动队，第 7 尼日利亚团，中士

第3（西非）旅既有白人士官也有白人军官，他们习惯于在战场上留着大胡子。这名军士没有佩戴军衔标志——但对于熟悉他的士兵而言，军衔完全多余。他穿着卡其色绒线套头衫，有配发给非洲部队的棕色绒面肩部补丁；戴着宽边软帽，印度产的 JG 长裤抄进了美制帆布丛林靴里——这是空投给他的部队以替代磨损钉头鞋的。他的携具是 P37 "步枪兵"版携具，装了一柄印度砍刀和一挺 MK III 型斯特恩冲锋枪。印度砍刀并不受欢迎，因为它既不锋利还容易卷曲。取消汤姆逊冲锋枪取而代之以斯特恩冲锋枪也同样被士兵们所诟病：汤姆逊冲锋枪确实要沉重一些，但因其可靠性和杀伤力而备受信赖，而且它也"看上去像那么回事"；与之对比的斯特恩冲锋枪——很多都是赶工品——看上去则廉价而且低劣，给人信心不足的感觉。

E3: 1944 年，印度，特别行动队，埃塞克斯团，第 1 营，一级准尉

这名军士长隶属于第 23 步兵旅——在"周三"行动中被作为后备队使用，他的穿着是不常见的混搭风格，有卡其色的埃尔特克斯面料衬衣和 JG BD 长裤，以及一顶宽边软帽，另外还有钉头靴和整洁泛白的携具腰带以及配有闪闪发光的黄铜配件短袜，这些一同构成了这名准尉光鲜华丽的外表。在两侧袖子上方他配有蓝底白色的特别行动队臂章，图案为"钦迪特"神牛和宝塔。在右袖臂章下方是闪闪发亮的一级准尉陆军皇家章，章底是埃塞克斯团传统的紫色。埃塞克斯团第 1 营之前被部署在北非，因此这名准尉在左胸袋上方配有非洲之星勋表。

多赛特团第 2 营营长，怀特中校，与他的载具排一起在曼德勒附近的横跨伊洛瓦底江的大桥上合影。他穿着 JG BD 长裤，安哥拉衬衣，MK II 型头盔和美制 M38 绑腿。他的装备是美式 M1 卡宾枪——1945 年 3 月，怀特手下的所有军官都获得了这款武器。

F1: 1945 年 2 月，缅甸，第 254 印度坦克旅，皇家装甲兵第 150 作战团，坦克乘员

尽管最初对于在缅甸复杂的地形条件下能否有效使用坦克部队存在很多争议，但在实际战斗中，为数不多地遭遇更轻型的日军坦克时，英军坦克部队表现好得出人意料。坦克部队通常作为军级或集团军级直属部队被临时指派到各个旅，当地形条件允许时，他们会为步兵提供直射火力支援，充当"碉堡终结者"的使命。皇家装甲兵第 150 作战团成立于 1941 年 10 月，由原来的约克及兰开斯特郡第 10 营改制而来。不同寻常的是，这支装备 M3 李式中型坦克的团在英帕尔 / 科希玛战役中被拆分部署：1944 年 11 月，其 C 中队与卡宾枪手团第 3 营及第 7 印度轻骑兵旅的 M3 斯图尔特坦克一起被编为第 254 印度坦克旅，隶属于第四军，同时该团的其余部队则编入第 50 印度坦克旅，隶属于第三十三军直属部队。在之后解放缅甸的战役中，重新集结了下属部队的该团一起编入第 254 印度坦克旅，归第三十三军指挥。

这名坦克乘员穿着一件 JG 丛林衬衣——这种衬衣远比 JG BD 衬衣舒适，下摆抄进了 JG BD 长裤里。携具包括 P37 手枪套装。不常见的是，枪套和弹药盒并没有挂在支撑附件上而是随便挂在一边。改编为皇家装甲兵作战

海军上将路易斯·蒙巴顿勋爵，担任盟军东南亚司令部的最高指挥官，在1943年末，视察部署在缅甸的部队。他穿着KD长裤，埃尔特克斯面料的丛林上衣，其上有铜质海军纽扣和军衔肩章，手枪版的P37携具，以及缀有海军上将军衔徽章的卡其色帽墙军帽。蒙巴顿作为最高指挥官，要全面负责本战区的陆海空三军作战，同时还要施展娴熟的外交手段，周旋于英军、美军和中国军队的指挥官之间。

团的步兵营原则上还是保留着他们原有部队的帽徽，并将其缀在黑色的坦克手贝雷帽上，正如图中所示。该旅士官的军衔V形纹章在袖子和肩带滑片上都有体现。

F2: 1945年5月，缅甸，第36步兵师，德文郡团，第1营，代理下士

德文郡团第1营在整个大战期间都部署在远东战场，最初是隶属于第2印度步兵旅，之后是第80印度步兵旅，最后在1945年4月编入第26步兵旅。图中士兵穿着全套JG BD制服，额外加了一件JG套头衫以保暖。

他的宽边软帽左侧被卷起固定，上有第36师的师级标志——该师成立于1944年9月，其实更应该称之为不列颠师而非印度师。在该师，士官们习惯将军衔染在肩章带的滑片上。P37作战携具上挂着一把美制M1942款砍刀；两个弹药袋挂在美式背包带上悬挂两侧，帆布背包带的下端穿过腰带；另外还有P37战壕锄——这种装备在

大战末期才开始装备。腰带上还有一个通用手电筒。在大战的这个阶段，缅甸战场上的部分部队已经换装了4号步枪，但还没有完全替代他们所信赖的恩菲尔德步枪——在许多步枪连队中，可以看到这两种武器的混搭使用。

F3: 1945年春，缅甸，多赛特郡团，第2营，上尉

该营与喀麦隆高地团第1营、伍斯特团第7营一起隶属于第2步兵师第5步兵旅。该师从1942年6月起部署在远东战场。到1945年，多赛特郡团的许多军官都自行购买了商业生产的印度丛林帽——这种帽子与批量化生产配发给丛林作战的军帽相似——以代替原有毛毡软帽。这些帽子大多是以昂贵的价格从加尔各答的一家公司购买的，很快被称为"IWT"帽（*I Was There* 是当时一本专门讲述士兵故事的出版物）。他们通常会在其上缀上团级的"LIV"标志（这是纪念该部队的前身第54步兵营），这种标志之前当他们才抵达印度时曾经被佩戴在遮阳帽上。在多赛特郡团，印度安哥拉羊绒衬衣基本上已经全部取代了不受欢迎的JG BD上衣。最初军官们在作战时不会佩戴军衔标志，但还是会经常佩戴简化版的标志。其他装备包括步枪手版P37携具，左轮手枪和弹药盒，还有一个军哨挂在行军指南针上，另有广受欢迎的美式帆布绑腿。1945年3月，该营的军官换装了美式M1卡宾枪。

G1: 1945年9月，缅甸，第7印度步兵师，女王皇家团，第1营，中尉

到1945年9月时，缅甸南部的日军已经被完全包围，但有些被包围的日军阵地上，甚至在正式投降后还在继续发生战斗。这名年轻的排长隶属于第33印度步兵旅的资深营，如今他已经把军衔和团级标志佩戴在他的JG丛林衬衣的肩带上，袖子上还有印度第7步兵师的"金色箭头"标志，他另外穿了一条JG BD长裤。澳大利亚生产的黄褐色丛林靴——广受欢迎，但很难获得——搭配的是澳大利亚的绒线踝部绑腿。携具腰带被一种当地的黏土染白。卡其色的绒线贝雷帽并不适合丛林作战，但鉴于此时大战行将结束，它反而成了许多军官完善行头的选择。和平的到来还使得军人们有机会收集战利品，例如这把日军士官的"新军刀"。但是由于该营其实还在锡当河流域进行战斗，这样的装备无疑会被人们认为是累赘。

G2: 1945年，锡兰，东南亚盟军司令部，上校

1943年11月，东南亚盟军司令部成立，由海军上将蒙巴顿任司令官，其指挥范围覆盖缅甸、马来亚、苏门答腊、泰国和法属印度支那。后两者范围内他只负责指挥秘密行动。其作战规划是通过对缅甸境内的日军施压来减轻美军在太平洋战场上的压力，并维持通往中国的交通线。司令部最初设立于新德里，后来在1944年6月搬到了锡兰的康堤。

JG 布料的采用使得军官们可以购买剪裁得体的 JG 丛林上衣和长裤，以替代原有已经过时的 KD、SD 制服。军官们经常会戴着不合时宜的贝雷帽，这种贝雷帽与欧洲 / 地中海战场上的通用帽类似，但采用的是丛林绿耐磨布料。参谋军官们则更倾向于穿戴卡其色绒线 SD 帽，因为上面有红色的帽墙。紫色的参谋军官军衔章——此图中为佩戴在衬衣上的缩减版——被佩戴在衣领上，同时两边肩部都有东南亚盟军司令部的"凤凰起舞"臂章。像这样一名军官在大战的这个时刻所能配备的五颜六色的勋表，理论上应该包括 1914—1915 年战争星章、1914—1918 年英国战争勋章、1918 年胜利奖章、1908—1935 年印度服役奖章、非洲之星奖章以及 1939—1945 年战争奖章。

G3: 1945 年，印度，第 14 集团军，皇家炮兵，炮手

毛线质地的作战服在缅甸战场上比较少见，通常会与大衣等其他在该地区作战所不需要的衣物一起打包留在后方。虽然许多军人穿着不列颠生产的 BD 制服投入战场，但后续的替代品则往往是印度生产的。印度的 BD 制服采用的是粗劣的布料，因此看上去总是皱皱巴巴而且质量下乘；其接缝处往往没有染色或染色不均，看上去格外刺眼。这名资深的炮手现在正在后方区域，穿着一件系了领带的 JG 安哥拉衬衣，戴着一顶新配发的丛林帽。腰带和短袜都是大战末期印度生产的，另有搭配深色金属配件的 JG 携具，这些装备在大战将结束时曾经小批量下发部队。他的标志为"皇家炮兵 / 东南亚盟军司令部"肩章，还有第 14 集团军标志、皇家炮兵的蓝 / 红兵种条纹以及白色索带，左袖下部是受伤纪念条纹。在丛林帽一侧是皇家炮兵的钻石图形和"指节套"图案。

H1: 1945 年 10 月，新加坡，伞兵团，第 7（轻步兵）营，列兵

解放马来亚的作战计划中包含了两个空降师，即第 44 印度师和第 6 不列颠师；但在大战结束前，只有后者下属的第 5 伞兵旅在 8 月 7 日抵达印度。他们在被部署到新加坡之前曾短暂地参加过马来亚的行动，之后在新加坡负责维护治安。

由于是从英国本土直接调来，这名伞兵收到了按照莱斯布里奇计划改进过后的全套崭新制服。他穿着 1944 款 JG 衬衣和长裤——前者的衣摆可以放在外面也可以抄进裤子里。衣服上到处都是各种徽章，伞兵资质章在右袖，空降部队的天马章两侧都有，在肩带底则是作为营级标志的绿色杠。褐红色的空降部队贝雷帽上有银色的伞兵团徽章。绒线踝部绑腿下是全新的不列颠生产的棕褐色丛林靴。其他装备包括按照作战要求搭配的 1944 款携具，另外还有 5 号 MK Ⅰ型"丛林卡宾枪"以及刺刀。

H2: 1945 年 12 月，爪哇，伞兵团，第 13（兰开夏郡）营，列兵

解放并肃清日军占领的大片领土，需要数量庞大的军队，而且要求动作迅速，以防当地军队和政府中的"不同意见者"趁机崛起。因此，在日本投降后的几个月内出现了一种奇怪的状况：许多地区维持秩序的依然是日本军队，有的是受到经过特殊训练的盟军军官的指挥，有的则是按照盟军下达的命令行事，但还有极少数地方未和盟军取得联系，而是由当地人自行治理。"突袭"行动旨在解除印度尼西亚、爪哇日军的武装，并且在荷兰殖民部队重新抵达前维持秩序，后者要迟至第二年 4 月才抵达。但是印度尼西亚的民族主义者抓住了这一政治真空期，开始组织游击队袭击英国军队。

这名隶属于第 5 伞兵旅的士兵是在这一时期被派往执行镇压任务的典型代表之一。他穿着 1944 款丛林制服（有黑色的肩布环带作为营级标志），按照作战要求搭配的 1944 款携具，另有全新的水壶、帆布包，基于美军 M42 款改进的砍刀，在背包下方有捆扎起来的防水布。这名士兵穿着 1944 款"丛林绑腿"，这是美军 M38 帆布绑腿的改进版——但其实美军自己都已经放弃不用了，搭配的是棕褐色丛林鞋。英国绑腿和丛林鞋也很快被弃用，取而代之的是高帮丛林靴，这种军靴是基于美军 M42 军靴设计的，上部为帆布鞋帮，鞋底为橡胶材质，但直到大战结束后这种丛林靴才开始配发。

在大战刚刚结束的头几个月里，在日军先前占领的殖民地中执行治安任务是非常敏感而重要的军事职责。图中是宪兵部队的无线电吉普车在一处唐人街中巡逻，以求维持秩序。这些"红帽子"们戴着 SD 军帽，穿着 JG BD 长裤、JG 丛林衬衣，右臂上有"MP"标识臂章，白色的军衔章和 JG 版肩章带上有黑色的"CMP（Ⅰ）"字样。可以看到交通管理人员佩戴的白色长袖筒，图中的下士驾驶员就戴着这种袖筒，上面有全尺寸的军衔标识。戴着黑色皇家坦克兵贝雷帽的无线电操作员，应该是侦察兵的士兵。

H3: 1946 年 1 月, 泰国曼谷, 第 7 印度步兵师, 女王皇家团, 第 1 营, 上尉

大战末期, 各处的扫荡作战丝毫不曾停息, 这意味着英军很少有机会欢庆胜利。该师在泰国执行占领任务, 直到 1946 年 1 月才举行胜利阅兵仪式。不受欢迎的 JG BD 上衣再一次成为了日常穿着, 至少它看上去比战场上混搭穿着的其他衬衣要光鲜一些; 尽管如此, 这种参考了美军 "连体服" 的军服采用的还是劣质的印度材料。士兵们知道, 质量更好的 1944 款制服已经从 1945 年夏季开始配发, 但只有从英国本土直接调往远东的部队才获得了这种新制服, 其数量还不足以全面满足该战区的所有部队进行大规模配发, 因此印度生产的服装也只能继续凑合着穿。为了参加阅兵仪式, 女王皇家团的军人们竭尽所能地打扮自己, 将新配发的 JG 作战服打理得尽可能光鲜。丛林软帽已经被双卷边的廓尔喀帽所取代, 可以看到蓝色的团级卷边, 以及右边的标志——深蓝色钻石底, 其上有红色布块, 缀有弧形的 "QUEEN'S" 字样。绑腿带和携具都呈泛白色, 所有的金属配件都擦得发亮。第 7 印度步兵师原有的圆形标志此刻已经换成了方形标志, 采用的是黑底金色丝线。这名连长戴着各种勋表, 其左肩上还有蓝色的团级索带。

意大利陆军
1940—1945 年
The Italian Army 1940—1945

意大利陆军 1940—1945 年 (1)

欧洲: 1940—1943 年

The Italian Army 1940—1945 (1)
Europe 1940—1943

1940 年 6 月的意大利陆军

意大利在 1940 年 6 月正式加入第二次世界大战，此时距离这场冲突爆发的开端已经过去了足足 10 个月。当 1922 年被任命为首相时，煽动者本尼托·墨索里尼获得了意大利民众非常广泛的支持，并将他的法西斯党政府变成了一个颇有效率的独裁政权，自己则以"领袖"的身份高居领导之职，而大权旁落的国王维克托·埃马努埃莱三世则成为国家象征元首（虽然有许多暴行和谋杀要归罪于他们，但至少在 1943 年前，墨索里尼的政权对纳粹德国的大规模、系统性的野蛮残杀并没有什么相关责任）。

1939 年，墨索里尼签署了"钢铁协议"，与德国结成军事同盟。尽管如此，他却并不想加入他的轴心国伙伴对民主国家的进攻中，因为他明白自己的国家尚未做好与欧洲对手全面开战的准备。但随着法国濒临战败，不列颠人独自对抗起来战无不胜的德国国防军时，墨索里尼想要抓住机会。他坚信任何拖延将会使得意大利丧失瓜分胜利果实的可能。他对轴心国速胜的孤注一掷的赌博，使得他的国家付出了毁灭性的代价，同时也导致了他 21 年的统治以及他自己生命的终结。

※　　　※　　　※

从纸面上看，意大利拥有一支数量庞大、装备良好的陆军，虽然墨索里尼广泛吹嘘的所谓"八百万意大利刺刀"[①]言过其实，但如果广泛动员，意大利还是能够拥有一支虽然不够现代化但数量庞大的部队。意大利军队在 1940 年 6 月可动员人数为 163 万人，之后的最高峰为 256.3 万人。当把全国的资源都投入到一条战线中时，举国之力襄助下的意大利陆军可以打好一场战役级别的战争。第一次世界大战中就有先例，意大利军队成功地与奥匈帝国进行了一场漫长而艰苦的拉锯战。但这时，意大利被拖入了一场全面战争中，至少需要在两条战线上同时作战：在北非和巴尔干地区要同时进行大规模的战役，后期还要为德国的苏联战线提供大量的部队。这种全面战争远远超出了意大利有限资源所能承受的程度。

当战争爆发时，意大利陆军拥有 73 个师，下辖 106 个步兵团、12 个神枪手团（轻步兵）、10 个高山兵团（高山部队）、12 个骑兵团、5 个坦克团、32 个炮兵团和 19 个工兵团。意大利陆军基本上是一支步兵军队，

1940—1941 年的阿尔巴尼亚 - 希腊边境战役期间，一位军官斜靠在战壕中。他穿戴着有上尉袖标的 M1940 款灰绿色制服。M1933 款钢盔上有黑色涂印的兵种标志；在"山姆·布朗"横直武装腰带上，枪套里有贝雷塔手枪；他穿了两双袜子而非绑腿。但是，他并非一名步兵，而是一名税务警察部队的成员——税务警察中的一些安全部队在希腊参加了战斗（见第 178 页插画 H1）。在他背后可以看到税务警察版的山地毡帽，士兵版的毡帽上有黄色绒球和黑色羽毛，军官版则是金属凸饰搭配白色羽毛。

①墨索里尼执政时期，为了对外炫耀武力，他曾多次宣称意大利拥有强大的军事实力，其中一句口号就是"八百万意大利刺刀"。

只有很少的机械化力量，并缺乏应付现代战争所需的基本要素。大多数装备生产于20世纪之交和第一次世界大战期间，而且其中大部分甚至包括更现代化一点的装备都已经接近报废。

这里有一个生动的例子：1940年6月，意大利陆军总共有7 970门各型火炮，但其中只有246门是1930年后生产的，绝大部分野战炮都是奥匈帝国在1918年作为战争赔款移交给意大利的。许多大炮用钢制辐条替换了原有的木制辐条轮，这一"美容装饰"使得这些大炮看上去似乎要现代化一点，但其炮管已有40年的历史。

意大利的装甲力量从数据上看起来相当强大，有大约超过700辆坦克——与其他国家比较起来甚至处于上风；但是一旦详加考察，就会发现大多数这些所谓"坦克"不过是小型坦克①：只能搭乘两名乘员、装备机枪，装甲薄弱到甚至无法抵御机枪子弹。更现代化的型号还在生产之中；但即使这些更新型号的坦克投入使用之后，人们很快就会发现它们甚至与北非战场上所面对的英国坦克相比都完全不在一个档次上——后者本来在欧洲列强的坦克中就居于下风。

意大利步兵师的编制也与同时代的其他军队不同，它只有2个步兵团和1个炮兵团，而其他大多数军队的1个师都至少有3个步兵团外加3至4个炮兵组。这种被称为"二元"制的师级结构是意大利陆军主要的缺点，虽然它在数据上看起来可以让人误以为意大利陆军有更多的部队。这些师中还有大量远没有达到满编状态——纸面上的73个师中只有20个能够实现人员和装备的全部满编。

MVSN（国家安全志愿军）

MVSN即"国家安全志愿军"或"黑衫军"，是意大利法西斯党的军事力量。这支武装力量最初扮演的是公共安全队伍的角色，但在20世纪30年代早期，它开始军事化并被称为意大利继皇家陆军、海军和空军之后的第四武装力量。其成员招募自17~50岁的法西斯党志愿者（年龄大一些的人在边防营中服役），其目的是用来保证军队对墨索里尼政权的绝对忠诚。

为了将MVSN融入皇家陆军中，每个步兵师设立了1个黑衫"军团"（包括2个营，每个名义上编制670人），以充当"激励部队"的作用。在皇家陆军的战斗序列中加入MVSN部队的做法引起了陆军指挥官们的强烈不满，他们并不信任MVSN部队，并且质疑他们缺乏军事经验。除此之外，在1935—1936年的埃塞俄比亚战争期间，意大利还另外组建了7个纯

（右图）一群在战前演习中的军官正在离开他们的司令部。从右到左，从前往后，依次是：前排，一名高山兵中校——可以看到帽上一侧的军衔标志；中间，一名集团军指挥官，一名左袖上有师级盾章的高山兵上校；后排，一名运输部队的少校。所有这些军官都穿着华达呢质地的制服，在马裤上有两条黑色天鹅绒条纹，中间有兵种色绲边。

M1935型81毫米迫击炮的组员在战前训练演习中。这名一等兵身着M1937款灰绿色上衣，上有黑色毡布衣领饰面和级级领章。他的黑色V形军阶袖标是在1937—1939年间使用的更大版本。尽管我们在此图中看不到，但他脖子上的套索下应该是挂着一把10.35毫米口径1889式吉尼森蒂左轮手枪。直到1940年，这款老古董依然在意大利陆军中广泛装备，并持续使用到了大战末期。

①坦克英文为tank，小型坦克英文为tankette，两者在重量、装甲、火力上有天壤之别。

粹的 MVSN 师。在 1940 年的北非战役中，意大利也组建了 4 个 MVSN 师，上述这些师在战役初期就全部被歼灭。随着战争进程，意大利组建了一些更值得信赖并更有战斗力的 MVSN 部队，被称为"M 营"[1]，其中一些作为反游击部队参加了苏联和南斯拉夫战役。

战役简介

法国

意大利在 1940 年 6 月 10 日对法国和英国宣战，接着在 20 日发动攻势，从阿尔卑斯山区西部与地中海沿岸地区侵入法国领土。意大利军队的 32 个师在复杂的山地地形中艰难地推进了一小段距离，只是占领了几个阿尔卑斯山中的村庄。在海岸线上，在 6 月 24 日法国向意大利签署投降协议前，他们仅成功夺取了法国里维埃拉地区的一个小城，芒通。意大利的士兵作战尚属勇敢，但表现不佳，这就像他们在其后的许多战役中一样——主要归罪于糟糕的计划和组织（一个虽然微小但很有代表性的例子是，意大利军队的野战厨房甚至经常没有足够的锅盆来保证士兵们在阿尔卑斯山区冰冷天气中吃上热食）。在如此之短的战役中，意大利的损失却很大，631 人阵亡，2 361 人受伤，2 000 人冻伤，另有 600 人失踪。与之对比的是法国军队只有 40 人阵亡，84 人受伤，150 人失踪。

战斗序列

阿尔卑斯山区西部战役，1940 年 6 月 20 日

西方集团军群

总司令：翁贝托·迪·萨伏依将军

参谋长：埃米里奥·巴迪斯蒂将军

第 1 集团军

司令：彼得罗·平托尔将军

参谋长：费尔南多·基里希将军

1940 年步兵师编制

2 个 3 营制步兵团
1 个 2 营制 + 后勤连的黑衫军军团
炮兵团 + 山地炮兵连
迫击炮营
工兵营

共 14 300 人
270 挺轻机枪，80 挺重机枪
126 门 45 毫米迫击炮
30 门 81 毫米迫击炮
8 门 20 毫米防空炮，24 门 47 毫米反坦克炮
8 门 65 毫米火炮，24 门 75 毫米火炮
12 门 100 毫米火炮
45 辆小型坦克
86 辆摩托化载具
71 辆摩托车，153 辆自行车

---

①即墨索里尼营。

第二军

"福尔利""阿奎""利沃诺"步兵师

"库内利斯"高山师

第三军

"拉文纳""库尼奥"步兵师

第1高山集群（3个高山营、2个山地炮兵营）

第十五军

"科瑟里亚""摩德纳""克雷莫纳"步兵师

第2高山集群（4个高山营、1个黑衫营、2个山地炮兵营）

预备队

"皮斯托亚""阿尔卑斯山猎人""托斯卡纳之狼"步兵师

"普斯特拉亚"高山师

第1神枪手团、第3装甲团、"蒙费托拉"骑兵团

第4集团军

司令：阿尔弗雷多·古佐尼将军

参谋长：马里奥·索尔达雷利将军

第一军

"苏佩尔加""卡利亚里""皮内罗洛"步兵师

第四军

"阿西塔""斯福尔扎"步兵师

高山军

"金牛座"高山师

莱文那独立集群（3个高山营、1个山地炮兵营），第3高山团

预备军

"莱尼亚诺""布伦内罗"步兵师

"特伦蒂诺"高山师

第4神枪手团、第1装甲团、"尼扎"骑兵团

巴多格里奥元帅穿着用浅灰色华达呢材料制成的、有黑色天鹅绒衣领饰面的战前制服。他的常服帽上有意大利元帅的军衔标志——红底银鹰徽章、4根银色条纹，其下是宽大的将官版"格雷卡"编织纹路。在他的勋表上方，可以看到许多战功表彰的皇冠和交叉双剑徽章。这种战功表彰勋章有三个等级——银色、金色和红底金色。巴多格里奥持有一枚红底金色勋章，代表着他作为将官获得过一次战功表彰，而剩余的其他勋章，则表明他几乎在自己的军事生涯中的每一个军衔位置上都获得过战功表彰。

入侵希腊

1940年10月28日拂晓，隶属于意大利第9和第11集团军的7个师从阿尔巴尼亚——意大利自1939年4月占领此地——出发，从四条战线上发起进攻。他们只向希腊腹地前进了五六英里就被困住不能动弹。这些意大利军队发现自己遭遇了远比预想中强度大得多的战斗，对方是战意坚决并对当地地形更加熟悉的对手。意大利部队经常被困在谷地中，而希腊军队则从山地和丘陵中包围他们。在这一情形下，"朱里亚"高山师在品都斯峡谷中就损失了5 000人。

希腊人随后发动反击，到11月22日，他们将20万人的意大利军队赶出国境线并攻入了阿尔巴尼亚，

2 个 3 营制的山地步兵团
山地炮兵团
工兵营
反坦克排

共 13 000 人
5 400 匹马 / 骡
162 挺轻机枪，66 挺重机枪
54 门 45 毫米迫击炮
24 门 81 毫米迫击炮
24 门 75 毫米山炮
50 辆摩托化载具
22 辆摩托车
53 辆自行车

在此，战斗陷入了血腥的拉锯战。整个冬季，大量的意大利增援部队赶赴这一战场，但成效甚微，并不能将希腊军队赶出阿尔巴尼亚地区。交战双方都缺乏足够的御寒衣物，在冰冷的天气中损失惨重。这种情况一直持续到希特勒在 1941 年 4 月下定决心将德国部队派往该地以打破僵局。

战斗序列

希腊战役，1940 年 10 月 28 日

伊庇鲁斯战区

"查梅里亚" 军

锡耶那、费拉拉步兵师、半人马座装甲师

（共计 12 个步兵营、3 个神枪手营、4 个装甲营、6 个黑衫军营）

朱里亚高山师（5 个高山营、1 个阿尔巴尼亚志愿营）

海岸集群

第 3 掷弹兵团、奥斯塔、米兰骑兵团

（共计 3 个掷弹兵营、4 个骑兵中队、2 个阿尔巴尼亚志愿营）

马其顿战区

第二十六军

帕尔马步兵师

预备队

皮埃蒙特步兵师

南斯拉夫战区

威尼斯、阿雷佐步兵师

在 1940 年 6 月，阿尔卑斯山西部地区，与法军作战中，炮组成员们正在操纵一门 M1875/1927 野战炮投入战斗。所有人都穿着 M1934 款大衣，戴着 M1933 款头盔，部分人还携带了 M1933 款防毒面具。

希特勒原本准备从保加利亚入侵希腊，以帮助自己的盟友，并强迫该地区的其他国家与德国签订协议。南斯拉夫的摄政者保罗亲王，在巨大的压力和威胁下，违背了自己的政府和大多数民众的意愿，被迫签订了反共产主义协定。1941 年 3 月 26 日，西莫维奇将军以年轻的彼得国王的名义，发动了一场不流血的政变，推

法国、意大利边境上，炮兵团的无线电操作员正在使用一具 RF2 型无线电。操作员戴着士兵版的灰绿色呢质布斯提那作训帽，搭配 M1934 款大衣。旁边观望的士兵身上配有高山部队和炮兵部队的灰绿色皮革两袋版弹药带。

翻了上述协定，并使南斯拉夫脱离了轴心国集团。希特勒对这场"背叛"狂怒不已，决定发动对希腊和南斯拉夫的入侵，以此巩固他计划中对苏联入侵时的南方侧翼。1941 年 2 月 24 日，希腊接受了来自英国的援军，但这些匆匆从北非战场上抽调而来的英国陆军部队和英国皇家空军数量太少，对战局并未起到决定性作用。1941 年 4 月 6 日，意大利和德国部队攻入希腊和南斯拉夫，迫于这具有压倒性的力量，希腊在 4 月 21 日宣布投降。

在希腊战场上，意大利士兵个体战斗还算得上勇敢，特别是防御作战时，但这支军队的整体表现却反映出战备的缺乏和士气的低迷。意大利士兵的上级军官们，曾经允诺要带给他们一场迅速而且轻松的胜利，但却将他们带入了迷途。法西斯政府和军事机器在这场战役中暴露出了腐败无能的天性，基层士兵们在其中所遭遇的巨大艰难很大程度上要归罪于他们的领导者的无能和不可原谅的拙劣计划。意大利军人有近 14 000 人阵亡，25 000 人失踪，115 350 人患病、受伤或冻伤，总计伤亡超过 154 000 人。

意大利陆军中的阿尔巴尼亚部队

意大利于 1939 年 4 月入侵阿尔巴尼亚后，吸收了原阿尔巴尼亚 10 000 人的军队中的大约 7 000 人，组建了意大利陆军中的阿尔巴尼亚部队，包括 1 个阿尔巴尼亚 MVSN 军团、6 个皇家阿尔巴尼亚陆军营、2 个要塞机枪营、1 个皇家近卫营和 2 个宪兵军团。

阿尔巴尼亚部队参加了入侵希腊的战役，表现极其糟糕，其中一些部队甚至倒戈相向。为了替自己军队在此战役中的拙劣表现找一个替罪羊，墨索里尼试图将大部分责任推到阿尔巴尼亚部队身上。虽然表现不佳，但为了对付来自阿尔巴尼亚共产主义游击队日渐增长的威胁，意大利还是组建了新的阿尔巴尼亚部队。到 1942 年 6 月，意大利军队中的阿尔巴尼亚部队包括 4 个"阿尔巴尼亚猎人"轻步兵团和 14 个民兵营。

战斗序列

希腊战役，1941 年 4 月 6 日

后备集团军群

"卡萨莱""佛罗伦萨"步兵师

第 9 集团军

第三军

"威尼斯""阿雷佐""塔罗""福尔利"步兵师

第二十六军

"皮埃蒙特""帕尔马"步兵师、"特伦蒂诺"高山师

第 11 集团军

第四军

"阿尔卑斯山猎人"步兵师、"普斯特拉亚"高山师

第八军

"卡利亚里""锡耶纳""巴里""皮内罗洛"步兵师

第二十五军

"斯福尔扎""费拉拉""摩德纳""布伦内罗""托斯卡纳之狼""莱尼亚诺"步兵师、"朱里亚"高山师

特设军

"库尼奥""阿奎"步兵师、"特设"高山师

后备集团军

"普利亚"步兵师、"库内利斯"高山师

"半人马座"集群（1 个装甲团、1 个神枪手营、1 个骑兵团、1 个装甲炮兵团）

1940 年快速师编制

2 个 4 中队编制的骑兵团 + 机枪骑兵中队
1 个 3 营制的神枪手团
炮兵团
轻型坦克群
反坦克连
神枪手摩托车连
工兵连

共 7 750 人
2 012 匹马
165 挺轻机枪，78 挺重机枪
8 门 20 毫米防空炮，8 门 47 毫米反坦克炮
24 门其他火炮
61 辆坦克
641 辆摩托化载具
431 辆摩托车
2 565 辆自行车

1940 年 6 月间，一长列意大利步兵缓慢地沿着地中海沿岸开进。大多数人都穿着质地轻便的训练服，其中有一些人穿着老款的 M1935 法兰绒拉链衫。

入侵南斯拉夫

对南斯拉夫的入侵，始于 1941 年 4 月 6 日，从奥地利、意大利、匈牙利、罗马尼亚、保加利亚和阿尔巴尼亚等地同时发动。最初参战的只有意大利和德国军队，但 4 月 11 日之后，匈牙利第 3 集团军也投入了战斗。意大利的实际参战部队，包括沿着海岸南下并深入内陆的第 2 集团军，夺取了斯洛文尼亚的首都卢布尔雅那；另有第 9 集团军，从阿尔巴尼亚出发向北进攻并在杜布罗夫尼克[①]与前者会师。

轴心国的联合部队共有超过 50 个师的兵力，与仅有 28 个师的南斯拉夫军队战斗，结局早已注定。4 月 17 日，南斯拉夫投降。

之后南斯拉夫被轴心国势力瓜分，意大利占据了斯洛文尼亚南部、达尔马提亚海岸线、黑山，并将科索沃并入了阿尔巴尼亚。反抗占领军的抵抗几乎立即风起云涌，由此牵制了大量的意大利军队，直至战争结束。

翁贝托王子（左侧）是意大利王储，同时也是入侵法国战役的指挥官，在 5 日战役期间，他正在与他的将军们协商。他戴着用苍白色华达呢布料制成的军官版布斯提那帽，身着军官版呢质大衣，两者上都有他的陆军一级上将的军衔标志。在他右手边是一名师级将官。

战斗序列

南斯拉夫战役，1941 年 4 月 6 日

第 2 集团军

第五军

"贝加莫""伦巴第"步兵师

第六军

"萨萨里""弗留利""阿西塔"步兵师

第十一军

"雷""伊松佐""拉文纳"步兵师

第 3 山地集群（3 个山地营、1 个山地炮兵营）

摩托化军

"帕苏比奥""托里诺"步兵师、"利托里奥"装甲师

快速军

第 1 "欧金尼奥·迪·萨伏依"快速师、第 2 "伊曼纽尔·菲利贝托·迪·费罗"快速师、第 3 "奥斯塔公爵"快速师

阜姆要塞警察和边防部队

扎拉指挥区

---

①旧称拉古萨，克罗地亚东南部港口城市。

3个机枪营、1个神枪手营、1个直属炮兵营、1个工兵营、1个装甲连、1个黑衫军连、皇家武装财政卫队（即税务警察）、皇家卡宾枪部队、皇家海军部队。

阿尔巴尼亚武装力量指挥部

第9集团军

第三军——略

第二十六军——略

"利布拉什德"战区

"阿雷佐""佛罗伦萨""皮内罗洛"步兵师

"库内利斯"高山师

第十四军

"普利亚""佛罗伦萨"（1941年4月14日后）步兵师

第十七军

"墨西拿""马尔凯"步兵师、"半人马座"装甲师

苏联前线

当德国在1941年6月开始入侵苏联时，墨索里尼立即派出了协助部队。德国接受了他所提供的一支军级规模的援军，这支"意大利征俄军"简称CSIR，由乔瓦尼·梅塞中将指挥。该军共有62 000人编制，有2个（名义上的）老旧的1938年"二元制"摩托化步兵师——"帕苏比奥"和"都灵"；以及1个快速（即骑兵）师"奥斯塔公爵"，该师下辖2个骑兵团、1个神枪手营、1个骑兵团、1个轻型坦克群。另外还加强配备了各种支援、勤务、特种部队以充实CSIR的实力，最终该部队——按照意大利的标准来看——装备相当精良。

在1941年7月间德国向乌克兰地区推进时，征俄军被派往南部战区，它的初期境遇可谓成功，夺下了许多城镇，给德国盟友留下了深刻的印象。征俄军尽管在获得最好的武器和其他硬件上拥有最高的优先权，但事实上装备也并不充分：步兵团只具有理论上的摩托化能力，火炮是"一战"时期的老古董，装甲部队还配备着毫无用处的小坦克，反坦克武器更是奇缺。在1941年末，德国人发现，

1940年10月间，精疲力竭的特伦蒂诺高山师的维罗纳山地营艰难跋涉通过泥泞的山谷。右前方的士兵披着M1909款灰绿色呢质披风，他前面的一名士兵则将其背在肩上。

即使是装备精良的部队也会很快耗尽补给，装备故障、战斗减员，而这一切又很难得到迅速补充。规模庞大的战斗和漫长的距离，意味着那些物资刚刚够用的军队很快就会陷入麻烦。

墨索里尼决心增加他对苏联战役的贡献，以彰显自己是一位可靠的轴心国盟友。尽管征俄军在1941—1942年冬季遭遇了重重困难，并且梅塞将军竭力反对，但在1942年3月，墨索里尼还是向东线增派了7个师；获得援军后，征俄军被授予了意大利第8集团军的称谓，下辖第二、第三十五军。该年8月间，意大利人跟随B集团军群（该集团军群共有53个师，拆分自德国第4装甲集团军，罗马尼亚第2、第3、第4、第6集团军，匈牙利第2集团军和意大利第8集团军）推进到了顿河。

1942年11月，当规模庞大的苏军钳形攻势——代号"天王星"的行动，旨在切割包围困于斯大林格勒城内外的德军——发动时，意大利第8集团军部署于斯大林格勒西北部的基尔河。装备更好、编制更适当、战意更高昂的红军，集中火力攻击由德国屠弱的仆从军控制的轴心国前线地段——最初遭受攻击的是罗马尼亚军队，在克服一些困难之后，红军成功突破此地，在11月23日将战线连为一片。在冯·曼施泰因发动"冬季风暴"行动以从西南方向朝斯大林格勒进攻试图突破红军包围圈并最终失败后，瓦图京指挥的西南方面军和沃罗涅什方面军的坦克碾碎了意大利的防线；意大利的山地军被分割包围，第8集团军惨遭歼灭。1943年1月，残兵在乌克兰重新集结，到3月时，大部分开始返回意大利，只留下了一小部分意大利部队协助镇压游击队。

第8集团军的人力和装备损失可谓是一场灾难。全集团军的229 000人中，有85 000人阵亡或失踪，30 000人负伤。火炮的损失也同样惨重，总共的1 340门火炮中有1 200门被摧毁或遗弃。意大利军队中的摩托化载具本就很缺乏，在苏联前线总共的22 000辆车辆中损失了18 200辆，更成为了难以弥补的损失。

尽管意大利军队在苏联前线的损失无比惨重，但在如此庞大的战役中，他们的作用其实依然微不足道。战略家们认为，也许把同样数量的人力——更重要的是同样规模的装备在1941年投入北非战场，说不定会使得胜利的天平偏向轴心国一边。

战斗序列

第8集团军，苏联，1942年

山地炮兵正在阿尔巴尼亚登岸，准备前往希腊前线。所有人都穿着M1937款上衣，衣领上有黑色饰面，配有炮兵的橙–黄色绲边，缀有高山部队的绿色双尖火焰章。可以看到右边一位士兵的尖型袖口，这是M1937款上衣的一个显著标志。中间的一位士兵携带着高山部队的M1939款挎包。

第二军

"斯福尔扎""拉文纳""科瑟里亚"步兵师

第三十五军

"帕苏比奥""都灵"摩托化师

第3"达奥斯克公爵"快速师

山地军

"特伦蒂诺""朱里亚""库内利斯"高山师、"维琴察"步兵师

克罗地亚军团

意大利人模仿他们的德国盟友，决定为苏联战役成立一支克罗地亚军团——德国国防军已经成立了由克罗地亚人组成的第369步兵团。在369步兵团的补充营基础上，意大利成立了一支有1 211名军官和士兵的军团（45名军官、70名士官、约1 100名士兵和108匹马），并授予了"克罗地亚自动化运输军团"的头衔，其实就是克罗地亚摩托化军团。该部队于1942年4月开抵苏联前线。在该年剩下的大部分时间内，该部队都无所作为，之后在1942年12月间，随同第8集团军的其余部队一起，大部分被歼灭。意大利人其后还曾在1943年5月尝试组建第二支克罗地亚军团，但最终不了了之。

占领任务

除去超过25万人的第8集团军在苏联战役中的战斗之外，1941年4月之后，意大利军队在欧洲的主要职责是扮演占领军的角色。不少于36个师被部署在巴尔干地区（南斯拉夫、阿尔巴尼亚、希腊本土和众多的希腊岛屿）以及法国南部和法国的科西嘉岛。在这些地区，意大利军队都遭遇了对其占领的抵抗——游击队和反抗分子的进攻——伤亡惨重。例如，仅在1943年的头5个月中，意大利占领军就付出了10 500人的伤亡代价。

南斯拉夫占领军

轴心国瓜分了南斯拉夫，意大利获得了黑山、斯洛文尼亚西部、达尔马提亚海岸。西马其顿和科索沃移交给了阿尔巴尼亚，后者自1939年4月起就是意大利"帝国"的一部分。

对意大利占领军的抵抗主要有两个来源：由约瑟普·布罗兹·铁托领导的共产主义游击队，以及由原南斯拉夫军队的米哈伊洛维奇上校领导的塞尔维亚保皇党"南斯拉夫祖国军"。早至1941年7月，黑山地区就率先爆发了针对意大利的激烈反抗，然后在所有意大利的占领区内都相继爆

发了不同强度的对抗，由此牵制了大量的意大利部队。在 1943 年 7 月间，在南斯拉夫各地区共有 14 个步兵师执行占领任务，另有大量的诸如边防部队和税务警察在内的支援和辅助部队。

为了应对由游击队和南斯拉夫祖国军发动的游击战，意大利从 1942 年起在当地组建了南斯拉夫辅助武装力量。"反共产主义志愿兵"或称 MVAC 旨在对抗共产主义游击队。而共产主义游击队和南斯拉夫祖国军之间的强烈敌对，也使得他们花在彼此对抗上的时间几乎与对抗轴心国不相上下；占领军当然乐意看到并怂恿这一局面。祖国军对游击队的敌意甚至使得一些黑山祖国军在短期内投靠了 MVAC。MVAC 部队从当地征召，其基础是分散部署在各地的意大利师，人员的招募则通常按照宗教划线：天主教、希腊东正教和穆斯林有他们各自的绝对隔离的部队。MVAC 部队的准确人数很难考证，但在 1943 年 3 月间，其大概拥有 30 000 名志愿军，其中大约有 8 000 ～ 9 000 名天主教徒、7 000 ～ 8 000 名穆斯林，以及 15 000 名东正教徒（后者大部分都是祖国军）。

战斗序列

巴尔干地区意大利占领军，1943 年 7 月 25 日

阿尔巴尼亚

第 9 集团军

第四军

"布伦内罗""帕尔马""佩鲁贾"步兵师

第二十五军

"阿雷佐""佛罗伦萨"步兵师

预备队

"普利亚"步兵师

黑塞哥维那

第六军

"马尔凯""墨西拿"步兵师

第二十八海岸旅

黑山

第十四军

"伊米莉亚""费拉拉""威尼斯"步兵师

"金牛座"高山师

克罗地亚 - 斯洛文尼亚

第 2 集团军

第五军

"马切拉诺""穆尔杰""雷"步兵师

第十四海岸旅

第十一军

"阿尔卑斯山猎人""伊松佐""伦巴第"步兵师

第十八军

"贝加莫""扎拉"步兵师

第十七海岸旅

预备队

第 1 快速师

希腊

第 11 集团军

第三军

"福尔利""皮内罗洛"步兵师

第八军

"卡利亚里""皮埃蒙特"步兵师

第二十六军

"摩德纳""卡萨莱""阿奎"步兵师

克里特——"锡耶纳"步兵师、第 51 特设旅

爱琴海——"库尼奥""雷吉亚纳"步兵师

1940—1941 年冬季，希腊前线上，来自托斯卡纳之狼步兵师的第 30 炮兵团 8 毫米 M1935 菲亚特雷维利机枪组组员，正在防卫他们的炮兵阵地。左侧士兵的 M1933 款头盔上勉强可以看到有团级番号的涂印兵种徽章。所有人都穿戴着 M1934 款大衣和针织巴拉克拉法帽。右手边的士兵还有一个脖套式围巾。M1935 款雷维利机枪是 M1914 款的升级版——但并没有什么实质上的进步。它的使用者都称其为"指关节破坏机"，它很不容易操纵，需要很谨慎地润滑弹药，射击间歇时，弹舱中的子弹又容易爆炸阻塞枪管。同时，它又额外增加了一种轻武器弹药的口径，使得陆军的后勤供应看起来荒诞意味十足，他们不得不同时提供各种口径的弹药——6.5 毫米、7.35 毫米、8 毫米、9 毫米、10.35 毫米……

1940—1943 年大陆版制服

1940—1943 年间，意大利士兵穿着的基本制服只有微小的变化。在许多观察者眼中，一名 1943 年的基层士兵看起来和 1940 年 6 月间意大利才加入世界大战时几乎没有变化。1940 年的制服是新旧样式的混合体，1933 年启用的时髦钢盔，却搭配灯笼裤——长度过膝搭配皮绑腿的宽松长裤——后者早已被大多数欧洲军队弃用。

1940 年，一名欧洲战区的普通士兵穿戴的"大陆"制服包括一顶"布斯提那"帽、一件开门领的 M1937 款灰绿色呢质上衣、一套灰绿色棉质衬衣和领带、搭配呢质绑腿的灰绿色呢质灯笼裤、一双染黑的皮质 M1912 款军鞋，另外再加上 M1934 款灰绿色呢质或人造纤维单排扣大衣，以及 M1933 款钢盔。

需要强调的是，意大利军中的各种着装条例并没有被严格地遵守，各军阶，特别是军官，被赋予了很大的着装自由。当新的制服装备开始配发时，士兵还是可以穿着旧式的军服直到破损或是自己改造它们——例如去掉 M1937 款上衣的黑色衣领饰面，换成灰绿色。军官则特别倾向于保留旧版制服中他们最喜爱的部件，尽管着装条例早就宣布废除了这些物品。直到 1945 年的照片中，还可以经常看到 M1937 款上衣出现，就是这一现象的最好例证。

一名穿着 M1937 款上衣的炮手正在阅读家乡来信。在此图中可以清晰地看到黑色的师属炮兵的头盔涂印标志。虽然意大利广泛地采用了这种标志系统，但由于穿着和反光的原因，在大多数照片中，这些兵种标志系统都不够清晰。

在实际的勤务中，因为穿戴方式的不同，各种不合规定的情形也层出不穷。例如，由于夹克不会经常清洗而裤子则每两周固定清洗一次，所以裤子的颜色通常都会比夹克上衣更浅一点。

M1933、M1937、M1939、M1940、M1942 款士兵上衣

在启用了 M1933 款上衣后，意大利士兵的外形有了明显的变化，M1909 款上衣原有的高领夹克被搭配衬衣和领带的开门领款式所取代。开领夹克的穿着可以追溯到第一次大战期间的阿尔迪蒂突击队员们，在这支部队制服的基础上设计了新的型号。M1933 款上衣在衣领上半部分设计有黑色的布质饰面，上有师级领章，即"补丁章"。有的部队还有颜色鲜亮的兵种色布质饰面，或者例如骑兵，每个团有不同的颜色。

M1937 款与 M1933 款只有微小的区别，主要是设计了一根采用金属扣固定的内置可调节布质腰带。1939

年，意大利军队启用了专为士官设计的一款新上衣，但与 M1933、M1937 款别无二致，只是采用的布料质量更好，并采用了空军上衣式扣带。

所有这些款式的上衣都有三颗前襟扣，以及单扣三角形翻盖的褶皱明贴式胸带和侧袋。早期版本中还有背部隐藏袋。这被称为"面包"的口袋通常用来携带个人物品，以方便士兵取用。

下一个主要的变化来自 M1940 款上衣的启用，它将黑色衣领换成了没有装饰的灰绿色衣领，"补丁章"依然佩戴在衣领上，另有一根前方有两颗纽扣的可调节腰带替换了 M1937 款的金属扣带。

M1942 款上衣与 M1940 款差别不大，由于战时短缺，设计更为简单，而且用于生产的面料也更为粗劣，里衬也换成了帆布。

1941 年初，墨索里尼访问位于希腊前线的第 9 集团军下辖的第二十六军。他穿戴着帝国元帅的制服，这一军衔只有他本人和意大利国王持有。被望远镜挡住的军官是一名高山兵的师级将官。在墨索里尼肩后的，是一群上尉。右边的两人，分别是步兵和黑衫军的将官。

军官上衣

军官版上衣也采用了同其他军阶一样的设计，但采用了更好的材料、更好的做工。大战初期，大部分都采用的是一种名叫"科德利诺"的华达呢衣料。在照片中，这种布料看上去要比灰绿色的制服更亮一些，经常呈现出一种夺目的浅灰色。在战时勤务中，许多军官会穿着与其他军阶型号相近的呢质上衣，但裁剪更好并使用了更高等级的衣料。军官版上衣有四颗前襟扣，而非其他军阶版的三颗。

腿部装备

通常的长裤样式为深灰色呢质（或呢质—人造革混合）灯笼裤，长度刚刚超过膝盖并用一颗纽扣收紧。灯笼裤的底部由呢质绑腿收紧，绑腿则由条带捆绑或部分套在拉起来的呢袜中。这种古旧的长裤经常产生各种鼓胀，确实非常难看。骑兵、摩托化部队以及部分炮兵部队穿着一种呢质的马裤，大腿部分更宽大，裤管也更长。

军官通常穿着由"科德利诺"华达呢布料制成的马裤，两侧有两根黑色的纹带，纹带中夹着如炮兵的橙黄色在内的兵种色绲边。战场上更常见（也更实用）的穿着是采用上等呢质布料制作的马裤，甚至是灯笼裤，当然也是用更好的布料制成。

大部分意大利陆军采用的基本腿部保护装备是灰绿色的呢质绑腿。这种绑腿可以追溯到意大利陆军最早组建的阶段，但在第二次世界大战中使用的这一款，则启用自 1929 年。这种绑腿并不受欢迎，一则是因为穿着很麻烦，二则是因为哪怕有布带固定，在战斗中还是会经常松脱。

骑兵部队（不管是骑马还是开摩托车）、炮兵、装甲兵和运输部队穿着硬质黑色皮质长筒护腿。另有一种更时髦的皮质绑腿则配发给了骑兵士兵和士官，它采用了长皮革绑带环绕并扣在小腿四分之三处固定。

士兵的基本军鞋通常是 M1912 款黑色皮质平头钉鞋，通常是用低劣材料制成（士兵们戏称其简直就是用"硬纸板"做的），在阿尔巴尼亚、希腊和苏联的大雨与泥泞中很快就支离破碎。在欧洲战区的军官要么是穿高帮骑兵皮靴，要么是在战场中穿比士兵穿的质量更好的及踝靴，搭配袜子或绑腿。

上衣标志

领章

每个步兵师在衣领的上半部分都有自己的独特领章。该领章为矩形，1940 年时的常规尺寸为 60mm×32mm。随着战争的进程，领章的尺寸逐渐缩水。在标准的步兵师领章中唯一的例外是两个掷弹兵步兵师——"萨伏依"和"萨丁尼亚"，他们的领章为 97mm×28mm，并装饰有缀条。所有的领章在下方中部都缀有一颗白色金属星——这是萨伏依王朝[①]的标志。

除了步兵之外的其他兵种佩戴被称为"火焰"的领章，其上部构成为一个、两个或三个尖点。骑兵为三尖火焰领章，有些是朴素无装饰的，有些则有绳边：

1941 年 3 月，希腊前线，一名坦克乘员从他的 M13/40 式中型坦克的侧舱门爬出。在蓝色连体服外，他穿了一件标配的黑色皮革大衣，戴了一顶防撞头盔。其左肩上斜挂着一条骑兵部队版的灰绿色皮革弹药带，一般其下方都会挂着一把套在枪套里的手枪。

第 1 "尼扎"骑兵团——深红色火焰领章；

第 2 "皮埃蒙特王室"骑兵团——红色火焰领章 / 黑色绳边；

第 3 "萨伏依"骑兵团——黑色火焰领章；

第 4 "热那亚"骑兵团——黄色火焰领章；

162

第 5 "纳瓦拉" 枪骑兵团——白色火焰领章；

第 6 "奥斯塔" 枪骑兵团——红色火焰领章；

第 7 "米兰" 枪骑兵团——深红色火焰领章 / 黑色绲边；

第 9 "佛罗伦萨" 枪骑兵团——橙色火焰领章 / 黑色绲边；

第 10 "维多利亚·埃马努埃莱二世" 枪骑兵团——黄色火焰领章 / 黑色绲边；

第 12 "萨卢佐" 轻骑兵团——黄底黑色火焰领章；

第 13 "蒙费托拉" 轻骑兵团——黑底深红色火焰领章；

第 14 "亚历山德罗" 轻骑兵团——黑底橙色火焰领章；

第 19 "盖德" 轻骑兵团——浅蓝色底白色火焰领章；

第 30 "巴勒莫" 轻骑兵团——黄底红色火焰领章。

一群神枪手步兵在入侵南斯拉夫战役期间，进入达尔马提亚城市杜布罗夫尼克。他们的头盔右侧上有著名的小公鸡羽毛。在队列前方的军官的上衣上，可以看到深红色的火焰领章。左侧的士兵则穿了一件灰绿色的高领毛线衣而非正规的衬衣加领带。

陆军中的后勤兵种佩戴单尖火焰领章。当他们被指派到步兵师中时，火焰领章被叠加佩戴在师级领章的下半部，这样可以显露出师级领章的颜色。

M1940 款制服上的其他兵种领章

高山兵——双尖绿色火焰领章

神枪手——双尖深红色火焰领章

炮兵——单尖黑色火焰领章，橙—黄色绲边

师属炮兵——单尖黑色火焰领章，橙—黄色绲边，佩戴于师级领章上

高山炮兵——绿色矩形章上，佩橙黄色绲边单尖黑色火焰领章

工程兵——单尖黑色火焰领章，深红色绲边

坦克兵——蓝色矩形上的双尖猩红色火焰领章

轻坦克兵——蓝色矩形上的双尖白色火焰领章

摩托化运输兵——蓝色矩形上的双尖黑色火焰领章

医疗兵——单尖栗色火焰领章

兽医——单尖浅蓝色火焰领章

后勤部门——单尖深蓝色火焰领章

军厨——单尖紫色火焰领章

管理部门——单尖黑色火焰领章，蓝色绲边

驻守后备队——单尖猩红色火焰领章

机动后备部队——单尖橙色火焰领章

师级臂章

意大利在20世纪30年代中期组建新的陆军师时，在上衣左袖的军阶标志上方设计了臂章。这些臂章最初是用锡制成，后来改为了布料。臂章为盾牌彩色底，其中步兵和骑兵师为蓝色，摩托化师为红色，高山师为绿色。臂章上有金色/黄色的垂直中置的宝剑图案，另有师级编号和部队名称，如"高山师/第三/朱利亚"。在 M1940 款制服启用后，这些臂章被废除，但之后还是会偶尔见到佩戴臂章的情况。

军阶标志

1937 年，意大利陆军的军衔标志为尖口朝上的曲线 V 形纹章，缀于袖口上方的前臂上。上等兵以下的军阶条纹为黑色，军士和代理军士为金色。之后军阶条纹被移到了袖口上部，变得更短，呈箭头形，且尖口朝下。

意大利步兵在入侵南斯拉夫期间，穿过卢布尔雅那空空如也的大街。所有人都穿着标准的呢质制服、大衣和个人装备。

一名摩托车骑手在向南斯拉夫进发过程中停了下来。他的大衣是配发给骑兵部队的 M1934 款，有一个宽大的青果领设计，有更宽大的胸袋和方便骑乘的展开角度更大的衣摆。他的摩托车是古齐 GT17 单人款，在手把上搭载了一挺布雷达 30 款轻机枪，这种组合在"二战"中被广泛使用。

在 1937—1939 年的短期内，上等兵以下的军阶条纹改为了红色，其他则保持金色不变。1940 年后，军阶条纹变得更小，上等兵以下又从金色改为了黄色。

军官军衔标志

士官在肩带上佩戴军衔标志，而委任军官则在上衣前臂上佩戴军衔标志。从代理少尉到上校有不同的金色编织纹路图案。从准将到"帝国元帅"则在袖口上佩戴传统样式的根蔓缠绕的刺绣军衔装饰，被称为"格雷卡"。

头部装备

布斯提那帽

意大利陆军几乎随时随地都佩戴的作训帽是非常流行的"布斯提那帽"。这是一种前方通常有向上折起来的帽舌的船形帽，另有护耳，通常用一颗纽扣固定在帽冠上方。布斯提那帽同制服的其他部分一样，采用了同样的灰绿色呢质或毛呢与人造纤维混合材料制成，在布料质量和设计上变化很少。非军官阶层的兵种常服帽徽通常是由黑色人造丝线制造，缝合在灰绿色呢质布料上，佩戴于前方帽舌上。

1941 年夏季，一队高兴的意大利征俄军步兵正在向苏联前线开进。军官和他的士官穿着 M1940 款呢质制服，军官还穿了浅色版马裤。其他士兵穿着夏季作战服的中灰色训练服。可以看到两种颜色之间的强烈对比。他们的个人装备都是标准配备，包括圆柱形的 M1935 款防毒面具包。

军官的帽子也采取了同非军官阶层一样的设计，最初采用的是华达呢布料，但后来也改成了呢质。两侧的护耳是用一颗按钮而非纽扣固定。他们的帽徽是用金色丝线绣在灰色或灰绿色的布料上，这取决于帽子本身的材质。兵种帽徽还是佩戴在前方帽舌上，但在帽冠左前方还会有倾斜佩戴的军衔标志，详细区别如下：

候补军官——中央为黑色的金星；

少尉——一颗金星；

中尉——两颗金星；

高级中尉——两颗金星加金杠；

上尉——三颗金星；

高级上尉——三颗金星加金杠；

（从少校到上校的军衔标志被缀在一个矩形金色框上）

少校——一颗金星；

中校——两颗金星；

上校——三颗金星。

（左一）一名步兵上尉在获得了二等铁十字勋章后骄傲地合影。他戴着军官版浅色布斯提那帽，身着M1933款白色夏季上衣，上有都灵步兵师的黄蓝两色领章。新配发的M1940款黄色袖口军衔标志被缝在了这款老式军衣上，并已在衣扣处佩上德国勋带——很有可能是德国战功十字勋带。在他的胸带上的意大利勋章是银色的征俄军"苏联前线"勋章。（左二）一名在南斯拉夫执行占领任务的萨萨里或马切拉诺师的步兵中校，穿戴着M1934款常服大檐帽、上衣，佩有二级铁十字勋带。（右二）一名戴M1934款常服帽、穿白色夏季上衣的宪兵军官。（右一）一名刚获得意大利奖章的马拉炮兵团少校。他穿着一件个人采购的质地良好、色彩浅淡的M1940款常服，上有炮兵的橙黄色绳边单尖黑色火焰领章。在此图中可以清晰地看到征俄军的银色胸章。

（所有将官的军衔标志被缀在一个红色背景布上，除了"帝国元帅"外，都有红色矩形框）

少将——一颗金星；

中将——两颗金星；

二级上将——两颗金星加金冠；

一级上将——两颗金星加金冠及金色权杖；

大将——三颗金星；

意大利元帅——四颗金星；

帝国元帅——踩在束棒上的金色老鹰。

军官大檐帽

当1933年启用新的制服时，意大利陆军为军官设计了一款新的大檐帽，以取代从1909年就开始使用的呆板的法式军用平顶帽。这种大檐帽的材料多种多样，颜色包括从鼠灰色到常见的带一点蓝色的灰绿色。它设计有黑色皮质帽檐和颏带。最初的帽冠设计得很低，后来前端变高，看上去与德国样式相仿。陆军的帽徽通常使用金色丝线，MVSN部队则使用银色丝线。军衔可以通过环绕在帽墙上的饰带来辨识。这些饰带约10毫米宽，按照军衔序列采用了同袖口军衔标志一样的金色编织材料——如上尉是三根窄环，中校是上方两根窄环、下方一根宽环。环带中有细微的绲边，基本采用的是大檐帽本身的材质，但后勤兵种使用了兵种色绲边，如兽医的就是浅蓝色。

少将以上将官的采用了与袖口处同样的银色"格雷卡"刺绣，根据军衔的不同，另有搭配的银色环带。

一名德军军官向位于苏联前线的意大利都灵师的一名意大利上校颁发铁十字勋章。受勋者戴着比普通颜色更深一点的呢质布斯提那帽，搭配标准的灰绿色呢质M1940款制服。这两名军官的身后是一名师级将官。他的浅灰色华达呢上衣和帽子上已经缀有德国骑士十字勋章和一等铁十字勋章。

高山部队头部装备

高山部队穿戴特殊的灰绿色卷边毡帽。其左侧有一朵绒球或是凸饰，插有一根羽毛。非军官阶层的绒球会按照营编号采取不同的颜色——1营为白色，2营为红色，3营为绿色，4营为蓝色。军官的凸饰为金色，将官为银色。羽毛的种类也可以区别军衔：士兵与士官的是乌鸦羽毛，军官的是老鹰羽毛，将官的则是鹅毛。高山部队特别骄傲于自己的传统并珍惜自己的毡帽——以至于那些曾经在高山部队服役过的军官在其他场合也会经常戴着毡帽。高山部队军官的官衔佩戴于帽子的左侧，位于羽毛之后，采用的是反转的按照军衔排列的编织军衔条纹，如中尉的是两根窄条，少校的是一根窄条下再加一根宽条，等等。将官的则在同样的位置有银色花边刺绣框，准将和师级将官的分别有一颗或两颗星。

钢盔

在整个大战期间，意大利陆军使用的标准钢盔都是启用于 1933 年的 M1933 型，通常涂装为灰绿色。1942 年前，其前端通常还有一个涂印的黑色兵种标志，中间有单位番号。在早期战役中，老旧的 M1916 "艾德里安"头盔也在诸如防空部队、卫生部队和"黑衫军"部队中偶有使用。1939—1943 年间组建来防御意大利海岸的海防师属于二线部队，其中许多单位也只能佩戴艾德里安头盔。

一个有趣的现象是，从 1940 年 6 月间在阿尔卑斯山西部，意大利军队对抗法国军队的一些照片中，可以看到部分"科塞里亚"步兵师的士兵戴着捷克斯洛伐克的 M1934 款头盔。无从得知意大利军队为什么要佩戴这些头盔或是如何获得的。唯一符合逻辑的推断是，1939 年德军占领捷克斯洛伐克之后，向意大利提供了部分这种战利品。

防护衣物

大衣

整个大战期间，意大利陆军标准的步兵大衣是 M1934 款单排扣大衣，其布料要么是粗劣的呢布，要么是被称为"人造羊毛"的人造纤维。后者制成的大衣据说几乎毫无用处，这种人造布料根本没能达到保暖的目的。这款大衣设计有两个带翻盖的侧袋，以及两个可以用来提供手部保暖的胸部斜袋。前襟有五颗暗扣，另有无装饰的普通肩带。大衣上佩戴的标志通常局限于衣领上的白色金属国别星和袖子上端的军衔条纹。高山部队的版本设计了更宽大的青果领和宽敞的下摆。

当时还有另一种更保暖、垫有棉絮、双排扣、可拆卸布质里衬的大衣，但因

在这张摆拍的照片中，一名上尉正将来自家乡的邮件递给自己的一名士兵。从图中可以看到两种样式的毛帽：军官戴的是绝大部分配发给前线的高山部队的标配版本，士兵戴的则是从罗马尼亚获得的"丘楚拉"毛帽。这名列兵还穿着垫有棉絮的 M1934 款大衣，这款大衣有双排扣设计和可拆卸的里衬。他的弹药带底部挂有一个神枪手步兵版的弹药袋，表明他可能隶属于神枪手部队。

苏联战场上，两名"切尔维诺山"滑雪营的士兵正拖曳着雪橇上的物资。两人都穿着主要是配发给高山部队的两件套的白色伪装服。不同寻常的是，他们并没有佩戴白色头盔罩。可以看到在灰绿色头盔涂装上的黑色高山兵标志，并且在左侧的凸饰上安装有乌鸦羽毛——用一根穿过头盔边缘底部的细线固定。属于这种部队的独特装备还包括腰带上的四个白色帆布弹药袋。

为配发数量极少，只有少数幸运儿获得，所以并不出名。在部分照片中还可以看到一些征俄军的军官穿着双排扣羊毛里衬的大衣。标准的军官版大衣是用高等羊毛布料制成的双排扣大衣，有时是一种引人注目的浅灰色。前襟有两排三颗扣，没有肩带。宽大的衣领领尖上缀有银星，军衔标志佩戴在前臂上。

其他偶见穿戴过的军官版大衣包括非常流行的双排扣防风夹克。它使用耐磨的棕色帆布制成，配有一根帆布腰带和棕色的皮质肩部补丁（见第173页插图C3）。还有一款深棕色或黑色皮质双排扣大衣，但并未大规模推广；该款大衣与配发给坦克乘员的皮质大衣（见第174页插图D1）采用相同设计，很可能是军官自行购买的。就像在每支军队一样，军官总是拥有选择购买比配发品更好装备的特权，在大衣这个方面更是如此。

应该提及的还有灰绿色的呢质披风，这种披风在大战早期曾大量配发。

切尔维诺山营的士兵戴着头盔罩，上有羽毛附件。可以看到两件套雪地服的手腕和踝关节处的束带，在左边的士兵背后还可以看到四袋版弹药腰带的后部细节（详见第176页插图F3）。

一名东线的步兵军官，戴着在高山部队中常见的毛帽。他很典型地将从布斯提那帽上取下的兵种／团级帽徽缝到了毛帽前段。他穿的大衣是深领设计的双排扣大衣，在颈部开口处可以看到羊毛里衬。

其基本就是一款及膝的雨披，设计有宽大的衣领，在脖子处扣合。虽然造型很古旧，但当人们只能穿着质量低劣的大衣时，对这种披风的需求量就非常巨大了，特别是在必须面对更冷环境的高山部队中广为流行。这种披风的主要版本是 M1907 款，虽然后来启用了一种新的版本，但实际上与早期版本别无二致。

冬季衣物

当意大利军队出发前往苏联战场作战时，并没有什么针对他们可能在那里会遇到的严苛环境所专门设计并配发的装备或衣物——意大利的制服甚至都没法对付希腊战役中 1940—1941 年的冬季气候。当征俄军搭乘火车穿越东欧时，他们的指挥官梅赛将军只能自己设法解决这一问题。在罗马尼亚，他采购了一大批羊毛帽配发给部队——当地称这种羊毛帽为"丘楚拉"，是罗马尼亚百姓的日常穿戴。意大利人采用的另一种羊毛里衬的帽子与苏联样式接近，都有可以放下或折起来的护耳。这种帽子大量配发给了高山部队。

在苏联战场的雪地中，还可以见到意大利陆军穿戴了一种白色的两件套罩服。其在战前曾配发给了许多部队；最初也许是连体式的，但其细节已无法考证。第二版改为了两件套，采用了细绳拉紧式的领口，并在上衣腰部和宽松的长裤踝部设计有扣带。新版似乎只配发给了高山师，以及其他几个如"切尔维诺山"雪地营等少数部队。这些冬季制服的配发优先权总是高山师第一，之后是神枪手部队。

与白色作战服搭配的是白色帆布头盔罩，有时这种头盔罩也用于搭配灰绿色制服。令人惊异的是，高山师还是在白色头盔罩上装上了他们的彩色绒球和羽毛。在他们看来，伪装的目的似乎并没有那么重要。有的高山部队甚至还戴着他们著名的毡帽，只是把后面的卷边放下来以提供一些微不足道的御寒措施。有些幸运的士兵说不定能获得一件搭配白色罩服的羔羊帽外衣，这种外衣同样只配发给了极少数精锐部队。

除了罩服之外，还有宽大的白色罩帽披风。高山部队配发的这种披风非常宽大，以至于当戍卫时，士兵可以直接将其罩在制服、头盔和其他装备之外。

脚部装备方面，大量配发的依然是标准的平头钉鞋，这种鞋在极端寒冷的天气中几乎毫无用处，由此导致了大量的霜冻减员。在苏联战场上的军队强烈要求提供像苏联军队一样的毡靴，但这样的请求没有得到回应。与在苏联前线的其他国家军队一样，意大利人只好自己动手拼凑脚部防冻的装备，少数士兵得到了配发的帆布罩靴。

所有的冬季衣物都非常短缺，在苏联前线的大部分士兵都不得不在基础制服外再额外制作毛绒手套、围巾和套头露脸帽。

1940 年，阿尔卑斯山地西部
1：卡利亚里步兵师，第 59 炮兵团，炮手
2：科瑟拉步兵师，第 89 步兵团，一等兵
3：金牛座高山师，第 4 山地团，"威尔·达·奥
尔科"营，军士

1   2   3

A

1940—1941 年，希腊

1：锡耶那步兵师，第 31 步兵团，一等兵

2：托斯卡纳之狼步兵师，第 77 步兵团，上等兵

3：1941 年，第 1 阿尔巴尼亚 MVSN 军团，黑衫列兵

1   2   3

B

1940—1941 年，希腊
1：特伦托高山师，第 5 山地团，埃多罗高山团，上尉
2：1940 年，集团军司令部，少将
3：1941 年，斯福尔扎步兵师，第 54 步兵团，少校

1 2 3

C

1941 年，南斯拉夫

1: 半人马座装甲师，中尉

2: 第 3 奥斯塔公爵快速师，第 3 神枪手团，第 3 摩托车连，军士

3: 边境卫队，第 23 边境区，上等兵

D

1941—1943 年，苏联前线
1：1941 年，萨伏依龙骑兵团，上等兵
2：1942 年，萨伏依集群，哥萨克志愿兵
3：1941 年，"3 月 23 日"团级部队，MVSN 第 14"雷昂内萨"M 营，精英黑衫兵

1

2

3

E

1942 年，苏联前线

1: 意大利克罗地亚军团，志愿兵
2: 巴苏比奥步兵师，第 79 步兵团，军士
3: 切尔维诺山雪地营，高山兵

1941—1943 年，南斯拉夫占领军
1：1942 年，达尔马提亚，第 67 黑衫军营"托斯卡诺"，支队长
2：1942 年，威尼斯步兵师，第 84 步兵团，二等兵
3：1942 年，达尔马提亚，MVAC 部队，小队长

1 2 3

G

1941—1943 年，巴尔干占领军
1：1941 年，希腊，伊庇鲁斯，皇家金融卫队（税务警察），第 8 营，代理军士
2：1942 年，阿尔巴尼亚，佛罗伦萨步兵师，皇家宪兵，第 13 机动营，军士
3：南斯拉夫，第 1 快速师"欧亨利奥·迪·萨伏依"，第 11 神枪手团，第 27 营，军士长

化学和燃烧防护

特种部队有自己的特种防护衣物,包括喷火器操作手穿戴的灰色石棉外衣。这款外衣是双排扣设计,右幅穿过胸前再横向固定在左臂上。领口和袖口都用扣子严实扣合,搭配宽松的长裤和罩帽,可以为全身提供周全防护。罩帽主要有两种款式:一种有护目镜;另一种则没有面部防护,但搭配了去掉过滤筒的防毒面具。虽然这套衣服穿起来一定很闷热不适,但即使在北非的极端炎热气候中,也要求如此穿戴。但事实上,历史照片显示,很多喷火器操作手在实战中根本就没有穿戴任何防护装备——到底是自愿如此还是迫不得已,无从得知。

在第二次世界大战前,对化学战装备的研发得到了高度重视。意大利人在 20 世纪 30 年代征服埃塞俄比亚和镇压利比亚起义中都使用了化学毒气。化学部队采用了与喷火器操作手同样设计的橡胶质地罩服,但在面部和四肢的包裹更为严实。这样的穿着即使在南欧的气候中都难以忍受,因此在化学战的威胁减退后,很快就被弃之不用。

其他的防护装备包括机枪手在更换炙热的机枪枪管时佩戴的石棉手套,迫击炮手和机枪手还有同样用处的灰绿色皮质手套,上有链甲以保护手掌。

训练服

士兵在执行营区杂务或其他工作时,配发了训练服。这款制服包括一件中灰色宽大的棉质夹克和灯笼裤,都是用劣质布料制成的。这套制服上

六名刚刚获得勇敢奖章的士兵站在一个苏联小镇中。从左到右分别是:神枪手部队的一名军士长和两名列兵,炮兵的一名上等兵,步兵的一名军官和一名军士长。三名神枪手以及炮兵穿着配发给骑兵部队的有着宽大青果领的大衣。步兵军官穿着双排扣版本的 M1934 款大衣,士官则穿着单排扣版本。图中各种携具的组合也很有意思:两名神枪手列兵配着自己部队独特的有两个小弹药袋的腰带,炮手则是两袋版弹药带,步兵军官的"山姆·布朗"横直武装腰带上有套枪套的贝雷塔 M1934 款手枪,步兵士官则是双袋版的标准腰带。

的标志包括衣领上的白色布质星以及按军阶不同佩在不同地方的军衔标志。有证据表明，意大利军队有时会在夏季穿着训练服行军，推测可能是为了减少灰绿色呢质制服的穿着次数和损耗，并让士兵们稍微舒适一些。

个人装备

意大利配备的标准步枪是6.5毫米口径的M1891款曼利夏－卡尔卡诺步枪或稍微现代化一点的7.35毫米口径的M1891/1938款，两者都有6发装弹匣设计。

步兵及其他非骑乘兵种中的士兵个人装备包括一根有偏左单爪扣的灰绿色皮带。前方有两个并列的皮质弹药袋，每个可装4个6发装弹匣。弹药带通过后方的D形环固定在绕过颈部的环带上——从重力分布的角度来看，这比其他军队使用的Y形或X形支撑带要糟糕很多。

刺刀装在带凹槽的灰色金属刀鞘中，被一个灰绿色的皮质扣环固定在左臀部的腰带上。另外，士兵还会用一个连接环将战壕锄扣在刺刀旁。

后背上的M1939款背包则用来容纳士兵的个人物品。右肩上则斜挂着M1933款或M1935款防毒面具包，有时也会斜挂一个轻一些的帆布挎包或称"战术包"；当然，当毒气进攻的威胁减少时，丢掉毒气面具的防毒面具包也可以为士兵提供额外的携带空间。带凹槽的铝制水壶则从左肩斜挂而下，有两个不同容积的版本——容积更大的水壶是专门配发给高山师的。

个人装备中最新潮的装备——当其首次启用时可谓引领潮流——是M1929款伪装帐篷部件或称"四分之一遮布"。这种遮布采用紧密的棉质布料，上面印有森林绿、栗子棕和灰色的伪装图案。除了提供伪装之外，它还可以像披风一样提供防风挡雨的防护。

MVSN 及外籍部队制服

MVSN或称黑衫军部队穿戴与意大利皇家陆军相同的基本制服，但有一些细微的区别。

标准上衣的领章是黑色双尖火焰章，缀有一根银色的小束棒图案，而

克罗地亚军团志愿兵举着他们的旗帜向苏联前线开进——旗帜上可以看到奥匈帝国式样的斜齿状边缘——另有MVSN部队的细长三角旗表明他们是这一组织的正式组成部分。在这名骑手的左臂上可以看到该军团的棋盘状盾徽，在衣领上可以看到MVSN部队的白色金属束棒标志。

（右）斯洛文尼亚的MVAC士兵与他们的意大利同伙在举行阅兵仪式。所有人都戴着在这些部队中广泛使用的黑色贝雷帽。帽徽中既有银色的死亡头骨帽徽，也有小圆盾配罗马剑的样式。士兵的上衣和长裤是染黑了的意大利M1940款，右边的MVAC军官则穿着灰绿色版本。步枪和携具都是标准的意大利陆军配发品。这个部队看上去装备不错，并且穿戴整齐。

1942 年，苏联，47 毫米反坦克炮的炮组成员们正准备作战。在大战的这个阶段，47 毫米口径火炮在对抗苏联装甲部队时已经没有多大用处，但这已是意大利人最好的反坦克炮——而且还处于短缺状态。在这样的寒冷天气中，这些炮手只有标配的单排扣大衣搭配巴拉克拉法帽和手套。

① 斯坎德培，是 15 世纪阿尔巴尼亚王公联盟的最高领袖。

非皇家陆军的银星。"M 营"则是在黑色火焰章有一个红色具有设计感的"M"字母作为区别，另有一根银色束棒贯穿。他们经常在上衣里穿着黑色棉质衬衣而非陆军版的灰绿色衬衣。其灯笼裤两侧也常有黑色的窄条纹装饰，通常搭配黑色的呢质袜，拉高到膝盖以下，并在其上套一双白色的袜子，袜子上沿向下卷，覆盖在鞋面上。

头部战斗装备通常是 M1933 款钢盔，但另有一种挂有流苏的黑色软毡帽代替布斯提那帽。MVSN 的一种独特装备是黑色的布斯提那帽，与灰绿色的陆军版相同，只是被染成了黑色。从 20 世纪 30 年代开始，这种黑色的布斯提那帽在"M 营"军官中非常流行。

MVSN 部队另有一套自己的军衔系统，参考了古罗马帝国的传统，虽然部分 MVSN 军衔可以直接等同于陆军中的军衔，但其他的则无法一一对应（详见第 185 页表 1）。

外籍志愿者: 阿尔巴尼亚部队

阿尔巴尼亚的 MVSN 军团志愿者们戴着白色的毡帽，帽子前方有黑衫军的帽徽。从当时的照片中可以看到，他们也会戴着这种毡帽投入战斗，而非只有 M1933 款头盔。其他的制服和标志是标准的 MVSN 版本，唯一的区别是在左袖上有一个圆形的树胶徽章（见第 172 页插图 B3）。

1941 年成立的阿尔巴尼亚猎人部队穿着标准的意大利军队制服，但有自己的领章。这种领章是有蓝色边缘的红色章，其上有黑色的斜纹，在常见的银星上另缀有羚羊头冠式的"斯坎德培"①头盔图案。

阿尔巴尼亚皇家卫队也穿

一群山地炮兵卷起袖子操纵着一门 65 毫米山炮，在南斯拉夫执行反游击队作战。有的人在自己的帽带上插上了植物枝叶。搭配棉质衬衣的是宽松的呢质灯笼裤，这样的穿法常见于高山部队中。

着标准的意大利制服，另有一个紫色的"Ⅰ"形领章，上有一颗星和斯坎德培头盔图案。他们佩戴的 M1933 款钢盔上，也会涂印黑色斯坎德培头盔图案。

MVAC 部队

南斯拉夫的 MVAC 志愿军穿着根据自己地区不同而风格各异的制服，通常混搭了意大利和战前南斯拉夫军队的装备。斯洛文尼亚的志愿军混穿意大利或南斯拉夫式的上衣，最初还佩戴南斯拉夫式的船形帽。其后开始流行佩戴黑色贝雷帽，帽上通常缀有两种样式的帽徽：一种是一个头骨加两根交叉的骨头，或是在头骨口中衔着一把匕首；另一种则是一把简单的古罗马短剑，有时还会在其上搭配一面小的圆盾。

1942 年时，意大利向部分志愿军配发了大约 2 500 件染成黝黑色或浅棕色的热带制服。斯洛文尼亚的 MVAC 志愿军还在 1943 年初获得了一些冬季制服，包括黑色的大衣、夹克和长裤，以及搭配穿的白色衬衣。有一些斯洛文尼亚的 MVAC 军官还从他们的雇主那里获得了一些质量上乘的意大利军官版制服。

所有被吸纳进 MVAC 部队的南斯拉夫祖国军都穿着他们惯常的前南斯拉夫军队制服，并且没有采用 MVAC 部队的军衔标志。

有一支小规模的部队采用了自己的独特制服，这就是"奥瑞恩"志愿营。这支 258 人的部队成立于黑山的科托尔港附近。他们穿着灰绿色的上衣、长裤和配有红色大椭圆形帽徽的贝雷帽。在上衣的衣领上，他们有一个自己的独特领章，是两把白色金属质地的罗马古剑组成的图案，其帽徽上也有同样的图案。其他部队，比如黑山东部的穆斯林"桑扎克"民兵，虽然是 MVAC 部队的一分子，但却穿着平民样式的衣服，各种装备也是就地取材，五花八门，其中最多的就是前南斯拉夫式装备。

头盔一般很少见，但还是有两种款式，即艾德里安 M1915 款和捷克的 M1934 款。这两者都是之前的南斯拉夫军队的标配，只不过从艾德里安头盔上移去了原来装在前方的南斯拉夫盾形纹章。斯洛文尼亚的"死亡军团"是一支有 1 700 人的 MVAC 部队，成立于 1942 年 8 月，也同样混搭使用了这两种头盔，并穿戴着平民或前南斯拉夫军队的服装。

MVAC 部队的军衔标志是布质或金属的小三角片，会佩戴在左袖的蓝色袖标上，或是在贝雷帽的正前方及其他头部装备稍微靠左的位置。但这种军衔标志只在斯洛文尼亚和达尔马提亚的部分稍微正规一些的部队中较为普及：

红色布质三角——副班长；

红色布质三角缀白色布质星——班长；

黄色布质三角——副排长；

黄色布质三角缀金属星——排长；

银色金属三角——副连长；

银色金属三角缀银星——连长；

金色金属三角——副营长；

金色金属三角缀金星——营长。

克罗地亚军团

为应付苏联战场的需要而组建的克罗地亚军团，理论上是 MVSN 部队

一名部署在南斯拉夫的 M 营的黑衫军在肩上扛着一挺布雷达 M1930 款轻机枪，行军前往镇压游击队。在他的黑色双尖领章上可以清晰地看到代表墨索里尼的红色 M 字母以及穿过其间的银色束棒图案。其制服的剩余部分，除了黑色棉质衬衣外，都是 M1940 款标配。

这支雪地部队正在南斯拉夫的山地中执行反游击队巡逻任务。他们穿着其实在苏联前线更常见的两件套雪地服。在这个时期——1942—1943 年冬季——头盔上已经不再涂印兵种标志。他们佩戴着标准的皮质携具，前方的这名士兵还用一个帆布的"战术口袋"携带自己的装备。

的组成部分，因此他们穿意大利陆军的制服，配 MVSN 部队的标志。其徽章上有"赫尔瓦次卡"①字样，其下是白色棋盘状盾形章，通常佩戴在上衣或大衣的左袖上。理论上配发的是 M1933 款头盔，但事实上绝大部分军团成员不得不戴着配有 MVSN 帽徽的标准布斯提那帽投入战斗（见第 176 页插图 F1）。

哥萨克志愿者

在东线战场上，意大利陆军成立了一支小规模的哥萨克志愿者部队，最初配发给他们的是标准的意大利军装上衣和马裤，同时还有苏联式的哥萨克长裤。其上衣左袖上有苏联传统白、蓝、红三色构成的 V 形章，这是这支部队唯一可供辨识的标志（有些学者提出这种 V 形章是配在右臂上的，但根据意大利陆军从来都是把部队和其他标志佩戴在左臂上的习惯来看，他们的苏联仆从军遵循这一惯例的可能性更大）。后来这些哥萨克士兵被允许穿着他们自己的民族服饰，包括黑色的长及脚后跟的大衣，同样在袖子上配搭 V 形章，另外还有他们的哥萨克"帕帕丘"羔羊毛帽，有白色和黑色两种（见第 175 页插图 E2）。

关键标志：
∧ = 高山师
** = 摩托化师
* = 半摩托化师
~ = 突袭师
> = 空降师
‡ = 第 1、第 2、第 3 掷弹兵团

注： 大多数所谓的"特殊任务"编制都不过是概念而已。例如所谓"山地师"（并非高山师）与普通步兵师的区别不过是有一些骡驮火炮而已。

关键标志：
A= 阿尔巴尼亚，C= 科西嘉，F= 法国战役，G= 希腊战役；gar= 卫戍勤务，如，Sar-gar= 撒丁岛卫戍，NAf= 北非；occ= 占领任务，如，G-occ= 希腊占领任务；R= 苏联，Sar= 撒丁岛，Sic= 西西里，VF= 维希法国，Y= 南斯拉夫战役。

师名	师番号	下属步兵团	下属炮兵团	下属MVSN 军团	战役记录	领章
阿奎	33	7, 18, 317	33	23	F、G、G-occ	黄 / 黑条纹
奥斯塔	28	210, 211	22	171	Sic-gar	红 / 黑条纹
阿雷佐	53	225, 226, 343	53	80	G、A-gar、Y	黄 / 蓝
阿斯伊塔∧	26	29, 30	25	17	F、Y、Sic-gar	绿 / 黑条纹
巴里	47	139, 140, 340	47	152	G、Sar-gar	红上黄下
贝加莫	15	25, 26	4	89	Y、Y-occ	蓝 / 红条纹
勃伦纳	11	231, 232, 331	9	45	G、G-occ	红 / 黄
阿尔卑斯山猎人	22	51, 52	1	105	F、Y-occ	绿色
卡利亚里	59	63, 64, 363	59	28	F、G、G-occ	红 / 白条纹
卡拉布里亚	31	59, 60, 359	40	177	Sar-gar	红 / 绿条纹
卡萨莱	56	11, 12, 311	56	23	G、G-occ	黄色
科塞里亚	5	80, 90	37	45	F、R	栗 / 白条纹
克雷莫纳	44	21, 22, 321	7	90	F、C-gar	绿 / 红条纹
库尼奥	6	7, 8	27	24	F、G、G-occ	栗色
伊米莉亚	155	119, 120	155	—	Y-occ	红上绿下
费拉拉	23	47, 48	14	82	G、A/Y-occ	蓝 / 红条纹
佛罗伦萨	41	127, 128	41	92	F、Y、Y-occ	黑上红下
福尔利∧	36	43, 44, 343	36	112	F、G、G-occ	白 / 蓝条纹
弗留利~	20	87, 88, 387	35	88	F、C-occ	蓝 / 黑条纹
撒丁岛掷弹兵‡	21	1, 2, 3	13	55	F、Y、Y-occ	红/白大写"I"
伊松佐	14	23, 24	6	98	Y	蓝色
莱尼亚诺	58	67, 68	58	26	A-occ、VF	黑 / 蓝条纹
利沃诺 ~	4	33, 34	28	195	F、Sic-gar	橙色
伦巴第	57	73, 74	57	137	Y、Y-occ	白 / 蓝条纹
托斯卡纳之狼	7	77, 78	30	—	F、G、VF	红 / 白条纹
马切拉塔	153	121, 122	153	15	Y-occ	上白下蓝

续表

师名	师番号	下属步兵团	下属炮兵团	下属MVSN军团	战役记录		领章
曼图亚	104	113, 114	11	—	Sic-gar?		上黄下绿
马尔凯	32	55, 56	32	49	Y、Y-occ		蓝/白条纹
墨西拿	18	93, 94	2	108	Y、Y-occ		黄/红条纹
摩德纳	37	41, 42, 341	29	36	F、G、G-occ		白/栗条纹
穆尔杰	154	259, 260	154	—	Y-occ		黑/红/黑
那不勒斯	54	75, 76	54	173	Sic-gar		白/栗条纹
诺瓦拉	157	153, 154	157	—	depot		上黄下蓝
帕尔马	49	49, 50	49	109	G、A-occ		蓝/白条纹
帕苏比奥 *	9	79, 80	8	—	Y、R		红/黄条纹
佩鲁贾	151	129, 130	151	—	Y/A-occ		上红下蓝
皮亚琴察 *	103	111, 112	37	—	Italy-gar		上白下蓝
皮亚韦 **	10	57, 58	20	—	G、VF		绿/黑条纹
皮切诺	152	235, 236, 336	152	—	Italy-gar		白/红/白
皮埃蒙特	29	3, 4, 303	24	166	G、G-occ		红色
皮内罗洛	24	13, 14, 313	18	136	F、G、Y、G-occ		黑/红条纹
皮斯托亚	16	35, 36	3	63	F、NAf		橙/黑条纹
普利亚	38	71, 72	15	115	Y、Y/A-occ		白/绿条纹
拉文	3	37, 38	121	5	Y、R		白/红条纹
雷	13	1, 2	23	75	Y、Y-occ		黑/红条纹
雷吉亚纳	50	9, 10, 309, 331	50	201	Italy-gar		白色
罗维戈 *	105	227, 228	117	—	Italy-gar		绿/黄
萨包达	30	45, 46	16	176	Sar-gar		白/绿条纹
萨萨里	12	151, 152	34	73	Y-occ		上白下红
斯福尔扎	2	53, 54	17	30	F、G、R		绿/白条纹
锡耶纳	51	31, 32	51	141	G、G-occ		黑/黄条纹
苏佩加 >	1	91, 92	5	2	F、NAf		栗/白条纹
塔罗	48	207, 208	48	164	Y/A-occ		白/蓝
都灵 **	52	81, 82	52	—	Y、R		蓝/黄条纹
威尼托	159	255, 256	159	—	Italy-gar		蓝/黄/蓝
威尼斯	19	83, 84, 383	19	72	G、G/Y-occ		栗/蓝条纹
维琴察	156	277, 278	156	—	R		栗/白/栗
扎拉	158	291, 292	158	—	Y-occ		蓝/黄条纹

插图图说

A: 1940 年, 阿尔卑斯山地西部

A1: 卡利亚里步兵师, 第 59 炮兵团, 炮手

这是一名 75 毫米野战炮的炮组成员, 他戴着 M1933 款钢盔, 钢盔前方有黑色的涂印炮兵标志。在钢盔下他戴着一顶布斯提那帽以代替绒毛帽; 这样的穿戴方式会使得布斯提那帽很快磨损并不能再像原来那样穿戴。他的 M1937 款夹克上有黑色饰面的衣领, 上有炮兵的黄色绲边, 并别有该师的识别章——红底白条纹, 缀有国家银星。他所佩戴的黑色皮手套和灰绿色皮质子弹袋常见于各个高山部队和炮兵部队中。

A2: 科瑟拉步兵师, 第 89 步兵团, 一等兵

就像参加这场战役的几乎所有意大利部队一样, 这名士兵在 M1934 款大衣下穿着 M1937 款制服。这种意大利在"二战"中甚至在苏联战场上都始终穿着的大衣, 由于是单排扣设计, 缺乏保暖性。他的帽子是流行的布斯提那帽, 上有 M1933 款头盔, 两者都有步兵的兵种标志。他的轻机枪是 6.5 毫米口径的布雷达 M1930 款。因为糟糕的弹药润滑系统设计, 经常出现卡壳问题, 但在整个大战期间, 意大利陆军都不得不使用这款机枪。

A3: 金牛座高山师, 第 4 山地团, "威尔·达·奥尔科"营, 军士

金牛座师是在这场战役中部署在法意边境山区中的几个高山师之一。这名士官穿戴着 M1937 款制服。他的山地毡帽上有着第 3 营的绿色绒球, 附在左侧的羽毛旁。在左袖的军衔标志上, 他佩戴着此时其实已经被废除了的师级臂章。这些高山部队的特殊装备包括 M1939 款山地帆布背包、登山索和 M1934 款铁头登山杖。他的步枪是标准的 M1891 款 6.5 毫米口径卡尔卡诺步枪, 这也是大战期间绝大部分意大利士兵的标配。

B: 1940—1941 年, 希腊

B1: 锡耶那步兵师, 第 31 步兵团, 一等兵

这名士兵穿着标准的 M1940 款制服, 搭配 M1933 款头盔和 M1912 款军鞋, 这也是 1940—1943 年间意大利陆军的标准装备。在左袖的军阶标志上方, 他佩戴了"阿尔迪蒂"[①]部队的徽章——在桂冠和橡树叶中有一柄向上的罗马古剑——这意味着他是所属团的敢死队中的志愿者。其右上方的金色 V 形纹是负伤纪念条纹, 设计有三种颜色——金色是作战负伤, 银色是勤务负伤, 红色是为国负伤。在灰绿色的 M1940 款上衣衣领上, 他佩戴了师级标志。

他的卡尔卡诺 M1891 款步枪——其各种型号在意大利陆军中陆续服役了超过 50 年——发射的 6.5 毫米口径子弹杀伤力不足。意大利曾经试图将其改为发射 7.35 毫米子弹, 1938 年起, 配发部分这种新口径的步枪。但在大战开始前, 这种换装工作并未完成, 1940 年后所有新生产的步枪又变回了 6.5 毫米。但 7.35 毫米口径的步枪依然还在使用, 这给后勤工作带来了一场噩梦。

B2: 托斯卡纳之狼步兵师, 第 77 步兵团, 上等兵

这名托斯卡纳之狼师的步兵穿着同第 31 步兵团一样的制服。他的装备包括 M1939 款帆布背包, 上面捆着 M1939 款伪装帐篷片、一个铝制饭盒。毒气面具包是 M1935 款, 大战后期毒气面具经常被抛弃不用, 所以该包可以用来携带其他物品。他的标配水壶挂在右侧, 而在左边, 则是用连接件和刺刀挂在一起的意军三种战壕锄之一。

表 2: 1940—1943 年, 欧洲战场高山师服役记录

师名	师番号	下属高山团[1]	下属高山炮兵团	战场服役记录	领章
金牛座	1	3、4	1	F、VF-gar Y-occ	均为双尖绿色火焰领章
特伦托	2	5、6	2	F、A-occ、R	
朱利亚	3	8、9	3	G、G-occ、R	
库内利斯	4	1、2	4	F、G、Y、R	
普斯特拉亚	5	7、11	5	F、A、G、Y-occ、VF-occ	
阿尔卑斯之恩	6	Ⅲ Grp、Ⅳ Grp[2]	6	A-occ	

注: 1. 山地步兵团在大战开始时, 有许多不同的下属营编制, 但在 1942 年后统一改为下辖 3 个 3 连制的营。

2. 第Ⅱ和第Ⅳ高山集群每个下辖 3 个营。

①意为"大胆者", 是意大利"一战"中精锐部队的别称。

表3：1940年7月25日—1943年9月8日，意大利皇家陆军军衔

这些军衔标志佩戴在灰绿色版的M1940款作战服上衣，即M1934款大衣上。**颜色：（1~7）**将官级：前臂上，银色丝线刺绣"格雷卡"纹路，灰/绿色底上的窄杠和窄环；砖红色底上的金色丝线刺绣老鹰（1）、王冠（4、5）及权杖（5）。**（8~13）**校官级：前臂上，金色丝线/黄色窄杠和宽杠及环，部分有砖红色底色（8、9、11）。**（14~21）**尉官级：前臂上，金色丝线/黄色窄杠、环及五星；部分环中有砖红底色（15、18）；金色窄杠和环中有黑色丝线（21）。**（22~25）**高级士官：肩章上，金色丝线/黄色编织纹路，带有黑色丝线条纹。**（26~30）**初级士官及士兵：上臂，金色/黄色（26、27）或红色呢质（28~30）V形纹章。初期军衔，列兵无军衔标志。从1940年开始，军官常服上的军衔标志从金色换成了黄色。

1.帝国元帅 （陆军元帅）	2.意大利元帅 （陆军元帅）	3.陆军大将 （上将）	4.陆军一级上将 （代理上将）	5.陆军二级上将 （中将）	6.陆军中将 （少将）
7.陆军少将 （准将）	8.陆军一级上校 （上校）	9.陆军二级上校 （上校）	10.陆军三级上校 （上校）	11.陆军一级中校 （中校）	12.陆军二级中校 （中校）
13.少校 （少校）	14.陆军高级上尉 （高级上尉）	15.陆军一级上尉 （上尉）	16.陆军二级上尉 （上尉）	17.陆军高级中尉 （高级中尉）	18.陆军一级中尉 （中尉）
19.陆军二级中尉 （中尉）	20.陆军少尉 （少尉）	21.候补军官 （代理少尉）	22.一级准尉 （一级准尉）	23.二级准尉 （二级准尉）	24.上士 （上士）
25.中士 （中士）	26.军士长 （代理中士）	27.军士 （下士）	28.上等兵 （高级代理下士）	29.一等兵 （代理下士）	30.高级二等兵 （高级列兵）

注： 括号中给出的是英国军队的对应军衔，但因为意大利军队的士官设置繁复，只能大致对应。1号军衔是在1938年为国王和墨索里尼专设的。3号军衔只在战时保留。4号军衔一般授予野战集团军指挥官。8号军衔及其他高级同等军衔一般授予更高级的指挥官，如8号军衔授予指挥旅的上校，9号军衔授予指挥团的上校，11号军衔授予指挥团的中校。14号军衔授予有12年上尉资历或20年军官资历的上尉。15号军衔授予指挥营的上尉。17号军衔授予有12年中尉资历或20年军官资历的中尉。18号军衔授予指挥连的中尉。21号军衔是常备军官中最低的委任军官军衔。22号军衔在1940年11月21日重新启用，以表彰那些缺乏足够教育无法晋升到委任军官但又足够勇敢的军人。30号军衔只授予骑兵部队。

表4：1940年6月11日—1943年9月8日，MVSN部队军衔

颜色：（1~2）元帅级：袖子上部，黑色三角上的红色∨形纹章（1后来改为金色），金色刺绣老鹰（1）或束棒（2）。**（3~8）**将官级：灰绿底色上，有金色丝线刺绣格雷卡纹路，金色窄杠和钻石新装；砖红底色上有王冠和权杖图案（4），钻石形状中有砖红色底色（5、7）。**（9~14）**校官级：前臂上，金色丝线窄杠、宽杠及钻石图案；部分有砖红底色（9、10、12）。**（15~22）**尉官级：前臂上，金色丝线窄杠，钻石和五星图案；部分钻石图案中有砖红底色（16、19）；金色窄杠和钻石图案中有黑色丝线Z字形纹路（22）。**（23~25）**高级士官：黑色绳边的肩章上，银色编织杠和徽章。**（26~30）**初级士官和高级士兵：袖子上部，银色丝线（26、27）或红色呢质（28~30）∨形纹章。初级士兵——没有标志。

1. 第一荣誉下士（元帅）

2. 荣誉下士（元帅）

3. 上将（上将）

4. 一级中将，总参谋长（代理上将）

5. 特设中将（少将）

6. 中将（少将）

7. 高级准将（准将）

8. 准将（准将）

9. 一级上校（上校）

10. 任职上校（上校）

11. 上校（上校）

12. 高级中校（中校）

13. 中校（中校）

14. 少校（少校）

15. 高级上尉，百夫长（高级上尉）

16. 一级上尉，百夫长（上尉）

17. 上尉，百夫长（上尉）

18. 高级中尉，支队长（高级中尉）

19. 一级中尉，支队长（中尉）

20. 中尉，支队长（中尉）

21. 少尉（少尉）

22. 候补少尉（代理少尉）

23. 高级副官（二级准尉）

24. 总副官（上士）

25. 副官（军士）

26. 高级小队长（代理军士）

27. 小队长（下士）

28. 代理小队长（高级代理下士）

29. 精选黑衫兵（代理下士）

30. 黑衫兵（列兵）

注： 1号军衔为授予墨索里尼的荣誉军衔。2号军衔为授予突出贡献者的荣誉军衔。3号军衔是最高的职业军衔。4号军衔专门授予总参谋长。5号军衔授予执行特别任务的少将。7号军衔授予旅指挥官。9号军衔授予指挥一个旅的上校，并佩戴将官版帽徽。10号军衔授予指挥一个军团的上校。12号军衔授予指挥一个团的中校。15号军衔授予有12年上尉资历或20年官资历的上尉。16军衔授予指挥一个营的上尉。18号军衔授予有12年中尉资历或20年官资历的中尉。19号军衔授予指挥一个连的中尉。22号军衔是常备军官中的最低军衔，在1940年后期被废除。23号军衔或许在1940年11月21日后增设了一级准尉军衔，但没有发现相应军衔标志。

189

这名征召士兵正在训练，其衣领的边缘上有相应的白色条纹（衣领四周都有条纹包裹的是参加军官培训，只包裹领尖部分的是士官培训）。在此图中还可以清晰地看到 M1940 款上衣的上半部细节，包括褶皱胸带和内置布质腰带。

B3: 1941 年，第 1 阿尔巴尼亚 MVSN 军团，黑衫列兵

这支由阿尔巴尼亚人组成的部队征召自他们的国家在 1939 年 4 月被意大利占领之后。大多数阿尔巴尼亚部队非常不可信——其中甚至有人会枪杀意大利军官并集体逃亡——但这一支军团还算可堪一战。他穿着意大利黑衫军的标准制服，显著的可辨识标志是按照他祖国的传统样式设计的白色毡帽。左袖上还有用树胶做成的徽章——红色底上的黑色阿尔巴尼亚双头鹰。他的 MVSN 军衔"黑衫"相当于陆军的列兵，所以他没有军衔标志。他装备了一把内置可折叠刺刀的 M1891 款卡宾枪，在腰带上还有一把所有黑衫军部都配备的匕首，以及 OTO M35 型手雷——这是意大利陆军在"二战"期间使用的三种手雷中的一种。

C: 1940—1941 年，希腊

C1: 特伦托高山师，第 5 山地团，埃多罗高山团，上尉

这名高山部队的上尉戴着军官版毡帽，其上有该部队

的金色编织帽徽。毡帽左侧有一根安装在金色凸饰上的黑色老鹰羽毛，另有三根显示军衔的 V 形纹路。他穿着与自己的军阶匹配的用更好的布料制成的 M1940 款呢质夹克和灯笼裤。在衣领上有高山师的绿色双尖火焰章，并缀有军官的银星；下臂上则有军衔标志。他的灰绿色衬衣和领带同样也采用了比士兵更好的布料。他穿了一双有菱纹的呢质长袜而非绑腿，拉高到超过灯笼裤底部的位置。搭配穿着的是他个人购买的 M1912 款黑色皮质登山鞋。他携带了一个棕色皮革地图盒及一把意大利陆军最喜欢的随身武器——M1934 款贝雷塔 9 毫米口径手枪。

C2: 1940 年，集团军司令部，少将

这名旅级将官戴着军官版的布斯提那帽——就像他的制服的其余部分一样，其使用的是比标准配发的灰绿色呢布灰度更重一些的华达呢料。他的军衔标志佩戴在帽子的左侧和袖子下部。他穿的上衣是 1940 年启用的战时版本，搭配有战前的黑色天鹅绒衣领和饰面。他穿着马裤和高帮黑色皮靴，M1934 款贝雷塔手枪则套在他的"山姆布朗"横直武装带上。

C3: 1941 年，斯福尔扎步兵师，第 54 步兵团，少校

这名少校穿着此时非常流行的军官版防风大衣。其布料为粗糙的帆布，双排扣设计，肩部有棕色皮革补丁；前臂上有惯常的军衔标志。他戴着灰绿色呢质布斯提那帽，帽上左侧有金色矩形框，框中为显示军衔的金色编织五角星；帽子正前方有金色丝线的步兵兵种徽章，其正中有代表部队番号的"54"字样。在大衣下，他穿了一套军官版的灰绿色棉质衬衣和领带，华达呢布料的马裤上有两条 2 厘米宽的黑色条纹，中间有步兵兵种的红色绲边。及膝的高帮靴是个人采购物品，在作战时通常会换成更实用的及踝鞋。

D: 1941 年，南斯拉夫

D1: 半人马座装甲师，中尉

这名中尉穿着黑色皮质大衣，这种大衣作为标配在大战期间配发给了所有战场上的装甲部队。他携带着皮质防撞头盔，但在抽烟时，他只戴了一顶质地优良的布斯提那帽。在大衣袖子下部，有布质军衔标志。在大衣下他穿了一件 M1940 款呢质夹克，而非大多数坦克乘员惯常穿着的宽松蓝色连体服。在夹克衣领上是蓝底红色火焰章形式的装甲师领章。他穿着军官版的呢质马裤，搭配装甲乘员及骑兵和炮兵部队偶尔穿着的黑色皮质绑腿。他的鞋是质量更好一些的军官版 M1912 款。

的红色边缘的单尖绿色火焰章。他的帽子与高山师的款式一致，但没有羽毛扣件，取而代之的是一种被称为"那皮纳"的装饰物——同样是步兵的绿、红两色。在帽子前方是金色质地的帽徽，上有部队番号"ⅩⅩⅢ"。在作战时，边境卫队部队也佩戴 M1933 款头盔。

E：1941—1943 年，苏联前线

E1：1941 年，萨伏依龙骑兵团，上等兵

在"二战"时，骑兵已经大大地落后于时代，但这支骑兵团却用事实证明，当面对一群没有组织的敌人时，他们还是可以发挥出致命的威力。1942 年 8 月 24 日，在顿河地区的契比夫斯基地区，这支部队的一个骑兵中队勇敢地以马刀和手雷向 2 000 名苏军发起了冲锋，而该部队的其他士兵则随后发起徒步冲锋。当对方稍作抵抗后便落荒而逃。这名士兵戴着 M1933 款头盔，其前方有萨伏依骑兵团特有的黑色十字架图案。M1940 款上衣上有该团的黑色三尖火焰章——1942 年后加上了红色绲边。其他可供辨识的该团特殊装备为红色的领带（以此纪念 18 世纪时该团一名受伤的通信兵，他在向将军汇报时，鲜血早已染红了衣领）。他穿着的皮质绑腿是骑兵的标准装备。他携带着一支 M1891/1938 款卡宾枪和一把 M1871 款马刀。缴获的苏联 PPSh41 冲锋枪在萨伏依骑兵团中大受欢迎，在战斗中经常使用。事实上，指挥发起那次著名冲锋的军官就装备着这款冲锋枪投入战斗。

E2：1942 年，萨伏依集群，哥萨克志愿兵

意大利第 8 集团军按照他们的德国盟友的做法，于 1942 年 9 月在苏联组建了他们的小规模哥萨克部队。全部兵力包括 1 名上校、4 名其他军官和 360 名哥萨克骑兵。这支部队被配属加强给了"诺瓦里亚"军团。在意大利军队撤离苏联后，他们加入了德国的哥萨克部队。这名志愿兵戴着红色帽顶的羊羔皮帽，穿着自己的新雇主配发给他的 M1940 款意大利夹克，搭配红军的马裤和鞋子。在左袖上有用苏联传统白、蓝、红三色组成的 V 形国家标志。他还保留着红军的皮质携具和他的莫辛纳甘 M1910 款步枪，并正在向他的意大利战友展示自己的传统马刀。

E3：1941 年，"3 月 23 日"团级部队，MVSN 第 14 "雷昂内萨" M 营，精英黑衫兵

M（墨索里尼的首字母）营是由那些有战斗经验的黑衫军志愿者组成的部队，比起那些难以信赖的普通法西斯党徒而言，他们可以承担更重要的战斗角色。这些部队活跃在与南斯拉夫游击队对抗的战场上，并参加了派往苏联战场的第 8 集团军。这名上等兵戴着 MVSN 的黑色毡帽，衣领上有双尖黑色火焰章，其上有红色的"M"和银色束棒组成的图案。作为一名轻机枪手，他在腰带上配了一把

一名后勤部门的上校，戴着灰绿色的常服大檐帽。可以通过他帽墙上的编织带数量辨别他的军衔——虽然此图中由于反光看不清楚，但其实有三根窄环，其下是一根宽环，中间用帽子颜色的窄线区割。他可能是医疗部门的一名成员，他的单尖领章的颜色应该是栗色。帽徽中央的十字标志表明他要么是在司令部服役，要么是在军事院校服役。

D2：第 3 奥斯塔公爵快速师，第 3 神枪手团，第 3 摩托车连，军士

这是一名"快速师"——即意大利陆军中的骑兵师——中的摩托车通信员。他戴着 M1933 款头盔，上面有神枪手部队著名的小公鸡羽毛附件。他穿戴的套头衫是整个大战期间都非常受欢迎并且实用的一种军服。左袖上有红色的摩托车通信兵的红色臂章，其下是金/黄色的军衔标志。他还穿着皮质骑兵鞋、炮兵绑腿，以及为神枪手部队专门设计的腰带和弹药袋。他携带着一把卡尔卡诺 M1891/1938 款卡宾枪，这是 M1891 款的小改型。

D3：边境卫队，第 23 边境区，上等兵

边境卫队——以边境区作为组织模式——在入侵南斯拉夫的行动中起了非常重要的作用。这名士兵穿着标准的 M1940 款陆军上衣和灯笼裤，衣领上别着代表边境卫队

带套的手枪，另有布雷达 M1930 款轻机枪搭配的工具和弹药袋。

F: 1942 年，苏联前线

F1: 意大利克罗地亚军团，志愿兵

这支小规模的部队于意大利占领时期从克罗地亚人中征召组建，并投入到苏联前线，包括一个步兵营、一个迫击炮连和一个反坦克连。这名志愿兵穿着 M1934 款呢质大衣——在苏联的寒冷气候中完全不实用；左袖上有克罗地亚的国家盾徽，为红色和银色 / 白色的棋盘盾，上有"Hrvatska"（即克罗地亚语中的"克罗地亚"）字样。由于这支军团隶属于黑衫军编制，因此他的大衣衣领上有那时的白色金属束棒标志。他的布斯提那帽上也有 MVSN 的帽徽。此图中他将布斯提那的帽徽护耳拉下，罩在自己私人采购的巴拉克拉法帽①上。在苏联的严寒天气中，配发的平头钉鞋并不能有效防止脚部被冻伤。他的步枪是从 6.5 毫米口径 M1891 款卡尔卡诺步枪改造而来的 M1938 款。他还在腰带上挂着一枚布雷达 35 款手雷。

在希腊－阿尔巴尼亚边境地区，一名加强配属给托斯卡纳之狼的第 15 MVSN 营的黑衫军士兵。在衣领上可以看到 MVSN 部队的黑色双尖火焰章，上有白色金属束棒图案。在其左胸的勋表上方可以勉强看到该师的金色"荣誉徽章"——在椭圆形花冠中的两个嚎叫的狼头形状。

F2: 巴苏比奥步兵师，第 79 步兵团，军士

这名士兵为了应对苏联的寒冬，已经比大部分其他人都要装备得好一些。他穿着一件垫有棉絮的双排扣大衣，戴着一顶由他的指挥官采购的罗马尼亚羊毛帽。虽然许多士兵将原有的军帽上的帽徽缝到这顶毛帽上，使它看上去正规一些，但它毕竟不是标配用品。这名士官还非常幸运地获得了一双防水帆布罩靴，并有一顶毛线的巴拉克拉法帽和扳指手套。他携带了一把波兰的马诺斯奇克 WZ35 款反坦克步枪。这款反坦克武器来自德军的战利品，在征俄军中大量配备。他们接受了这种过时的武器，只能凸显出意大利征俄军在面对苏联装甲部队时，多么缺乏有效的武器。

F3: 切尔维诺山雪地营，高山兵

这支精锐的部队之所以加强配属给苏联前线的第 8 集团军，是希望发挥他们在冬季气候中的作战优势。他穿着的

1942 年，两名宪兵在被占领的南斯拉夫某地的火车站外面执勤。两人都戴着双角帽，上有灰绿色布质帽罩和黑色的帽徽；穿着 M1934 款单排扣大衣、绑腿，配有 M1891 款黑色皮质弹药带。除了作为军事警察的主要职能之外，宪兵部队在所有的占领区都充当了安全警察。

---

① 巴拉克拉法帽起源于克里米亚地区的巴拉克拉瓦，但后来克里米亚战争中，英军采用了这种兜帽，后来将所有罩住头和脖子的兜帽均称为巴拉克拉法帽。

这名部署在希腊的宪兵，军衔相当于步兵军士。宪兵的领章有银色花边和黑色底色，上有常见的银星装饰。袖子上的军衔标志也是宪兵特有的银色标志。他佩戴的 M1891 款黑色皮质弹药带在宪兵中很普及，常被用来替换常规的腰带。

是两件套罩衣，上半部的前襟和侧面有绑带设计，可以拉紧。罩衣上有时会佩戴军衔标志，但并不常见——在此图中高山兵非常重视的传统着装方式使其反常地佩戴了红色绒球和黑色乌鸦羽毛。他身上特别的白色帆布弹药带是高山兵的特殊装备，有四个弹袋，而非通常的两个。他的武器是有折叠刺刀的 M1891/1938 款卡宾枪。

G：1941—1943 年，南斯拉夫占领军

G1：1942 年，达尔马提亚，第 67 黑衫军营"托斯卡诺"，支队长

这名指挥南斯拉夫本地 MVAC 部队的黑衫军军官的军衔相当于皇家陆军中的中尉。他的 M1940 款呢质夹克上有带红色束棒的双尖黑色火焰领章。前臂的军衔杠顶部是钻石形状而非陆军的圆环状。在执行勤务时，他穿着套头衫搭配大战时期款式的马裤，但他还是保留着那抢眼但却不实用的军官版高帮鞋。他的头盔前方有黑色涂印的 MVSN 标志；他的黑色 MVSN 布斯提那帽抄进了腰带中。腰带上装备着带枪套的贝雷塔手枪、MVSN 匕首，以及装着 9 毫米口径贝雷塔 M1938A 款冲锋枪的 30 发弹匣的帆布弹药袋。与意大利在"二战"期间使用的其他轻武器不同，这款冲锋枪从敌人那里得到了很多赞誉。

G2：1942 年，威尼斯步兵师，第 84 步兵团，二等兵

这名威尼斯步兵师的二等兵像雨衣那样披着自己的 M1929 款伪装帐篷组片；这是军事史上配发给军队的第一种标准伪装装备，至少在这一点上，意大利军队领先了潮流。他的头盔通气孔上绑着一根绳索，上面加上了许多叶片。在披风下，他穿着标准的 M1940 款制服。下身则可以看到在战场上常见的绑腿和长袜的组合。另外值得注意的是他的腰带上的战斗匕首，这是黑衫军匕首的皇家陆军版本。

G3：1942 年，达尔马提亚，MVAC 部队，小队长

这名着装颜色丰富的人物是达尔马提亚 MVAC 部队中的一名小队长，在意大利占领的南斯拉夫地区的不同地域组建的这些"反共产主义志愿民兵"主要是协助对抗游击队。他头上的装备是一顶柔软的无檐便帽，其上缠绕着一片黑色的布料，并从帽后垂下。软帽前方是三色帽徽，帽徽上的图案是达尔马提亚 MVAC 专有的头骨与匕首。达尔马提亚的 MVAC 部队按照不同的宗教信仰，划分为许多个 100 人的连级部队，被称为"班德"。总共有 5 个罗马天主教班德部队和 2 个东正教班德部队，宗教信仰的不同主要通过软帽的颜色区别——天主教部队为红色，东正教为橙色。他身着制服的其他部分为标准的意大利 M1940 款；可以看到在绑腿底部卷起来的袜子，这是战场中意大利士兵的常见打扮。他的军衔标志为蓝色袖标上的红色布质三角，上面缀有一颗白色的布质五角星。他的武器是一支前南斯拉夫军队的毛瑟 M1924 款步枪。

H: 1941—1943 年, 巴尔干占领军

H1: 1941 年, 希腊, 伊庇鲁斯, 皇家金融卫队 (税务警察), 第 8 营, 代理军士

税务警察是意大利陆军的组成部分, 在和平时期主要承担反走私和反间谍任务。在战时, 他们需要承担对内和对外的安全警卫任务, 因此有些小规模的部队被部署在占领区, 也因此成为了游击队乐于攻击的脆弱目标。税务警察的军衔等级与皇家陆军有些微小差别——这名代理军士的军衔相当于军士。他的制服是标准的陆军标配, 上面有税务警察的黄色双尖火焰领章。他的头盔上则有税务警察常见的标志涂装。他的 M1935 款防毒面具包在此图中被用来携带手雷, 这种情况在战时也很常见。他的武器是 M1891/1924 款卡宾枪。

H2: 1942 年, 阿尔巴尼亚, 佛罗伦萨步兵师, 皇家宪兵, 第 13 机动营, 军士

宪兵部队是意大利陆军中的资深部队, 充任军事警察职责。他们有自己独特的军衔系统, 这名士官的军衔相当于步兵中的上等兵。他戴着传统的"苜蓿"双角帽, 由黑色毛毡制成, 在战场上会搭配前方有布质帽徽的灰绿色布质帽罩。他的军装的其余部分是正常的 M1940 款标配, 有着皇家宪兵醒目宽大的领章。因为正在执行卫戍勤务, 他携带着基本的装备, 包括装卡宾枪弹药的灰绿色皮质骑兵版子弹带, 但他在子弹带的末端挂了一把套在枪套里的博多吉尼森提 M1889 款左轮手枪。

H3: 南斯拉夫, 第 1 快速师 "欧亨利奥·迪·萨伏依", 第 11 神枪手团, 第 27 营, 军士长

这名来自精英轻步兵部队的军士长正穿着卷起袖子的衬衣放松, 他的着装包括一件灰绿色的法兰绒衬衣, 上有拉链衣领, 左袖上则有军衔标志 (当军官穿着卷起袖子的衬衣时, 在左胸口袋上应该佩戴与布斯提那帽上相同的军衔星章)。他骄傲地戴着有蓝色流苏的红色毡帽, 这种毡帽与装饰着小公鸡羽毛的常服帽和头盔一样, 是神枪手部队的主要识别标志 (这种毡帽是由在 1854—1956 年间与原萨丁尼亚王国军队并肩作战的法国轻步兵为表达对意大利神枪手部队的赞誉而 "提供" 的)。他正要用自己的标准配发水壶中喝水, 在他的脚边则是帆布 "战术包", 里面装有食物。

MVSN 的百夫长 (上尉) 穿戴着标准的常服帽和制服, 搭配黑色衬衣和领带。

意大利陆军 1940—1945 年 (2)

非洲：1940—1943 年

The Italian Army 1940—1945 (2)
Africa 1940—1943

意大利的"平行战争"

当意大利军队被卷入第二次世界大战时，他们其实已深陷非洲战场长达 40 年，先后征服了厄立特里亚、利比亚、意属索马里兰，并最终在 1936 年征服了埃塞俄比亚（阿比西尼亚）。在 20 世纪 30 年代末，意大利拥有了自己的帝国版图，墨索里尼的法西斯政权可以宣布他们拥有了他所一直声称的意大利必须拥有的"生存空间"。这个所谓的意大利帝国耗费了大量的努力才得以建立，但在德国国防军不可一世之际，意大利于 1940 年 6 月 10 日向英国和法国宣战，看起来似乎获得了进一步扩大这一帝国的机会。但实际上，意大利陆军很快就在非洲占领区的各个战场上陷入守势，到 1941 年末时，这个所谓帝国的大部分领土已经永久丢失。虽然世界各殖民势力的时代在其后的 20 年中也终究烟消云散，但作为最后一个建立起海外帝国的欧洲国家，意大利却是第一个失去殖民地的。

为了防卫这些非洲领土，意大利看上去拥有足够的人力资源，它在利比亚有 15 个师，而在意大利的东非地区有超过 25 万人的部队。这支规模庞大的部队拥有——纸面上的——强大的装甲部队和空军支援，并对英国控制的中东地区形成了重要威胁，而中东地区的波斯湾油田和苏伊士运河对英国具有无可比拟的战略重要性。

意大利的主要战争举动是在所谓的"平行战争"中在地中海与北非地区扩张。这意味着当德国在北欧和东欧建立自己的帝国时，意大利希望能够在南欧和非洲占领足够的版图。墨索里尼认为这一战场是他在轴心国集团中当仁不让的职责所在，并把地中海称为"我们的海"。他为自己军队制订的计划是拿下大英帝国的中东地区，首先占领埃及和苏伊士运河，严重阻碍英国与其亚洲部分和盟友的交通；接着继续向东进攻，占领中东地区的油田。墨索里尼甚至设想要让由轻巧、快速的海军舰只和陆基鱼雷轰炸机组成的意大利联合舰队冲出地中海。但对于轴心国而言，不幸的是，在 1940 年末，意大利几乎是同时在希腊和利比亚都陷入了失败的境地，德国不得不被拖入这场"平行战争"以试图恢复其盟友的地位。

贾纳里中校，第 2 阿尔及利亚人殖民军骑兵团指挥官，在 1940 年 7 月，率队成功突袭了英属苏丹的卡萨拉城。他穿着撒哈拉上衣，戴黑色肩章，肩章上有他的军衔标志和第 2 骑兵团——"雄鹰羽毛"团——的徽章。他的热带头盔是个人采购的"亚丁"款——见第 223 页插图 C2，在三色国家盾章上有该团的团徽。

1940—1941年，意属东非

　　意大利在非洲东部建立的"帝国"包括厄立特里亚（1896年并入）、埃塞俄比亚（1936年并入）以及索马里兰（1925年并入）。这些领土并称"意属东非"（AOI），由埃塞俄比亚总督奥斯塔公爵①统治——他对意大利非洲帝国的统治还算通情达理，比其前任要温和人性一些。奥斯塔公爵明白，一旦开战，他的部队将会被孤立，失败对于他们而言只是时间问题。

　　1940年时，奥斯塔的部队共有256 000人，其中182 000人为土著部队（意大利称其为土著兵，下文通称为殖民军）。土著部队的质量参差不齐，既有经历了历次战役洗礼、训练良好的正规营队，也有缺乏训练的征召兵，后者被划入"班德"的非正规部队中。就算是更精良的非洲部队，自从1936年征服埃塞俄比亚以来，已连续战斗了五年，精疲力竭无力再战；而那些经验与训练水平都很缺乏的部队几乎可以肯定，一旦遭遇压力马上就会土崩瓦解。

　　在意属东非的欧洲部队包括精锐的"萨伏依掷弹兵"师，该师是意大利陆军最早成立的部队之一。另一个师是从驻扎在该地区的其他部队中拼凑而来，被冠以"非洲"的名字。该师的大部分下属部队是从该地的白人殖民者中征召来的MVSN黑衫军团。奥斯塔的欧洲部队的剩余部分则包括七零八碎的诸如宪兵、税务警察、意属非洲督察队（PAI）在内的部队以及部分海军力量。尽管在大战初期，意大利军方紧急调派了22辆中型坦克到此地，但奥斯塔拥有的现代化装备数量还是少得可怜。从战术组织而言，这些意大利人也没有做好面对他们即将遭遇的现代化战争的准备。当1940年意大利军队渡过朱巴河进入英国控制的苏丹地区时，一名英国军官目睹后评价道："这些意大利人在100年里都没有改变过他们的战术！"

　　在最初的进攻中，意大利成功地占领了一些小型英国据点。1940年7月4日，大约8 000人的意大利军队在付出500人的伤亡代价后，占领了苏丹的卡萨拉。这支部队拥有2个殖民军旅、4个骑兵团、18辆坦克和数量众多的轻型火炮。同时，在苏丹的加拉巴特和肯尼亚的莫亚莱地区，意大利也成功地占领了一些规模更小的英军边境据点，但并没有规划进一步

　　1940年8月，一些黑衫军士兵和土著部队正在庆祝他们攻下的一座位于英属索马里兰的要塞。但看上去更像是乱哄哄的故作优雅而非一场现代战争，这简直就是这场战役的缩影。土著士兵们穿着基本的制服，有灯笼短裤和上衣，还有彩色的头巾。这些侵略军给人留下了花花绿绿的印象，这个大杂烩的部队包括土著骆驼骑兵、杜巴特非正规军，夹杂在一小批坦克、装甲车和骑摩托车的军事警察中。

① 13世纪，神圣罗马帝国皇帝设立奥斯塔公爵爵位，该爵位一般授予萨丁王国国王的次子，相当于英国的约克公爵或法国的奥尔良公爵。从19世纪后半叶开始，该爵位落入萨伏依王朝手中。本书中为第三任奥斯塔公爵，即阿梅代奥亲王（1898—1942），是第一任阿梅代奥亲王（1845—1890）的长孙，也是意大利国王埃马努埃莱三世的侄子。

的进攻——意大利丧失了攻入几乎未设防的苏丹地区的黄金机会，他们本可以借此打通一条从南面攻向苏伊士运河的道路。由于过高估计了英军的力量，他们放弃了卡萨拉，并在听闻了利比亚的灾难性战败后，于1941年1月撤回了厄立特里亚。

入侵英属索马里兰

1940年8月4日，意大利从埃塞俄比亚发动了对英属索马里兰的入侵，这也是整个"二战"期间在非洲的意大利陆军为数不多的成功行动之一。为了占领这片贫瘠而空旷的英国领土，意大利组织的联合部队拥有近35 000人，其中30 000人是土著部队，另有4 800名欧洲军事人员。白人部队中包括来自"萨伏依掷弹兵"师的1个营、2个MVSN部队、1个M11/39型中型坦克连、1个轻型坦克中队和2个老式装甲车中队。这些步兵还得到了大量小口径野战炮的支援。

意大利军队对驻守该地的弱小英联邦军队具有压倒性的优势，但后者成功地在入侵者赶到前从柏培拉港撤离。尽管如此，这次小规模的战役对意大利人而言还是代价不菲，他们有2 502人阵亡或失踪，相对而言，英军只损失了250人。

几名意属非洲督察队的黑人摩托车手在参加了入侵英属索马里兰的行动后合影。他们都穿戴着棕色皮革防撞头盔、大衣以及PAI部队特有的腰带和弹药袋——详见第224页插画D1。这支装备精良的部队都携带着很受欢迎的内置折叠刺刀的贝雷塔M1938A款冲锋枪。德国人对这种多种族成功融合的部队的印象极其深刻，以至于还派军事人员前往PAI训练中心，希望当德国自己征服非洲的领土后也能效仿这样的做法。

战斗序列

1940年8月，入侵英属索马里兰

贝尔托蒂将军纵队

2个MVSN营

1个隶属于"萨伏依掷弹兵"师的营

第42、第58、第66、第62、第140、第143殖民军营

第4索马里营

2个土著班德部队

德·西蒙尼将军纵队

第20、第39、第49、第37、第64、第83、第38、第40、第142殖民军营

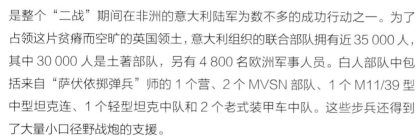

1940年，MVSN部队师级编制

2个3营制的MVSN军团
+1个迫击炮连 +1个炮组（连）
炮兵团
工兵营
机枪营
反坦克连

共8 000人

① 杜巴特，指"二战"期间意大利雇佣的东非土著非正规军。杜巴特为索马里语，意为白色（穆斯林）头巾。他们的训练和装备要好于土著班德部队，充任辅助部队角色。

1940年，奥斯塔公爵，意属北非总司令官，正在向他的一名士兵授勋。奥斯塔公爵因其在1941年的东非战役中的行为而受到英国人的尊重，并对他在当年5月的阿拉吉山战斗中的领导力表示钦佩。在最终投降后，他坚持要求自己的军队在被扣押之前清扫其埋下的雷场——在丑陋的战争中，这是骑士精神的优雅代表。在此图中，他穿着意大利皇家空军的将官制服，在他袖口的军衔标志上的两枚徽章代表着两次因为杰出服役而得到提拔。受勋的士兵则戴着"亚丁"版头盔。

第1杜巴特①营

PAI部队集群 +PAI摩托车连

贝特罗将军纵队

第1、第2骆驼杜巴特营，第2、第3、第4、第6杜巴特营

第101、第102殖民军营，第3海岸营

预备队

第4、第3、第9、第10殖民军营

9个骆驼殖民军炮兵连

装甲部队

1个中型坦克连，1个轻型坦克中队

2个装甲车中队

1941年，东非战役

随着意属东非的部队执行战略后撤退至红海，对于英国而言要保障自己的中东交通线（这条通往地中海的航运路线受到了来自意大利海军和空军的威胁），迫切的重要任务就是消除这一直接的威胁。对意属东非的进攻，从两条战线上相继发起：首先普莱特将军的北方军团——第4、第5印度师和苏丹防卫部队，从苏丹向东攻入厄立特里亚；接着由康宁汉姆将军的南方军团——第11、第12非洲师（由东非和西非士兵组成）以及第1南非师，从肯尼亚向北攻入意大利属索马里兰。他们还得到了一些小规模部队的协助——从亚丁湾而来的英国部队以及登陆苏丹港的自由法国部队。而流亡的埃塞俄比亚皇帝海尔·塞拉西也组织力量潜回埃塞俄比亚，以唤起爱国者反抗意大利。

战役简介

1941年1月19日，普莱特将军的部队从卡萨拉和加拉巴特进入厄立特里亚。

1月24日，康宁汉姆将军的部队从加里萨和布拉出发，于29日进入意属索马里兰。第12非洲师沿着朱巴河向北进入埃塞俄比亚，直驱亚的斯亚贝巴；第11非洲师则继续沿着海岸向东北前进，扑向意属索马里兰的首都摩加迪沙。

1940年夏天，意属索马里兰，一名索马里人杜巴特部队的士官。土著轻步兵有着优秀游击兵的传统。他穿着浅卡其色上衣和"福塔"裙，戴着浅卡其色头巾。环绕脖子的彩色饰绳用来标识军衔。他的前奥匈帝国式武装腰带上有4个口袋，是1918年意大利获得的"一战"战争赔偿品；他很可能装备了一支曼利夏M1895款步枪——详见第221页插图A2。

2月1日，普莱特的第5印度师在经过两天战斗后，在艾克达特击败了福斯齐将军的部队。大部分意大利军队撤入克伦，这是一座控制着通往马萨瓦战略港口东路通道的山地要塞。

2月3日—3月27日，克伦战役。意大利守军近30 000人，拥有144门火炮。其步兵中大部分是殖民军营，但也有精锐的萨伏依掷弹兵师和育克山高山营。防御者占领了有利的山地阵地，负隅顽抗，在2月3—12日、3月15—27日之间，多次打退了由第4、第5印度师发起的轮番攻击，付出了大约3 000人的伤亡代价。进攻的英联邦军队则有500人阵亡，3 229人受伤。

2月25日，康宁汉姆的第11非洲师占领了摩加迪沙，之后向北进发攻入埃塞俄比亚。

3月1—17日，第11非洲师在17天行军774英里进抵吉吉加。

3月16日，来自亚丁的英国部队在柏培拉登陆。

3月27日，第11非洲师占领哈拉尔。

4月1日，普莱特将军的北方军团占领了厄立特里亚首都阿斯玛拉。

4月5日，意大利军队从埃塞俄比亚首都亚的斯亚贝巴撤退，并宣布此地为"不设防的城市"。残存的意大利部队分散到几座山地要塞中。

4月6日，第12非洲师进入亚的斯亚贝巴，他们长达1 700英里的行军到此结束。整个过程中并未遭遇激烈的战斗，总共只有500人伤亡。

4月8日，普莱特占领了马萨瓦港，消除了对盟军海路运输的所有威胁。他的北方军团总共俘虏了40 000人，缴获了300门大炮和大量其他物资。他指挥下的第4印度师则奉命返回西部沙漠中。

5月3—17日，阿拉齐山战役。第5印度师从阿斯玛拉、第1南非军从亚的斯亚贝巴共同向此地发起钳形攻势，在经历了18天的激烈战斗后，守军7 000人最终投降。亲自指挥该战役的奥斯塔公爵，是最后一个离开阵地的意大利军人，之后他获得了英国的宽大处理。

战役进行到此时，英联邦军队已经俘虏了23万名战俘，但还有另外的8万名意大利军人分成了2个4万人的集团，分别是位于埃塞俄比亚西南部的加泽拉将军和在东北部的纳西将军的部队。两者都仍然在负隅顽抗。

5月22日，西南方向的索杜在第11、第12非洲师发起的钳形攻势中被占领。

6月21日，金马的15 000人意大利部队投降。这是加泽拉将军的司令部所在地，但将军本人带着一小支部队撤退。

7月3日，加泽拉将军带着剩下的7 000人投降。仅剩下纳西将军的部队，困守于塔纳湖北方的贡德尔的一处山地要塞中，他们陷入了埃塞俄比亚游击队的重重包围。

9月28日，在经历了3个月的抵抗后，沃尔齐飞特隘口的意大利守军投降：包含1 500名土著士兵的3 000人的意大利部队得到了宽大处理。

11月27日，纳西将军和他的23 500名士兵在贡德尔放下了武器。英联邦军队伤亡500人。这标志着意大利在东非的抵抗完全结束，也标志着短命的意大利东非帝国的灭亡。

1940—1941年，利比亚战役

在1940年6月向英国和法国宣战后的短短几周内，意大利在利比亚的军队就遭遇重创，殖民地的统治者和总司令伊塔洛·巴尔博元帅于6月28日搭乘飞机在托布鲁克港被意大利自己的防空火炮击落并死亡。巴尔博不仅受到自己人的欢迎，甚至也受到一部分土著人的拥护。他的位置由格拉奇亚尼元帅接替，在20世纪30年代早期，格拉奇亚尼镇压本地起义时的血腥手段导致利比亚人对其非常憎恨。格拉奇亚尼在对抗土著部落时的战绩还算成功，但他指挥军队进行现代战争的能力却很值得怀疑。

当大战开始时，意大利驻守在北非的部队规模庞大：约有236 000人，1 811门火炮，339辆坦克和151架作战飞机。随着法国投降，意大利第5集团军也很快从的黎波里塔尼亚（利比亚的西部行省）和法属突尼斯东向返回，支援在迈尔迈里卡（利比亚东部）和埃及与英军对垒的意大利第10集团军。在对手方面，英国中东地区武装力量总司令韦维尔将军要负责埃及、巴勒斯坦、伊拉克地区，并防御与维希政权叙利亚接壤的边境地区，在埃及地区部署的部队只有奥康纳尔将军的西沙漠军团，约31 000人，其中大部分来自第4印度师和第7装甲师。

墨索里尼对入侵英国领土跃跃满志。在整个夏天，意大利和英国的边境巡逻队都不断爆发着小规模的对抗，双方都在试探对方的虚实，但使墨索里尼大为光火的是，意大利为此付出了约3 000人的伤亡。"领袖"——这个其实不懂军事的门外汉——催促格拉奇亚尼发动进攻，

（左）1941 年, 埃塞俄比亚, 一名 MVSN 军官站在他的帐篷外照相。他穿着白色或是非常浅的卡其色麻布撒哈拉上衣, 上有黑色布质肩章带。放大后可以看到在他的印度款热带头盔的前部有一个帽徽, 其图案是交叉双剑和束棒, 表明他属于从意属东非白人殖民者中征召的 MVSN 军团的一员。

墨索里尼拒绝接受这名元帅迟迟不能行动的理由, 认为都是搪塞。格拉奇亚尼则真正关心他的军队的战备情况。

从纸面上来看, 意大利第 5、第 10 集团军非常强大, 但他们其实受到编制、装备、后勤等多方面的困扰。由于缺乏载具, 意大利军队在运输和机动性方面存在严重问题, 而就算以最基本的步兵标准来看, 他们也缺乏各种现代化支援武器, 缺乏反坦克和防空炮, 炮兵只有老古董式的野战炮、意大利坦克的诸多技术缺陷……这些都是致命的缺点。除此之外, 意大利军队也没有建立起适当的油料、弹药和物资配给库存。他们拥有的卡车的低完好率使得他们的机动和后勤问题更加突出: 在 1940 年 11 月, 北非意大利军队的 5 140 辆摩托化载具中有近 2 000 辆无法正常使用。

意大利的高级军官们都没有"火线指挥"的传统, 应该配备的无线电又短缺, 因此在战斗中指挥部队只能依靠古老的传令兵来回奔波的方式。尽管长期驻扎在利比亚, 这支军队的指挥官其实缺乏真正的沙漠作战的经验。另外, 这支军队中的许多人已经在埃塞俄比亚或西班牙持续战斗了许多年, 很少有能够返乡休整的机会。他们疲劳厌战, 并对按照现代欧洲标准来判断得出的他们军队的诸多弱点感到失望迷惘。

但最终, 在迁延许久并出师不利之后, 意大利军队于 1940 年 9 月 13 日终于开始了试探性的进攻。

战役简介

1940 年

9 月 13—20 日, 意大利以超过 4 个师和 200 辆坦克的兵力入侵埃及。第 5、第 10 集团军在遭遇很少抵抗的情况下, 缓慢推进了 65 英里, "23 马尔佐"师占领了西迪巴拉尼的小镇（在此地, 据他们自己宣传说, "有轨电车运行如常"）。格拉奇亚尼在此地拒绝继续进攻, 除非获得增援和补给。但这些并没有到来。意大利军队的优先补给权给了被拖入灾难般的希腊战役中的部队。40 英里长的战线上, "临时"的营地逐渐被意大利军队强化成了堡垒。

1940 年 12 月 9 日—1941 年 2 月 9 日, "指南针"行动。按照命令, 韦维尔将军不得不将部分部队派往克里特, 但他在 1940 年 9 月底从英国本土获得了 150 辆坦克。他规划了一场针对在西迪巴拉尼附近的意大利营地的小规模突击。这场"五日冒险"的目标非常宽松, 所以任何战果都可以接受。

1940 年 12 月 9—10 日, 第 4 印度师攻击了尼贝瓦和图马尔以及西迪巴拉尼的意大利营地, 同时, 第 7 装甲师穿过沙漠从南面迂回。在这场令

203

人瞩目的大胜中，各自独立的意大利营地被一个接一个地攻克——尽管他们准备充分，并有 60 000 人的驻守部队，还专门布下了对付这种进攻的地雷场。但不幸的是，一名携带了雷场详图的军官被英军捕获。战斗开始没多久，就可以明显看出这些要塞相互间距离太远以至于很难互相呼应，因此机动能力突出的英军可以集中兵力各个击破。对于英军来说，这次战斗中一种重要的资产就是第 7 皇家坦克团所装备的玛蒂尔达 MK II 坦克——虽然缓慢、火力不佳，但厚达 78 毫米的前装甲使得它几乎无法被击破。虽然意大利炮兵经常宁死不屈，但也对其无计可施（利比亚部队的马莱蒂集群在尼贝瓦的战斗中令人印象深刻，一名第 7 皇家坦克团的成员评价道："意大利人也许很容易就被击溃，但在尼贝瓦，他们拼死抵抗。"）。在战斗头三天里，英国军队俘虏了 38 000 人，缴获了 237 门大炮和 73 辆坦克。

12 月 11 日，韦维尔将军命令第 4 印度师前往东非，它的位置很快由澳大利亚第 6 师补上。韦维尔将自己的"冒险"扩大为了一场全面的进攻。

12 月 20 日，最后的意大利部队撤出埃及。

1941 年

1 月 1 日—2 月 9 日，西沙漠军团（现更名为英国第十三军）继续进攻，一路沿着海岸线夺下了巴尔迪亚、托布鲁克、德尔纳和班加西，另一路（第 7 装甲师）则向西南方向穿过昔兰尼加突出部（利比亚中部行省），在 2 月 5 日进抵贝达富姆，切断了意大利军队从海岸线经巴拉比亚撤退的后路。到 2 月 9 日，英国军队在阿盖拉停止进攻时，他们已经推进了 500 英里，俘虏了 130 000 人（包括 22 名将军），缴获 845 门大炮、380 辆坦克。在整个战役期间，英国的伤亡为约 500 人阵亡、1 373 人受伤、56 人失踪。约有 8 000 名士气低迷的意大利部队成功逃往的黎波里塔尼亚，并很快在那里重组。格拉奇亚尼被解除职务并接受调查委员会的质询，他的继任者为加里波尔蒂将军。

战斗序列

1940 年 12 月，利比亚的意大利军队

第 5 集团军（加里波尔蒂将军）

第十军

博洛尼亚、萨沃纳、萨布拉塔步兵师

第二十军

一群精锐的神枪手士兵正在一处非常开阔暴露的阵地上操纵一门 47 毫米反坦克炮，等待英军进攻。他们都穿着灰绿色呢质军服，戴着热带头盔，其中一人的头盔上装饰着这一兵种特有的著名的小公鸡羽毛。所有人都穿着皮质绑腿，表明他们都来自摩托车部队。

204

1940 年，摩托化步兵师编制

2 个 2 营制的步兵团
1 个 2 营制的神枪手团
＋补给连、摩托车连
炮兵团
机枪营
工兵营

共 10 500 人
168 挺轻机枪，90 挺重机枪
56 具 45 毫米迫击炮
12 具 81 毫米迫击炮
12 门 47 毫米反坦克炮
24 门 75 毫米火炮，12 门 100 毫米火炮
531 辆汽车，1 170 辆卡车
48 辆牵引车

帕维亚、布雷西亚、苏尔特步兵师会

马莱提集群

第二十三军

23 马尔佐、28 奥特博 MVSN 师

利比亚第 2 步兵师

第 10 集团军（贝蒂将军）

第二十一军

迈尔迈里卡、西里奈步兵师

第二十二军

卡坦扎罗步兵师、3 真纳约 MVSN 师

利比亚第 1 步兵师

一名隶属于半人马装甲师第 5 神枪手团的军士长（前）和他的士兵，正在一处从利比亚的岩石地形中挖出来的炮位里操纵一门 20 毫米反坦克炮。他们看上去才获得了新配发的制服。在 M1935 款热带头盔上，他们都在国家三色大盾徽上佩了黄铜的兵种徽章，并且把小公鸡羽毛插在右侧。他们使用的这种护目镜是从埃塞俄比亚战争时期就启用的。

1941—1943 年，北非的意大利军队

在欧文·隆美尔将军（后升任元帅）的德国非洲军自 1941 年 2 月加入这场战役之后，在北非的意大利军队所扮演的角色就发生了变化。虽然这支军队在 1941 年 12 月前还在名义上隶属于意大利最高司令部统辖，但实际上从抵达非洲开始到 1943 年 5 月轴心国在突尼斯的最终战败为止，德国一直都是轴心国军队中的主角，哪怕意大利人在数量上占据了大多数。隆美尔不断地被授予对意大利师的直接指挥权——最开始是意大利第二十军的机动部队，后来就是整支军队。且不说德国军队在装备水平、规模、质量上的明显优势，另一个不言而喻的共识就是德国非洲军拥有更高的指挥水平。

就像在大战的其他战场上一样，意大利军队受困于机动性的缺乏和糟糕的指挥控制。缺乏摩托化运输能力意味着意大利步兵部队只能以静态的阵容进入战斗，而无法进行机动灵活的部署，这一点却在沙漠作战中非常重要。意大利最高司令部着迷于在战场上部署大量的部队，全然不顾这种规模庞大

75毫米口径75/46 M1934款防空炮的炮组成员在利比亚的战斗中，混搭穿着热带版和大陆版的制服。装填手穿着热带马裤和衬衣，戴着灰绿色的呢质布莱提那帽；其余人戴着热带头盔。右手边的瞄准手穿了一件灰绿色衬衣；他左边的人则佩戴着棕色皮革质地的M1891款弹药带。意大利人做过一些尝试，想把这种火炮用于地面反坦克作战，就像德国88毫米火炮一样，但并没有取得什么实际效果。

1942年，北非摩托化步兵师编制

2个2营制摩托化步兵团
装甲营
摩托化炮兵团
摩托化工兵营
摩托化后勤团

共5 932人
74挺轻机枪，74挺重机枪
18具81毫米迫击炮
36门47毫米反坦克炮
12门88毫米防空／反坦克炮
54门20毫米防空炮
24门75毫米火炮，24门100毫米火炮
52辆中型坦克

但缺乏机动的部队在北非战场上毫无用处。直至1942年7月，意大利最高司令部还打算朝已经有150 000人的这一战场再投入67 000人。

（但从另一个方面来讲，意大利最高司令部在1942年向德国人反复要求发起一次全力以赴的进攻以歼灭马耳他的盟军，但始终徒劳无功。这一要求完全正确，因为后者的机场和海军基地是穿越地中海的补给航线的关键所在。英国对这些海上运输通道的封锁在当年秋天对德国和意大利军队都造成了严重的影响。）

意大利军队在之前的利比亚战役中败于规模更小，但训练更好、装备更佳、指挥更优秀的敌人之手。像在希腊一样，他们曾经被宣传机构灌输了法西斯的速胜梦想。但现在，面对着他们所处的真实境况，许多意大利士兵感到彻头彻尾的幻灭，不论是与敌军还是与德国军队比较起来都处于弱势的景象在其后的战役中一直影响着他们。一封某位士兵寄回的家书反映了许多人的感受："我们试图将这次战争当作一场发生在非洲的殖民战争。但事实上这是一场发生在非洲的欧洲战争，使用的是欧洲的武器，对抗的是欧洲的敌人。我们并没有足够的奢侈资源来构筑我们的防御及武装我们自己。我们现在不再是和埃塞俄比亚人作战了！"

显然，个体的勇气是没有止境的，也确实有许多案例记录下了意大利士兵的伟大的英雄行为，他们经常直面装备远胜于自己的敌手。但对于所有军队而言，部队的质量很大程度上要依托于领导水平；而在部分意大利军队中，他们的军官并未受到士兵们的认同和爱戴，这种认同和爱戴只能来自同甘共苦的情谊（例如，让德国非洲军都惊讶的是，意大利有着层次不同的配给制度，军官们吃得比士兵更好，并享有其他分配的优先权）。如若领导得当，意大利部队经常顽强战斗，战役中的表现也显著提高。但总体而言，他们被德国非洲军视为二线部队，通常执行次要任务——这对他们的士气和效率都造成了打击。

同另一个战场上一样，尽管普通士兵的表现不佳，但诸如神枪手、装甲部队和伞兵部队等精锐部队的表现往往给他们的敌手和盟友都留下了深刻印象。当一些小规模部队投入战斗——如第31战斗工兵营——他们往往是首屈一指的。这些小规模部队都有富于奉献精神的军官，也能够比绝大

多数意大利步兵获得更好的训练和装备。

装甲和反坦克武器

在整个北非战役中，意大利陆军都不得不使用档次较低的武器装备。而且当英国和德国在不断改进装备时，意大利却原地不动——这就更加增大了差距。在沙漠战役中，坦克和反坦克炮是非常重要的武器。意大利的坦克从来没有赶上甚至是早期的英国坦克的水平，更别提 1942 年后投入战场的美国 M3 格兰特、M4 谢尔曼坦克。意大利陆军的三种主要装甲载具是 CV33 小型坦克、M11/39 坦克和 M13/40 "中型"坦克。在利比亚的早期战斗中，小型坦克和 M11/39 坦克就已经显得毫无用处，大多数都在战斗中被击毁。M13/40 坦克虽然相较前两者有显著的提高，但依然有许多缺点，其中之一就是非常糟糕的机械可靠性（有一次隆美尔组织了一场由 4 辆 III 号坦克和 4 辆 M13/40 坦克进行的射击比赛，但最后只有一辆意大利坦克到场——其他三辆都在半路出了故障）。其 47 毫米口径的主炮和 25mm/42mm（车身／炮塔前方）的装甲水平足以对抗 1941 年的英国轻型坦克和巡洋坦克，可就算其他方面旗鼓相当，但由于除了连长指挥车之外都没有安装无线电系统，因此给指挥带来了很多问题。一旦双方接触开战，很难再根据多变的形势进行调整；就算作战目标成功达成，整个连都必须停下来，等待他们的指挥坦克通过旗语下达新的作战指令才能继续开进。这一点，以及在射击－行进战术上的训练缺乏，使得意大利的坦克乘员——虽然经常表现得很勇敢——始终处在致命的劣势中。

在两年半的北非战役中，意大利军队只接收了很少的新装备。其中之一是"支架"75/18 自走火炮，这种在 1942 年早期开始投入到北非战场上的装备是一种杰出的武器，但数量太少，不足以成事。M13/40 坦克及其小改型 M14/41 坦克继续在意大利装甲师中担任核心装备。

意大利的 47 毫米 47/32 反坦克火炮设计于大战前，在 500 米的距离上也只能击穿 43mm（约 1.7 英寸）的装甲，在对抗 1940—1941 年间前装甲厚达 78mm（约 3.1 英寸）

公羊装甲师的 M13/40 中型坦克乘员在休息。可以看到在炮塔侧面的连级（用不同颜色表示）、排级（用条纹的数量表示）和车辆（用数字表示）番号。靠在 47/32 主炮上的人——像隆美尔将军一样——戴了一副英国防毒气镜作为护目镜。两人都戴着黑色皮革防撞头盔，并在蓝色的坦克手连体服外罩了大衣——详见第 223 页插图 C1。在倾斜甲板上，坦克成员堆放了一些他们自己的装备，包括看上去像是通常配发给山地部队的某种大帆布包。

的玛蒂尔达坦克和 1942 年的 65mm（约 2.6 英寸）瓦伦丁坦克时更加效率低下。虽然它可以击穿英国的那些最大装甲厚度只有 40mm 的轻型坦克和巡洋坦克，但后来在 1942 年开始提供给英国坦克部队的美国 M3 格兰特、M4 谢尔曼坦克分别有 65mm、50mm/75mm（车身 / 炮塔）的装甲厚度。但就算这样，整个战役期间，意大利也只有这一种反坦克炮可以使用。德国人提供了一小部分 88 毫米双用途防空 / 反坦克火炮（例如，装备了布雷西亚师的第 1 摩托化炮兵团的 4 个炮兵连中的 1 个），意大利人也将自己的部分 75 毫米防空炮投入地面作战，但这两种装备都只有很少一部分投入战斗。

战役简介, 1941—1943 年

1941 年

墨索里尼接受了希特勒提供的一支德国装甲部队，用于协助意大利防御剩下的利比亚控制区，其目的是让这支具有高度机动性、规模虽小但装甲和火炮力量强大的德军成为北非地区的轴心国军队的核心。此时意大利军队依旧占据了北非轴心国部队在人力方面的大部分，并且一旦条件允许就可以立即得到补充增援。德国空军的第十航空军也被派往地中海战区，担负起包括保护轴心国补给航线在内的作战任务。

与此同时，英国方面由于抽调了将近三个师前往希腊，以及将第 7 装

一群主要是装甲部队和神枪手部队的人员在一辆 M13/40 中型坦克前合影。左前方的 4 名军官都来自加强配属给装甲师的神枪手团。他们穿着撒哈拉上衣，其中两人的军衔标志出现在黑色肩章上，另外两人中至少有一人（坐在最左侧）按照正确但是并不常见的方式将军衔标志佩戴在袖口上。除了医疗官（前方最右侧）和站在坦克上的两名神枪手外，其他人看起来都是坦克车组成员。站在医生旁的一位穿着连体服的人所佩戴的彩色的胸章，看上去像常见于意大利坦克炮塔上的战术标志。其他人则穿着各种上衣，包括 M1937 款上衣和黑色皮革大衣。两人有中尉和候补军官的袖口标志。图中的所有人都戴着各种不同灰度的卡其色版本的布斯提那帽。

甲师的破损坦克调往后方，实力受到了削弱。

2月12—14日，隆美尔将军和他的德国非洲军的第一批部队——第5轻型装甲师（后更名为第21装甲师）——抵达利比亚，接着在4—6月间，第15装甲师也抵达该地。意大利方面的部队则是实力大减的萨沃诺、萨布拉塔步兵师，布雷西亚、博洛尼亚、帕维亚摩托化师（所谓摩托化，很大程度上只是停留在纸面概念上）。很快意大利又新投入了装备M13/40坦克的公羊装甲师，加里波尔蒂将军将该师划归隆美尔指挥。

3月31日—4月4日，隆美尔指挥麾下仅有的第5轻型装甲师，向一支推进的英国军队发起进攻，将其赶回了阿杰达比亚；4月4日，他的部队进入了班加西，公羊装甲师和布雷西亚师随即赶到加入。

4月11日—5月4日，隆美尔继续着他这未经授权的进攻，在托布鲁克附近分割包围了一支实力不菲的澳大利亚驻守军，但随后发动的进攻却损失惨重且一无所获。盟军在托布鲁克的部队源源不断地从海上获得补给和援助。英国人计划在马特鲁港建立防线。

6月15—17日，"战斧"行动。英军向哈尔法亚/卡普佐地区发动进攻，试图解托布鲁克之围，但在初期取得一些战果之后，由于隆美尔发动反击，在沙漠中被包抄其侧翼后不得不后撤，英军的许多坦克被德国的88毫米火炮击毁。

韦维尔将军的中东地区总司令职务被奥金莱克将军取代。英联邦军队——此时改称英国第8集团军，由康宁汉姆将军指挥——在整个夏天都在不断地增强实力，同时以马耳他为基地的英国空军和海军部队反复袭击着轴心国穿越地中海的补给航线。

12月2日，德国的凯塞林元帅被任命为南方最高指挥官，统一指挥在这一战区的所有德国和意大利部队。

11月18日—12月15日，"十字军"行动。英国发动针对隆美尔的装甲部队的进攻，并解除了托布鲁克之围。公羊装甲师成功地抵抗了来自英国第7装甲师的进攻，击毁了约50辆坦克。英国的第三十军夺下了西迪雷泽加，但在11月23日遭到德国非洲军的第15、第21装甲师以及第90轻型装甲师和萨沃诺师的进攻，损失惨重，被迫撤退。经过激烈的战斗，隆美尔最终被迫撤退至加扎拉防线。12月7日，托布鲁克成功解围。隆美尔在赛鲁

1942年8月15日，公羊装甲师

（阿雷纳准将）

公羊装甲集群
第52坦克营
第3尼扎装甲集群
（装甲神枪手营＋防空炮组、反坦克炮组）
第132装甲团
第8、第9、第10坦克营
第8神枪手团
第2摩托车营
第5、第12摩托化营
第132装甲炮兵团
第1、第2炮群——75毫米火炮
第3炮群——100毫米火炮
第4、第5炮群——75/18支架自走火炮
2个防空炮组——20毫米防空炮
第4萨丁岛掷弹兵反坦克营
工兵营

共6 500人
165辆中型坦克

炮兵们正在操纵一门缴获的英国25磅野战炮，试图将其推入新的炮位。25磅炮得到轴心国部队很高的评价，并且尽可能被用来对付盟军。这些炮组成员戴着各色布斯提那帽，有浅卡其色的，也有灰绿色的，有带帽檐的，也有无檐的。

姆－哈尔法亚地区留下了意大利的布雷西亚师以拖延英军（此地最终被坚守到1942年1月17日）。12月15日，轴心国军队又被迫从加扎拉防线后撤。

1942年

1月6日，轴心国军队被赶回了的黎波里塔尼亚，9000名德国士兵和23000名意大利士兵被俘。但轴心国的海军和空军在不断向盟军补给线施压的同时，成功地输送了增援部队（包括意大利的"支架"自走火炮）；同时日本参战使得部分英联邦军队被调往远东战场。

1月22日，隆美尔的部队被重组为非洲装甲军团，下辖3个德国师和7个意大利师。同日，第15、第21装甲师加上第二十机动军（公羊师、的里雅斯特师、萨布拉塔师）向阿杰达比亚发动进攻，遭受重创的英军被迫后撤。之后意大利部队坚持停止进攻，但隆美尔继续向前进发。

一些侦察兵在执行侦察任务中，聚集在他们的AB41装甲车旁休息。他们穿着各种各样的服装。军士长（左边站立者）在布斯提那帽上戴着护目镜，穿着撒哈拉上衣和短裤。两名靠近镜头坐着的士兵穿着德国的第一版沙漠及踝鞋，其上半部分为绿色帆布材质。

2月4日，隆美尔抵达加扎拉防线。意大利的第十军、第二十一军以及先前的第二十军都被划归隆美尔直接指挥，并被命令一同推进。

5月26日，隆美尔向加扎拉防线发动进攻。在北方，意大利第二十一军、第十军进攻南非第1师和英国第50师，同时，第二十军的公羊师、的里雅斯特师向比尔哈凯姆发动进攻。在地雷遍布的战场上，隆美尔的部队遭遇了反击，陷入混乱。公羊师、帕维亚师在"骑士桥"阵地艰苦战斗。最终英军在付出重大伤亡后撤退，托布鲁克再次被包围。

6月21日，托布鲁克的南非第2师投降。利托里奥装甲师调入了意大利第二十军，并将其两个75/18支架自走火炮连划归公羊装甲师。

6月30日，奥金莱克将军将英国第8集团军部署在阿拉曼防线上，此地距离亚历山大城仅60英里。

7月，尽管战线过长，缺乏补给、人力和坦克，后方也不断遭到盟军空军的袭击，隆美尔还是对阿拉曼防线发动了数次进攻，但都没有成功。英国军队也发动过几次局部的反攻。

8月，奥金莱克将军的总司令职位被亚历山大将军替代，蒙哥马利将军则接过了第8集团军的指挥权。

8月30日—9月2日，隆美尔向重兵把守的位于阿拉曼防线南端的阿拉姆哈勒法山脊发动进攻。第二十一军、第十军从北边发动佯攻，第15、第

21装甲师则从南面迂回包抄，同时第二十军（公羊师、利托里奥师、的里雅斯特师，以及新抵达的闪电伞兵师——后者在战斗中的表现深受好评）进攻英国第7装甲师。所有的进攻都以失败告终。利托里奥师损失尤为惨重。

10月23日—11月4日，阿拉曼战役：拥有104 000人（大部分是意大利部队）、489辆坦克（259辆属于意大利）、1 219门火炮（521门属于意大利）的轴心国军队，在这场耗时漫长、代价高昂的战役中被拥有195 000人、1 029辆坦克、2 311门火炮的蒙哥马利军队所击溃。阵地位于基德尼山脊和米特里亚山脊间的特伦托师和利托里奥师对抗的是英国第三十军（澳大利亚第9师、第51高地师、新西兰第2师）；阵地位于路威萨特山脊背部的博洛尼亚师，对抗的是南非第1师和第4印度师；阵地位于战线南部的布雷西亚师、闪电师、帕维亚师对抗的是英国第十三军；公羊师和的里雅斯特师则是轴心国部队预备队的组成部分。当隆美尔被迫撤退时，大部分意大利步兵由于缺乏载具，只能拖在后面听天由命。帕维亚师、博洛尼亚师、布雷西亚师、特伦托师以及大部分闪电师被歼灭。公羊师以极大的勇气与英军对抗，但最终精疲力竭，只有部分的里雅斯特师和利托里奥师的部队设法逃脱。

几个意大利和德国士兵正在检视一辆战壕车位中缴获的英国瓦伦丁坦克。车身上没有明显的伤痕，这很有可能是在1942年6月托布鲁克投降时英国第7或第4皇家坦克团丢弃的。意大利士兵穿着混搭的热带制服，包括（左边）印度款遮阳头盔以及灰绿色衬衣和浅卡其色马裤。

一名机枪手正用 8 毫米口径 M1935 款菲亚特·雷维利中型机枪向远方的目标开火射击，这很有可能是在 1942 年 10 月 29 日的阿拉曼战役中。他和战友都穿着浅卡其色棉布制服，装弹手还穿了一条卷起来的短裤。射击手则戴了一顶 M1942 款带檐布斯提那帽，并佩了一把套在枪套里的贝雷塔 M1934 款手枪。他们隶属于 1941 年 7 月被派往北非的宪兵伞兵营。

战斗序列

1942 年 10 月，阿兰曼战役中的意大利陆军

第十军（吉奥达将军）

帕维亚、布雷西亚步兵师

闪电伞兵师

军直属部队：第 9 神枪手团、第 16 军属炮兵集群、部分第 8 集团军炮兵

第二十一军（纳瓦里尼将军）

特伦托摩托化步兵师、博洛尼亚步兵师

军直属部队：第 7 神枪手团、第 24 军属炮兵集群、部分第 8 集团军炮兵

第二十军（德·斯特凡尼斯将军）

公羊师、利托里奥装甲师

的里雅斯特摩托化步兵师

军直属部队：部分第 8 集团军炮兵、第 90 工兵连

后备队

乔瓦尼·法西斯蒂步兵师、皮斯托亚步兵师

11 月 8—10 日，"火炬"行动：10 万人的英国和美国部队在阿尔及利亚和摩洛哥海岸登陆，维希法国部队投降，从而开辟了针对利比亚的轴心国部队的西部战线。但由于恶劣的天气，盟军未能及时推进至突尼斯。

12 月 13 日，追击轴心国部队的英国第 8 集团军在 5 个星期内推进了 700 英里，导致战线过长。

隆美尔意识到在非洲的最终失败已不可避免，但他决心在此与盟军周旋到底。他从西部战线撤下的残余部队抵达突尼斯并在此重组，准备固守。当抵抗不再具有实际意义时，他希望自己的部队能够撤离到西西里岛。在 1943 年初，部署在突尼斯的冯·阿尼姆将军的第 5 装甲集团军共有 65 000 人，其中 18 000 人是意大利部队。

战斗序列

1943 年 1 月，突尼斯战役中的意大利军队

第二十军

皮斯托亚、斯佩西亚步兵师

的里雅斯特摩托化步兵师

第二十一军

半人马座装甲师

乔瓦尼·法西斯蒂步兵师

第三十军

苏佩尔加步兵师

第 50 帝国特别旅

（由残余部队和增援部队拼凑而成——MVSN 部队、神枪手部队、洛迪装甲侦察连、第 15 坦克营，来自半人马座师和苏佩尔加师的支架自走火炮及炮兵部队，等等。）

1 月末，隆美尔在马雷斯防线以德国非洲军的残余部队（第 15、第 21 装甲师，第 90、第 164 轻型装甲师），来自皮斯托亚、的里雅斯特师的部分部队，以及新建的斯佩西亚、乔瓦尼·法西斯蒂、半人马座师，阻挡了追击的英国第 8 集团军。2 月 23 日，这些意大利军队被统编为意大利第 1 集团军（梅塞将军）；隆美尔则统一指挥该战区的所有轴心国军队，称为非洲陆军集团军群。

2 月 14—25 日，凯塞林隘口战役：冯·阿尼姆和隆美尔以第 10、第 21 装甲师向美国第二军发动进攻并一度取得了突破，歼敌 7 000 人并摧毁了 345 辆装甲载具。盟军预备队快速集结并阻挡了轴心国的进一步推进。巴顿将军接过了美国第二军的指挥权。

3 月 6 日，在留下意大利部队和第 90、第 164 轻型装甲师驻守马雷斯防线直面蒙哥马利后，隆美尔指挥剩余的坦克部队从南面迂回，直插梅德宁，旨在切断英国第 8 集团军与海岸线的联系。拥有重炮支援的新西兰第 2 师粉碎了这次进攻。

3 月 9 日，隆美尔患病，永久地离开了非洲。

3 月 20 日，第 8 集团军开始进攻马雷斯防线，攻击重点是皮斯托亚、的里雅斯特、斯佩西亚和乔瓦尼·法西斯蒂师防守的战线（其他较小规模的意大利部队包括由 7 个经过沙漠特训的边防营组成的撒哈拉集群）。到 27 日，该阵线被突破。

4 月，经过顽强的且战且退后，意大利第 1 集团军成功地在万迪阿卡利特和昂菲达维尔建立起了防御阵地，但轴心国部队已经逐步被困在日渐缩小的突尼斯东北部包围圈中。

5 月 7 日，比赛大和突尼斯城被盟军攻陷。

5 月 13 日，在突尼斯的所有轴心国部队投降，盟军总共俘虏了约 25 万人。

在北非战役结束后，盟军终于可以开始筹备登陆意大利的西西里岛了。

制服

东非

几乎从战争爆发一开始，意属东非就被切断了与意大利本土的联系。这意味着任何新的武器、装备和军服的补给都无从谈起。一旦旧的制服破损，那里的部队很少有机会可以获得新的配发品。但有一些部队，例如萨伏依掷弹兵师，依然竭尽全力保持鲜亮的外表。

在战争爆发时，意属东非的所有军官和士官可能都穿上了最新的"撒哈拉"上衣，但只有不到一半的士兵获得了这种配发制服。旧式的制服继续被穿戴，包括热带版大檐帽以及白色亚麻布版本的撒哈拉军服，后者甚至在战争末期也经常出现在战场上。在 1941 年的战役中，旧式的热带上衣还经常被士兵们穿着，特别是在那些构成了意大利白人军队主体的 MVSN 黑衫军部队中。从 1935—1936 年的埃塞俄比亚战役期间流传下来的蓬松的热带长裤也一直使用到东非战役结束。

在东非的山区中，气候有时会极端寒冷，那些在 1935—1936 年战役中使用过的较厚的勤务制服此时也被翻出来使用，包括呢质的马裤、较厚的棉质或橄榄色 / 卡其色灯芯棉制服。1941 年 9 月，最后的意大利军队在他们的堡垒中放下武器，体面地从英国军队的护卫中行军而出。从那时拍摄的照片中，可以看到各种各样混搭的军服：没有两名以上的士兵可以穿得一模一样，每个人都竭尽所能地用自己能够获得的各种衣物把自己打扮得光鲜一点。

北非

在战争开始时，位于北非的意大利军队基本上是"热带"制服和"大陆"制服混穿。那些在战争爆发前已经部署在利比亚的部队通常穿着热带制服，而那些 1940 年夏天从意大利派来的增援部队则穿着灰绿色的大陆军服，搭配 M1935 款热带头盔。

1940—1943 年热带制服

从 19 世纪开始，意大利陆军就在非洲进行战斗，在 20 世纪前 25 年中，他们在北非和东非进行了许多殖民战役。就像许多欧洲殖民国家一样，意大利人为非洲的气候设计了专门的热带制服。从 1935—1936 年的埃塞俄比亚战役以及 20 世纪 20—30 年代的利比亚的战斗中取得的经验，使他们进一步改良了原有的设计。大战前已经部署在利比亚和意属东非的意大利士兵基本都配发了热带制服，但那些从 1940 年 6 月后陆续抵达的增援部队就没有这么幸运了。

热带上衣

配发的热带上衣基本上采取了与"大陆"或称为欧洲灰绿色呢质制服同样的设计，但布料是浅卡其色麻布。这种热带上衣最早大规模投入实战是在 1935—1936 年的埃塞俄比亚战役中，有凹口翻领设计，四个带扣翻盖的明贴袋，肩章带，以及有假卷边的普通袖口设计。从当时的照片中可以看到有许多不同版本，在诸如口袋翻盖和袖口形状方面有小的差异。军官版的热带上衣采用了同样的设计，但剪裁更好，并使用了更高等级的布料。

撒哈拉上衣

军中一种很受欢迎的衣物是被称为撒哈拉上衣的宽松麻布上衣或夹克衫，它是在 M1929 款殖民军上衣的基础上

（左下）1942 年的沙漠战斗中，意大利的士兵在快速前进。所有人都戴着现在看起来已经过时的 M1935 款热带头盔，混搭穿着各种热带上衣、马裤、短裤、鞋子和便鞋。中间斜挂着卡宾枪的军官穿着很显眼的浅色撒哈拉上衣，上有黑色肩章。他们的武器种类繁多，包括卡尔卡诺步枪和卡宾枪，另有布雷达 M1930 款轻机枪。

（下）这些炮组成员在一个用沙包加固的固定炮位上操纵一门布雷达 20/65 款防空炮，他们都赤裸上身，也许穿了短裤。沙漠的沙层下通常是岩石层，土木挖掘工作非常困难。所有人都戴着涂装成沙色的 M1933 款头盔。

吸收了在利比亚沙漠中占领统治期间的经验而改进的。撒哈拉上衣有一对明贴胸袋、一对侧袋，后者为膨胀型设计，另有带扣或纽扣紧固式内置布质腰带。其最显著的特征是与胸袋的带扣翻盖连为一体的大肩披。长尖型的衬衣式衣领可以扣起来，也可以敞开，另有带扣的袖袢。颜色很多，从非常浅的卡其色到深黄色或泛绿的橄榄—卡其色都有。因为在太阳中暴晒褪色及经常漂洗，所以浅色更常见一些。

突尼斯的恩菲达河谷地区，是1943年初意大利军队残存的少数几个据点之一。这辆SPA43沙漠侦察车的乘员正准备执行巡逻任务。军官戴着遮阳版M1942款布斯提那帽，穿了一件浅色撒哈拉上衣。他的乘员有的戴遮阳帽，有的戴无檐帽。

军官版的撒哈拉上衣有两个版本——1940年以前的版本和M1940款——但两者都通用。1940年前版本的主要特征是肩披后方为三角形，而M1940款为单尖型。1940年前版本的撒哈拉上衣的肩章带是黑底并有兵种色绲边，如步兵为红色，炮兵为黄色，或者——在殖民军营的军官制服上——为他们的部队腰带颜色的绲边或条纹。1940年前版本的军衔标志佩于肩章上，由惯常的星和王冠图案组成。M1940款的官方穿着方式则是把军衔标志移到了袖口上，但在实际情况中，很多军官还是继续佩戴军衔肩章——因为袖口环是用纽扣或袖袢固定的，所以佩戴肩章更为方便。

士兵版的撒哈拉上衣与军官版的M1940款基本相同，但做工粗劣，面料也更低劣。虽然也是一种广泛的穿着，但它的配发量不及撒哈拉罩衫。撒哈拉上衣是一种非常实用、时髦，并且广受欢迎的衣服，甚至多次被北非的德军所采用。

撒哈拉罩衫

另一种撒哈拉制服是非常流行的士兵版厚衬衫——撒哈拉罩衫。这种罩衫也有两种版本：1940年前的第一版是一种套衫，在胸部上方有三颗扣子；M1940款也有三颗扣子，但前襟却贯穿上下。它设计有与撒哈拉上衣一样的衬衣式衣领和带扣袖袢，但没有肩披式设计。因为没有里衬，并且设计宽松，因此这种衣物很受欢迎。虽然几乎所有的兵种都会穿这种罩衫，但更常见于诸如神枪手和工兵这样的精英部队中。

御寒衣物

必须注意的是，在沙漠地区，夜间的温度会下降得很快，甚至可以达到刺骨的寒冷。为此军队配发了一种卡其色或棕色的呢质版大衣，其翻版于灰绿色呢质M1934款大衣，但数量有限。大多数士兵使用的大衣是大陆

1943年1月，当轴心国军队在加固他们的突尼斯桥头堡时，一名陆军军官正在分发军服。他穿着M1934款灰绿色呢质大衣，戴着M1942款热带布斯提那帽，上有步兵兵种徽章。

制服中的常规灰绿色版本。其他大陆军制服中的装备在夜间御寒时也可以穿着，例如灰绿色的呢质套衫和针织帽。

头部及其他装备

布斯提那帽

士兵的头部装备通常包括各种版本的布斯提那帽、软木热带头盔或M1933款钢盔。热带版布斯提那帽有多个版本。第一版与大陆制服的灰绿色呢质帽相同，只是采用了浅卡其色棉布或麻布面料。另一个非官方的版本从20世纪30年代末期开始配发给军官，并流行于非洲战役初期，其设计有一个硬质的布料帽檐，也有许多士兵自行采购了这种帽子。

接下来被官方正式承认的一个版本是M1942款，但其实在命名之前许多年它就已经开始被采用。这一款设计有一个软帽檐，并有各种灰度的卡其色版本。它也有许多与基本标准版略有不同的小改款。M1942款布斯提那帽本来设计有一个布质的护脖，但在大多数时候都被去掉不用。

所有版本的布斯提那帽都在前方配有用于标识兵种和部队的刺绣帽徽，有卡其色或灰绿色两种底色。军官版则在帽子左侧佩戴军衔标志，就如同灰绿色版本一样。

热带头盔

士兵版热带头盔由软木制成，覆盖以浅卡其色帆布材料。它的盔冠很高，顶部有金属通气孔，两侧也各有小的气孔以保持头部凉爽。在头盔右侧有一个小插孔以插入神枪手兵的小公鸡羽毛。兵种和部队帽徽佩戴前方，大多数情况下帽徽是用黄铜做成并缀在一个意大利三色徽上的。少数情况下，帽徽是涂印喷刷，或者干脆就是由士兵自己手绘上去的。有的部队还会在头盔侧面涂鸦，比如士兵的名字和他们曾经参加过的战役名称等。在有宗教信仰的士兵中，有的还会将宗教象征物固定在头盔上。奇怪的是，有的士兵甚至还将缴获的盟军帽徽别在自己的头盔上，充当"护身符"。当然，所有这些非官方的装饰物都会让他们的军官皱

梅塞将军（左）在1943年2月23日担任了非洲装甲军团的指挥官，后更名为意大利第1集团军，他因此成为了第一名指挥意大利和德国部队的意大利战地指挥官。图中梅塞身着浅灰色华达呢布料军官上衣和有两条纹路的马裤。他的带檐M1942款布斯提那帽上有将官版金色鹰标帽徽，左侧还有军衔标志。参谋中尉穿着深一些的灰色上衣，搭配马裤和M1934款军帽。

　　这些标志被佩戴在撒哈拉上衣的肩章和袖子上部。军官肩章上的兵种徽章为金色丝线刺绣。**颜色：（1~7）将官：**砖红色绲边银色编织肩章；砖红色底色上有金色标志刺绣；银色鹰标（6、7）。**（8~13）校官：**兵种色绲边黑色布质肩章，内沿为金色编织带，砖红色底色上有金色标识刺绣（8、9、11）；银色鹰标（8）。**（14~19）尉官：**兵种色绲边黑色布质肩章，金色标志刺绣，金色编织杠（14、16）；金色边缘黑色五角星（19）。**（20~23）高级士官：**兵种色绲边黑色布质肩章，金色编织与黑色丝线的中央条纹。**（24~27）初级士官：**兵种色绲边黑色布质肩章，两侧袖子上部都有灰绿色布质底的金色编织 V 形臂章。**（28~30）士兵：**卡其色素色肩章。高级士兵：两侧袖子上部都有灰绿色布料底的红色呢质 V 形臂章。列兵没有标志。由于意大利军衔分级多于英国陆军，因此下表中士官部分括号内的对应军衔并不完全准确。

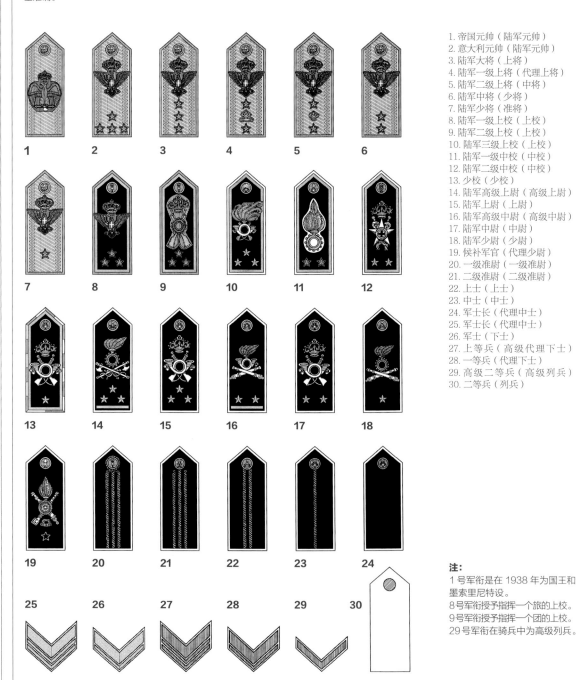

1. 帝国元帅（陆军元帅）
2. 意大利元帅（陆军元帅）
3. 陆军大将（上将）
4. 陆军一级上将（代理上将）
5. 陆军二级上将（中将）
6. 陆军中将（少将）
7. 陆军少将（准将）
8. 陆军一级上校（上校）
9. 陆军二级上校（上校）
10. 陆军三级上校（上校）
11. 陆军一级中校（中校）
12. 陆军二级中校（中校）
13. 少校（少校）
14. 陆军高级上尉（高级上尉）
15. 陆军上尉（上尉）
16. 陆军高级中尉（高级中尉）
17. 陆军中尉（中尉）
18. 陆军少尉（少尉）
19. 候补军官（代理少尉）
20. 一级准尉（一级准尉）
21. 二级准尉（二级准尉）
22. 上士（上士）
23. 中士（中士）
24. 军士长（代理中士）
25. 军士长（代理中士）
26. 军士（下士）
27. 上等兵（高级代理下士）
28. 一等兵（代理下士）
29. 高级二等兵（高级列兵）
30. 二等兵（列兵）

注：
1号军衔是在 1938 年为国王和墨索里尼特设。
8号军衔授予指挥一个旅的上校。
9号军衔授予指挥一个团的上校。
29号军衔在骑兵中为高级列兵。

一名运输部队的上尉正在他的司令部里研究地图。他身着带黑色肩章的撒哈拉上衣。从这个角度可以清楚地看到蓝色的兵种色绲边和在运输部队兵种徽章下的三颗星衔星。他穿着裤腿卷起的卡其色麻布直筒长裤，而非更常见的马裤。

起眉头，但看上去他们还是容忍了这些行为。

军官的热带头盔有三种基本款式：第一种与非军官版相近，但做工更精良；另外两种则是私人采购物。有一种被称为"印度"款的头盔很像在印度的英国殖民军军官戴的版本，但有更紧凑的遮阳帽檐，主要出现在北非和东非战役的早期阶段。被称为"亚丁"款的头盔则是一种盔檐很厚的遮阳头盔，其扁平盔冠顶端同样有通风设计。亚丁头盔有各种颜色的版本，比如浅棕色、浅卡其色和一种米白色。印度款头盔和亚丁款头盔都缠有一种多重褶皱的同色"帕格里"饰带。

钢盔

M1933 款钢盔广泛地出现在北非战场上，既有原始的灰绿色版本，也有涂装成沙色的版本。在突尼斯，当地的土地更肥沃而多林木，当地的一些士兵把他们的头盔装上了伪装盔罩。这些伪装盔罩有的是用麻布袋做成，有的则是用伪装色或沙色的 M1929 款帐篷布料做成。

军官版大檐帽

就像大陆版制服一样，当军官不在一线时，也会佩戴热带版大檐帽。其通常是用浅卡其色布料做成，有棕色的皮质帽檐和颏带。围绕帽墙的金色编织军衔环带与大陆版相同，在环带中间采用的则是浅卡其色布料。殖民军的意大利军官的大檐帽上有中央为红色或绿色的帽徽：支援兵种或司令部为红色，殖民（土著）军营为绿色。让人困扰的是，自 1927 年以来，这些颜色已经换了好几次，有一次用红色来标识在意属东非服役的军官，而用绿色来标识在利比亚服役的军官。

腿部装备

在非洲穿着的长裤通常是用浅卡其色麻布制成的马裤，搭配灰绿色的呢质绑腿。另外也有与大陆版灰绿色呢质制服裤设计相同的浅卡其色的长及小腿的灯笼裤，但并没有这么普及。军官穿的卡其色麻布马裤，两侧没有条纹；有的也穿用浅灰绿色华达呢制成的大陆版制服马裤，裤侧有条纹，搭配热带版上衣和帽子。实用的浅卡其色麻布短裤被广泛穿着，虽然配发了一种官方版，但其实大多数都是将灯笼裤裁短得来的。热带制服的短缺，使得在托布鲁克被攻占之后，意大利士兵穿上了从英军库存中夺来的大量英国制服，另外英国的卡其色作训热带短裤也被意大利部队大量使用。

非洲使用的棕色皮革绑腿与大陆版的黑色绑腿相近，有好几种不同的型号。有一种型号是专门配发给意属非洲督察队的。

脚部装备

普通士兵的脚部装备通常是大陆制服中的黑色 M1912 款平头钉鞋的棕色皮革版。在 1935—1936 年间的埃塞俄比亚战役中曾经穿过的高帮鞋，几乎可以肯定被意属东非的士兵继续穿着，毕竟那里各种短缺使得意大利人普遍穿着本已淘汰的装备。军官版棕色皮革及踝鞋同样有好几个版本：标准的无鞋带版本和一款有鞋带的版本——另外还有一种在鞋背用拉链拉紧的版本。棕色皮革便鞋与殖民军部队穿着的本地便鞋相似，既可搭配袜子，也可以不穿袜子。帆布训练鞋因为其舒适性，也被部分在非洲的军官和士兵穿着。

热带制服的军衔和标志

基础的军衔标志详见上一篇。士官们采取同大陆制服一样的方式，将军衔标志佩戴在热带制服和各种各样撒哈拉上衣的袖子上部。军官则在热带制服上衣的袖口处佩戴军衔标志。1940 年以前，撒哈拉上衣的军官军衔标志佩戴在肩章带上；1940 年后，官方标准中，军衔标志移到了袖口处，但实际上很多军官继续佩戴军衔肩章带。热带制服上的其他标志基本上与大陆版制服相同，也是把师级领章佩戴在衣领处。在战争早期，与大陆版制服一样，师级盾章也被佩戴在左袖上。

热带装备

专门配发给非洲部队的热带装备只有很少几种，包括各种版本的沙漠护目镜。还有一种很少看到的沙色版的 M1929 款帐篷组片，在沙漠中通常使用的还是普通的伪装色版本。其他个人携具则都是标准的大陆配发版。

乔瓦尼·法西斯蒂——青年法西斯师

这是组建于北非战役期间的法西斯青年党卫军。其志愿者年龄为 17~21 周岁。由于该师的士兵年龄非常小，所以又被称为"墨索里尼的男孩们"。该师于 1941 年抵达北非，直到最终于 1943 年在突尼斯被歼灭，一直都在苦战之中，倒也获得了一些作战勇猛的评价。该师戴标准热带帽以及 MVSN 的黑色毡帽或是热带头盔，但并没有配发钢盔。1942 年 5 月 27 日，该师被官方改建为一个装甲师，但这不过是自欺欺人的虚妄。其下

1941 年，北非意大利军队地图绘制部门的指挥官菲希特中校正在拍照纪念。这名地图专家毕业于师级炮兵学校，这一点可以从他的印度款热带头盔上的帽徽和他的黄色绳边黑色布质肩章上看出来。有意思的是，他佩戴了这些标志，却没有在他的热带上衣袖口处佩戴标志。

1940 年，入侵英属索马里兰
1：第 17 殖民军旅，第 66（厄立特里亚人）殖民军营，军士
2：杜巴特司令官
3：MVSN 部队第 11 黑衫军团，黑衫列兵

1　　　　　　　　2　　　　　　　　3　　　　A

1940—1941 年，利比亚

1：卡坦扎罗步兵师，第 64 炮兵团，二等兵
2：利比亚第 2 师，第 4 团，第 3 "纳鲁特"营，下士
3："10 月 28 日" MVSN 师，第 231 军团，高级小队长

B

1   2   3

1941 年，利比亚

1：公羊装甲师，第 132 装甲团，坦克手
2：苏尔特步兵师，陆军中将
3：迈尔迈里卡步兵师，第 116 步兵团，少校

1   2   3

C

1941 年，意属东非

1: 埃塞俄比亚，亚的斯亚贝巴，意属东非督察队，督察守卫
2: 第 10（厄立特里亚）殖民军营，上尉
3: 埃塞俄比亚，亚的斯亚贝巴，非洲步兵师，MVSN 部队第 10 黑衫军团，百夫长

1   2   3

D

1941 年 2—3 月，克伦战役

1：萨伏依掷弹兵师，第 11 团，二等兵

2：第 5（厄立特里亚）殖民军营，军士

3：育克山高山营，上等兵

1

2

3

E

1942 年，北非

1：圣马可海军陆战营，陆战队员
2：帕维亚步兵师，第 27 步兵团，上等兵
3：第 31 突击工兵营，二等兵

1   2   3

1942 年 10—11 月，阿拉曼战役

1：的里雅斯特摩托化师，第 21 摩托化炮兵团，少尉
2：特伦托摩托化师，第 7 神枪手营，军士长
3：闪电伞兵师，军士

1   2   3

G

1942—1943 年，突尼斯

1：苏佩尔加突击登陆师，第 91 步兵团，二等兵

2：乔瓦尼·法西斯蒂师，精选黑衫兵

3：轻卡车部队，第 10 敢死队，中尉

1   2   3

表 2：1940—1943 年，在北非服役的步兵师

关键词：

* = 半摩托化
** = 摩托化
> = 突击登陆
~ = 空降登陆

部队：
7B、8B、9B= 第 7、第 8、
第 9 神枪手团
GGFF= 青年法西斯团

服役战场：
Lib=1940—1941 年的利比亚战役
NAf=1941—1942 年的北非战役
Tun=1942—1943 年的突尼斯战役

师名	番号	下属步兵团	下属炮兵团	参加战役	领章	
博诺尼亚	25	39，40	10，205	Lib、NAf	白色 / 红色条纹	
布雷西亚	27	19，20	55	Lib、NAf	栗色 / 黑色条纹	
卡坦扎罗	64	141，142	203	Lib	上红下黑	
希利奈	63	157，158	45	Lib	上红下蓝	
乔瓦尼·法西斯蒂	136	1 GGFF，8B	136	NAf、Tun	黄色边缘红色火焰章	
迈尔迈里卡	62	115，116	44	Lib	上黄下红	
帕维亚 *	17	27，28	26	Lib、NAf	绿色 / 红色条纹	
皮斯托亚 **	16	35，36	3	NAf、Tun	红色 / 黑色条纹	
萨布拉塔	60	85，86	42	Lib、NAf	蓝色 / 黄色条纹	
萨沃纳	55	15，16	12	Lib、NAf	白色 / 黑色条纹	
苏尔特	61	69，70	43	Lib、NAf	黑色 / 黄色条纹	
拉斯佩齐亚 ~	80	125，126	80	NAf、Tun	上黑下蓝	
苏佩加 >	1	91，92	5	Tun	栗色 / 白色条纹	
特伦托 **	102	61，62，7B	46	NAf	红色 / 绿色条纹	
的里雅斯特 **	101	65，66，9B	21	NAf	黑色 / 白色条纹	

辖的主要部队包括：乔瓦尼·法西斯蒂团（第 1、第 2 营，合并防空连和反坦克连后的第 3 营）、第 136 炮兵团（牵引式 65/17、75/27、100/17 炮，各一个炮组）及"尼扎骑士"装甲车排。

缴获制服

对于沙漠战役中的意大利和德国军队而言，热带制服的短缺是一个重大问题。意大利陆军的主要军服库存位于班加西，但该地在 1941 年 2 月被英军攻陷，而且在 1942 年中期，英国的空军和海军优势使得运抵北非的各种轴心国补给都非常有限。但情况在 1942 年 6 月托布鲁克被攻陷后发生了逆转，数量庞大的英联邦军队制服被轴心国缴获。这些制服很快就被瓜分，虽然德国狮子大开口拿走了很大一部分，但意大利人还是获得了

足够的衬衣、短裤和鞋子来装备他们数量巨大的士兵。一名参加过阿拉曼战役的老兵回忆道，"从空中看，这似乎就是'一支英国军队在对垒另一支英国军队'"。在另一例子中，一名意大利军官对他的英国军官俘虏说，在战前他曾经喜欢穿着英国服装；在将其上上下下打量了一番后，这名英国军官确认对方其实直到现在还是喜欢英国服装。

伞兵部队

意大利第一次对伞兵部队的实验，是在统治利比亚后不久在该地开展的。制空学说理论家伊塔洛·巴尔博从殖民军中组建了一支小规模的部队。这支利比亚伞兵营——"空中步兵"——成立于1938年，但由于其使用的D37降落伞设计糟糕，因此在训练中损失很大。1940年时启用的新降落伞，使得意大利人可以开始考虑将这支部队投入实战。

第二支部队是利比亚第1国家伞兵营，成立于1940年。1941年1月，这两支加起来总共850人的部队被合并为"托尼诺机动集群"，以地面作战的方式参与了利比亚德尔纳的防御作战。整个1940年，意大利空降兵的规模都在扩充，首先从宪兵中选拔组建了三个意大利伞兵营。其中一个宪兵伞兵营在1941年7月以地面部队身份参加了北非的战斗并表现优良。接着陆续从其他部队中组建了几个伞兵营，目的是计划用他们入侵马耳他。

福尔戈雷——"闪电"——伞兵师是专为这次计划中的入侵而成立的，包括后勤部门的总人数达到了5 000人。随着入侵马耳他的计划被取消，该师以轻步兵的角色被派往北非作战。尽管由于作为创立初衷和训练目标的登陆行动被取消而导致士气不高，但这支小规模的师在1942年8—9月的阿拉姆哈勒法战役中表现得非常好，受到广泛的赞誉。这些伞兵在防守中采取了非传统的战术，并且发动的反击都非常有效，但是代价高昂。在其他几次稍小规模的战斗后，"闪电"师的最后一次

1942年，闪电伞兵师

（弗拉蒂尼少将）

第186、第187伞降步兵团均为3营制
第185伞降炮兵团
第8突击工兵营

一群聚集在防空壕旁的闪电师的伞兵只穿着短裤，戴着热带头盔。可以从他们的高帮跳伞靴和伞兵特有的弹药袋来辨识他们。后者在普通弹药袋下还有一个手雷袋——见第227页插图G3。大部分伞兵都装备着有折叠刺刀的卡尔卡诺M1891或91/38款卡宾枪。一人（左）装备着一把贝雷塔M1938A款冲锋枪。

重大作战行动是在阿拉曼战役中，同样战绩出众，但伤亡惨重——1 100人伤亡或失踪。在阿拉曼战役后，虽然残存的兵力归拢组建了第285闪电营，但该师实际上已经被歼灭了。这个闪电营在轴心国撤退到利比亚的过程中，一直坚持战斗。虽然不过是之前部队的影子，但它还是在突尼斯顽强战斗到1943年5月。

意大利曾经组建了第二个伞兵师，名叫纳姆博师——"雨云"，但其从来没有达到"闪电"师的训练标准，主要被部署在巴尔干地区承担反游击队的任务。计划中还有第三个师——"龙卷风"师——但由于1943年意大利宣布停战，因此并未实际组建。

一名隶属于著名的第31突击工兵营的军官和他的士兵正在托布鲁克检视一处被南非军队遗弃的战壕。他们是在1942年第一支攻入该要塞的部队。这名军官拿着一把信号枪，穿着几乎被太阳暴晒成白色的撒哈拉上衣，黑色的肩章上有工兵的深红色绲边。在他的左袖上可以看见一点点突击工兵的独特徽章，图案是在绿底色上的一把剑和爆炸的地雷——详见第226页插图F3。包括军官在内的所有人都穿着卡其色短裤，士兵搭配穿着的是短袖衬衣、灰绿色绑腿和钢盔。

伞兵的热带制服

"闪电"师的基本制服包括一件从标准版改良而来的无领 M1941 款卡其色撒哈拉上衣、从 1935—1936 年埃塞俄比亚的卡其色热带长裤改良而来的宽松长裤，以及有橡胶鞋底的高帮跳伞靴（见第 227 页插图 G3）。另有专为伞兵设计的钢盔，盔檐大幅度缩小，并增加了垫料和 Y 形颏带，这种钢盔包括 M1938 款和有一个垫料护鼻的 M1941 款。在北非战场上，"闪电"师通常将这种制服与标准的热带制服部件如软木头盔混搭穿戴。

意属非洲督察队

意属非洲督察队（PAI）是一支用于督察所有意属非洲殖民地的特殊部队。它成立于 1937 年，是意大利陆军的组成部分。这支精英部队拥有最好的装备和训练，也被证明是最值得信赖的意大利军事组织之一。大多数 PAI 的士兵都骑着摩托车，并有很大比例装备了 M1938A 款冲锋枪。意大利人和土著人都可以被选入 PAI 中，事实上这支部队的大部分士兵都是本地人。在战争爆发时，意属东非的 PAI 部队有 6 345 人，其中 4 414 人是本地人；利比亚则有 1 327 人，其中利比亚人 732 人。

即使在意属东非解体时，PAI 部队依然保持了严明的纪律性，并在埃塞俄比亚首都亚的斯亚贝巴被盟军夺下后还担负起了维持秩序的使命。

1940—1943 年，殖民军

意大利陆军总是喜欢从它的所有非洲殖民地中组建土著部队，征召自厄立特里亚和利比亚的士兵在埃塞俄比亚战争期间扮演了重要角色。在第二次世界大战开始时，土著士兵在意大利的北非和东非部队中都占据了很大比例。大战开始时，意属东非共有 256 000 名士兵，其中 182 000 人是土著部队。在利比亚，由当地人组建的部队包括两个各有 7 000 人编制的师、一个利比亚机动集团，以及由各种撒哈拉人组建并负责防御沙漠地区的部队。大多数殖民军都在 1940—1941 年的利比亚之战及 1941 年的意属东非战役中被歼灭。但有一些利比亚部队继续在北非服役，直到北非战役结束前都还在南面的沙漠地区巡逻。

殖民军种类

意大利殖民军就是一个从利比亚、厄立特里亚、索马里兰及新征服的埃塞俄比亚征召的各种部队的大杂烩。利比亚的部队可以分为步兵、骆驼骑兵、标准骑兵、非正规骑兵以及摩托化沙漠步兵。意属东非的部队则包括厄立特里亚人步兵、埃塞俄比亚人步兵、阿拉伯—索马里步兵、被称为杜巴特的索马里土著步兵、半正规的海岸防卫连队、被称为班德的小规模非正规步兵。在厄立特里亚还成立了 16 支骑兵中队，在 1941 年的意属东非战役中，其中

北非战场上的一个布雷达 M1930 款轻机枪组。第一射手在他的头盔上固定了一枚从德国非洲热带头盔上取下的德国国防军盾徽；许多意大利士兵用涂鸦甚至是缴获的英联邦军队帽徽来装饰自己的热带头盔。所有人都穿着灰绿色棉质衬衣，搭配浅卡其色灯笼裤，并且可能系了灰绿色绑腿。

4 个步兵营
4 个炮兵炮组（连）

共 2 778 人
72 挺轻机枪，26 挺重机枪
16 门 65 毫米山炮
9 辆摩托化载具
527 匹马／骡子

一些部队向英联邦军队发起了自杀式冲锋。在利比亚和东非的部队中，所有的军官和大部分士官都是由意大利殖民者担任。

1940—1943 年，殖民军制服

意大利殖民军在大战初期穿着充满异国情调且色彩丰富的制服，以至于第一眼看上去更适合参加阅兵游行而非投入战斗。许多过于花哨和不适用的配件很快就消失了，大战后期的土著士兵通常穿着暗卡其色衬衣和短裤。随着战争的进行，后来的新兵根本就没有获得任何制服的幸运，1941年的一组照片中，匆匆行军的意属东非班德土著兵穿着各色各样他们自己的棉布上衣或是"萨马斯"外衣。

头部装备

大战爆发时，殖民军士兵的头部装备根据民族和宗教的区别各有不同。利比亚部队在大战初期基本上佩戴着他们的本土服饰——塔几亚，一种有蓝色长流苏的暗红色土耳其毡帽。在沙漠作战中，利比亚士兵通常会在塔几亚帽上戴一块布质头巾，当别无他物时，他们甚至会用自己的亮色部队腰巾作为头巾。如骆驼骑兵或卡车运载的步兵等利比亚沙漠部队，会佩戴各种样式的穆斯林头巾，最初是白色的，后来是浅卡其色的。来自厄立特里亚、索马里兰和埃塞俄比亚的土著士兵通常会戴一种被称为"塔布斯奇"的土耳其高顶毡帽，由红色毡布制成，帽冠上有各个营的彩色流苏。通常在塔布斯奇帽上还会罩一层卡其色帽罩，但直到大战爆发后，还有部分土著部队继续佩戴没有帽罩的塔布斯奇帽。对于土著士兵而言，塔布斯奇帽是荣誉的象征，上面有帽徽和显示其服役长短、军衔的标志，以及显示如射击在内的某种技能专长的标志。当军方试图用意大利的布斯提那帽取代塔布斯奇帽时，前者尽管更实用，但很不受欢迎，它并没有被士兵看作一种合适的象征。

从索马里兰的穆斯林土著中征募的部队戴着杜巴提（白色穆斯林头巾），就像名字所表达的一样，这种穆斯林头巾最初是白色的，但后来变成了卡其色。

上衣

在大战期间，意大利殖民军主要穿着三种上衣：M1929 款吉布巴衬衫，1940 年前款和

一名摩托化炮兵部队的中尉靠在 8 毫米布雷达 M1938 款坦克机枪上，正在眺望远方。他穿着撒哈拉上衣，其黑色肩章上有炮兵的橙黄色绲边，搭配浅卡其色短裤和布斯提那帽，穿着棕色皮革便鞋——这是一种在沙漠环境中非常实用的鞋子。

M1940 款殖民军撒哈拉罩衫。M1929 款上衣为低立领设计，而两款殖民军撒哈拉罩衫则使用了白人军队穿着的版本。1939 年以前，这些衬衣上都没有领章，当年 4 月后，利比亚的军队被允许在衣领上佩戴萨伏依王朝的银星标志，以显示他们新获得的意大利公民身份。

来自特伦托摩托化师第 20 步兵团的意大利战俘，在带刺铁丝围墙后对着镜头露出喜悦的表情。所有人都戴着浅卡其色麻布布斯提那帽——可以看到步兵徽章和金属数字 20。所有人看上去都穿的是撒哈拉罩衫，但是褪色严重。两人有红十字袖标，可能是担架员。

腿部和脚部装备

殖民军部队穿着的长裤也根据民族的不同而各有区别，基本原则是利比亚人和厄立特里亚人穿着灯笼裤，而索马里人穿着蓬松的短裤。这一原则就和大部分其他着装条例一样，并没有被严格遵守。在东非战役末期，大多数土著部队都穿着短裤。长裤和短裤通常都搭配卡其色呢质绑腿使用。而一些骑兵单位则和欧洲部队一样，穿戴棕色皮革绑腿。

最受殖民军士兵欢迎的鞋是棕色皮革便鞋，利比亚和东非的士兵都普遍穿着，除了便鞋之外，利比亚士兵还穿棕色皮鞋，但两者其实都不符合任何着装条例。意属东非的许多士兵都赤脚上阵，这也是他们的传统——他们脚上的皮肤因此变得如同皮革一样坚硬。但是，即使赤脚的时候，这些擅长奔跑的土著人还是会穿上绑腿，以保护自己的腿不被荆棘丛刮伤。

营级腰带

每个殖民军营都有自己独特的腰带，有的是素色的，有的则带有垂直或水平的条纹（见表 3）。除了战斗部队有腰带颜色之外，各个支援兵种也有自己的识别色：医疗兵，白色；炮兵，黄色；工兵，紫红色；陆战队，蓝色；摩托化运输部队，棕色；后勤部门，白色加浅蓝色水平条纹。

标志

所有来自利比亚、厄立特里亚和索马里兰的殖民军士兵，在 1941 年前都用同一套军衔标志系统，表现在上袖的大型可拆卸 V 形臂章上。除

1943 年 2 月，突尼斯，一群不明身份的意大利士兵正在列队接受检阅。所有人都穿着灰绿色 M1940 款上衣，搭配 M1933 款头盔、灰绿色皮带和弹药袋。他们将陆军标配的毛毯卷起来斜挂在肩上，这是一种并不常见的做法，也许是用来替代挎包装个人用品。这些士兵应该是隶属于某个从意大利被作为最后努力派往已经不断缩小的轴心国在突尼斯的"桥头堡"的增援步兵师。

表 3：1940 年，殖民军部队腰带颜色

关键词：

V= 垂直条纹，H= 水平条纹

除特别提及外，均为步兵营

颜色	部队
猩红色	第 1 厄立特里亚，第 4 阿拉伯、索马里亚
黄色	厄立特里亚步兵、第 5 利比亚骑兵、第 6 骆驼骑兵
绿色	第 6 厄立特里亚、第 2 阿拉伯、索马里亚、第 4 利比亚骑兵、第 2 骆驼骑兵
黑色	第 4 厄立特里亚、第 1 利比亚、第 1 利比亚骑兵、第 3 骆驼骑兵
蓝色	第 2 厄立特里亚、第 2 利比亚、第 2 利比亚骑兵、第 4 骆驼骑兵
深红色	第 3 厄立特里亚、第 1 阿拉伯、索马里亚、第 4 利比亚、第 3 利比亚骑兵、第 5 骆驼骑兵
红色	第 3 利比亚、第 1 骆驼骑兵
格子纹路	第 5 厄立特里亚、第 3 阿拉伯索马里亚、第 5 利比亚、第 7 骆驼骑兵
白色 / 黄色	V= 第 10 阿拉伯、索马里亚，H= 第 18 厄立特里亚
白色 / 橙色	V= 第 36 厄立特里亚，H= 第 33 厄立特里亚
白色 / 猩红色	V= 第 9 厄立特里亚，H= 第 27 厄立特里亚
白色 / 红色	V= 第 7 利比亚骑兵，H= 第 15 利比亚、第 30 阿尔及利亚骑兵
白色 / 深红色	V= 第 5 阿拉伯、索马里亚，H= 第 50 厄立特里亚
白色 / 紫红色	V= 第 51 厄立特里亚，H= 第 53 厄立特里亚
白色 / 紫色	V= 第 35 厄立特里亚，H= 第 23 厄立特里亚
白色 / 蓝色	V= 第 10 厄立特里亚，H= 第 40 厄立特里亚
白色 / 浅蓝色	V= 第 91 厄立特里亚
白色 / 绿色	V= 第 12 阿拉伯、索马里亚，H= 第 16 厄立特里亚
白色 / 格子	V= 第 1 厄立特里亚骑兵，H= 第 16 厄立特里亚骑兵
黑色 / 绿色	V= 第 12 厄立特里亚、第 9 利比亚，H= 第 21 厄立特里亚
黑色 / 白色	V= 第 17 厄立特里亚，H= 第 28 厄立特里亚、第 14 利比亚、第 6 阿尔及利亚骑兵
黑色 / 深红色	V= 第 29 厄立特里亚、第 8 利比亚，H= 第 48 厄立特里亚
黑色 / 橙色	V= 第 30 厄立特里亚，H= 第 15 厄立特里亚
黑色 / 猩红色	V= 第 7 厄立特里亚，H= 第 26 厄立特里亚
黑色 / 蓝色	V= 第 11 厄立特里亚，H= 第 1 阿尔及利亚骑兵
黑色 / 浅蓝色	V= 第 49 厄立特里亚
黑色 / 紫红色	V= 第 6 阿拉伯、索马里亚，H= 第 59 厄立特里亚
黑色 / 紫色	V= 第 76 厄立特里亚，H= 第 77 厄立特里亚
黑色 / 格子	V= 第 12 厄立特里亚骑兵
黄色 / 橙色	V= 第 54 厄立特里亚，H= 第 31 厄立特里亚
黄色 / 猩红色	V= 第 32 厄立特里亚，H= 第 13 厄立特里亚
黄色 / 深红色	V= 第 82 厄立特里亚
黄色 / 紫红色	V= 第 7 阿拉伯、索马里亚，H= 第 62 厄立特里亚
黄色 / 紫色	V= 第 56 厄立特里亚，H= 第 44 厄立特里亚
黄色 / 蓝色	V= 第 14 厄立特里亚，H= 第 38 厄立特里亚
黄色 / 浅蓝色	V= 第 83 厄立特里亚，H= 第 92 厄立特里亚
黄色 / 绿色	V= 第 37 厄立特里亚，H= 第 22 厄立特里亚
黄色 / 棕色	V= 第 41 厄立特里亚
黄色 / 格子	V= 第 9 厄立特里亚骑兵
橙色 / 猩红色	V= 第 84 厄立特里亚
橙色 / 深红色	V= 第 93 厄立特里亚
橙色 / 紫红色	V= 第 85 厄立特里亚
橙色 / 紫色	V= 第 86 厄立特里亚
橙色 / 蓝色	V= 第 52 厄立特里亚，H= 第 55 厄立特里亚
橙色 / 浅蓝色	V= 第 60 厄立特里亚
橙色 / 绿色	V= 第 46 厄立特里亚，H= 第 47 厄立特里亚
橙色 / 棕色	V= 第 63 厄立特里亚
橙色 / 格子	V= 第 5 厄立特里亚骑兵
猩红色 / 深红色	V= 第 87 厄立特里亚
猩红色 / 紫红色	V= 第 88 厄立特里亚
猩红色 / 紫色	V= 第 64 厄立特里亚
猩红色 / 蓝色	V= 第 89 厄立特里亚
猩红色 / 浅蓝色	V= 第 65 厄立特里亚
猩红色 / 绿色	V= 第 9 阿拉伯、索马里亚
猩红色 / 棕色	V= 第 66 厄立特里亚
猩红色 / 格子	V= 第 9 厄立特里亚骑兵，H= 第 13 厄立特里亚骑兵
深红色 / 紫色	V= 第 67 厄立特里亚
深红色 / 蓝色	V= 第 8 厄立特里亚，H= 第 39 厄立特里亚、第 2 阿尔及利亚骑兵
深红色 / 浅蓝色	V= 第 11 阿拉伯、索马里亚
深红色 / 绿色	V= 第 42 厄立特里亚，H= 第 20 厄立特里亚
深红色 / 棕色	V= 第 68 厄立特里亚
深红色 / 格子	V= 第 4 厄立特里亚骑兵
紫红色 / 紫色	V= 第 69 厄立特里亚
紫红色 / 蓝色	V= 第 70 厄立特里亚
紫红色 / 浅蓝色	V= 第 59 厄立特里亚
紫红色 / 绿色	V= 第 45 厄立特里亚、H= 第 34 厄立特里亚
紫红色 / 棕色	V= 第 71 厄立特里亚
紫红色 / 格子	V= 第 7 厄立特里亚骑兵
紫色 / 蓝色	V= 第 72 厄立特里亚
紫色 / 浅蓝色	V= 第 73 厄立特里亚
紫色 / 绿色	V= 第 74 厄立特里亚、H= 第 24 厄立特里亚
紫色 / 棕色	V= 第 75 厄立特里亚
紫色 / 格子	V= 第 10 厄立特里亚骑兵
蓝色 / 浅蓝色	V= 第 78 厄立特里亚
蓝色 / 绿色	V= 第 43 厄立特里亚、H= 第 19 厄立特里亚
蓝色 / 棕色	V= 第 79 厄立特里亚
浅蓝色 / 绿色	V= 第 80 厄立特里亚
浅蓝色 / 棕色	V= 第 81 厄立特里亚
绿色 / 棕色	V= 第 58 厄立特里亚
绿色 / 格子	V= 第 2 厄立特里亚骑兵，H= 第 15 厄立特里亚骑兵
棕色 / 格子	V= 第 11 厄立特里亚骑兵
深蓝色 / 深红色	H= 第 11 利比亚
黑色 / 红色	第 6 利比亚
红色 / 绿色	H= 第 4 阿尔及利亚骑兵
蓝色 / 绿色中央条纹	= 第 13 利比亚
黑色 / 白色，横向深红色边	= 第 16 利比亚
黑色 / 绿色，横向深红色边	= 第 17 利比亚
格子 / 白色中央条纹	= 第 18 利比亚
格子 / 绿色中央条纹	= 第 19 利比亚
蓝色 / 深红色，横向白色中央条纹	= 第 10 利比亚

这些军衔标志佩戴在利比亚土著部队穿着的M1929款立领上衣、1940年前款和M1940款撒哈拉罩衫的两侧袖子上部。下图中的上面一排显示的是1939年4月21日启用的标志，下面一排则是1941年12月24日后的改进版。

颜色：（1~4）高级士官：金色编织V形标志，有黑色中部条纹（1）；初级士官：银色编制V形标志，中间有黑色V形窄条（2~4）。（5~6）高级士兵：红色布质V形标志，中间有黑色V形窄条。列兵没有标志。

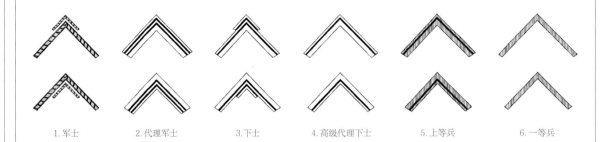

1. 军士　　　　2. 代理军士　　　　3. 下士　　　　4. 高级代理下士　　　　5. 上等兵　　　　6. 一等兵

这些军衔标志是意属东非土著部队使用的。上排显示的是佩戴在毡帽上的标志，下排显示的是佩戴在两侧袖子上部的标志。

颜色——帽徽：银色金属星、金色金属V形标志或军衔杠，银色金属射手帽徽，都佩戴在营级识别色布料底上。

颜色——臂章：（1~4）士官：黑色布质三角上，砖红色布质中型V形条；上部有金色窄条（1、3）；金色编织受伤纪念、晋升和特殊技能章；用金色、银色金属和砖红色布质为材料的服役星。（5~6）高级士兵：黑色布质三角上，砖红色布质中型V形条；砖红色受伤纪念和特殊技能章；用金色、银色金属和砖红色布质为材料的服役星（5），砖红色三角上的金色金属星（6）。列兵没有标志。

受伤纪念章：每次受伤加一根杠（1）；**晋升章：**每次战地晋升加一个王冠（2）；**特殊技能章：**机枪射手——三脚架上的机枪图案（3）；装甲车机枪射手——机枪和轮子图案；军乐队——七弦琴（4）；号手——军号（5）；**服役星章：**1颗红星=2年，2颗红星=6年，3颗红星=10年；1颗银星=12年，2颗银星=14年，3颗银星=16年；1颗金星=20年，2颗金星=24年，3颗金星=28年。

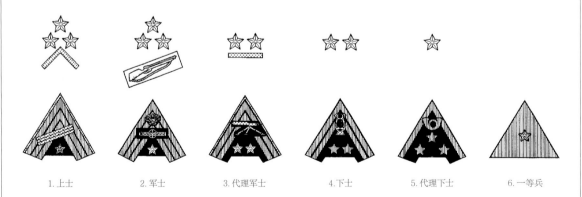

1. 上士　　　　2. 军士　　　　3. 代理军士　　　　4. 下士　　　　5. 代理下士　　　　6. 一等兵

注：
1号军衔启用于1936年10月29日。
3号军衔启用于1936年10月29日。
6号军衔多次废除又多次重设。

了军衔之外，这个 V 形臂章上还标识了佩戴着的服役年限、如神枪手或吹号手在内的特殊技能。1941 年 12月后，利比亚部队的军衔标志换成了佩戴在袖子上的小型 V 形章。利比亚的士兵和厄立特里亚的士兵还会在各自的帽子上佩戴军衔星，位于帽徽上方。服役年限则改为由 V 形章上的星的数量和颜色区别（详见表 4）。

个人装备

殖民军士兵的个人装备包括一根有弹药袋或弹药带的皮带，两者都是用浅棕色皮革制成。1929 年的着装条例要求采用与白人士兵的灰绿色皮带相同的款式，但颜色为深棕色。有一种非常普遍但并不正规的搭配方式，是在皮带上戴上 4 个弹药袋而非标准的 2 个。弹药斜带也有好几种版本，最常见的是 M1891 款双袋式。如包括杜巴特在内的非正规军中广泛使用一种前奥匈帝国式样棕色皮带，其有 4 个弹药袋，用来装他们配备的奥地利曼利夏 M95 式步枪子弹。这种步枪来自 1918 年意大利从奥地利手中夺来的战利品，虽然是一种落伍的武器，但对于这些部队而言已经是能够获得的最好的轻武器了。骆驼骑兵则有一种不同的棕色皮带，上有大型口袋，松松垮垮地缠在腰间。其余的携具包括一种个人用途的帆布包或挎包，但后者很少被厄立特里亚或索马里士兵使用——他们认为自己携带行李是有损自己的勇士形象的（他们的祖先一般都有一个仆从来携带装备并在战斗中递给他们武器）。

其他殖民军部队使用的武器包括标准的卡尔卡诺步枪，甚至还有更古老的维特利 M1870 式步枪，后者在 1914 年改为了 6.5 毫米口径的弹药。机枪则是标准的意大利陆军布雷达轻机枪和奥地利的施瓦茨劳斯重机枪，后者同样是作为战后赔偿在 1918 年被大量移交给意大利军队。个人武器包括杜巴特部队使用的被称为"比奥"的当地匕首，以及埃塞俄比亚军队有时使用的"古拉达"弯刀。第 14 团的殖民军骑兵则携带着有花哨刀鞘的大型弯刀。

红箭团

1942 年时，意大利陆军决定组建一支由反对英国人的阿拉伯和印度外国志愿者组成的部队。当年 5 月 10 日，他们成立了"军人改编中心"，下有由突尼斯人组成的"T 中心"，印度人——大部分是战俘——组成的"I 中心"，以及由阿拉伯人和苏丹战俘组成的"A 中心"。这三支部队中加入了曾在上述三个地区生活过的意大利人。这个中心共有 1 200 名意大

撒哈拉集群的利比亚摩托化部队正在操纵一门 20 毫米防空炮，他们的意大利军官正在观察天空。这些机动部队主要是用来保卫意大利军队的沙漠侧翼，是从他们最优秀的土著士兵中选拔而来。他们都戴着浅卡其色头巾，身着宽松的上衣和长裤。可以看到有部队颜色的腰带（左侧）。在前方的士兵身上可以看到 1939 年启用的 V 形军衔标志，此时利比亚人被认可为意大利公民，这一标志与萨伏依王朝的银星一起别在衣领上。

1941 年，意属东非的贡德尔，殖民军第 14 骑兵群的一名标准旗手。后来这里成为意大利最后对抗英军的地点。他戴着浅卡其色的头巾，身着 M1929 款殖民军上衣，低立领设计。他应该是穿了一条宽松的长裤。土著部队的军旗没有使用意大利的国家颜色，可以看到头骨和交叉弯刀的图案，下面的格言翻译过来是："死亡令万物平等"。

在突尼斯战场上，一名圣马可海军陆战队的军官正在为他的士兵观测远方的敌军。他穿着 M1934 款大衣，戴着海军陆战队的灰绿色呢质贝雷帽。跪在前面的士兵让我们能够很好地看清楚陆战队员的制服：一顶涂装成灰绿色的 M1933 款头盔，有水手领的灰绿色海军水手服，行军裤，以及特制的陆战队绑腿——详见第 226 页插图 F3。他的弹药包是专门配发给陆战队的，最初是由一个英国公司设计的。

利人，但只有 400 名印度人和 200 名阿拉伯人。1942 年 8 月，"军人改编中心"被重新命名为"红箭团"，这个名字是由该部队的意大利司令官根据自己在西班牙内战时期的经历得来的灵感，他当时在意大利的志愿军"黑箭军"中服役。该团被划分为各种突击队式的部队，并且有一小部分突尼斯人和一个排的印度人在意大利接受了伞兵训练。在轴心国部队于阿拉曼战役中失败后，印度部队失去了任何继续为意大利人作战的念头；唯一投入过实战的是所谓的突尼斯人"突击营"，他们曾在 1942—1943 年的战役末期被加强配属给了苏佩尔加师。

这些志愿兵穿着意大利的热带制服，别有他们各自民族颜色的领章：印度志愿兵为黄—白—绿，突尼斯人为红—白—绿，阿拉伯人为黑—白—红。在"军人改编中心"时期，印度和阿拉伯人还有各自的民族颜色的盾形臂章。当名字换为"红箭"后，所有的志愿兵采用了统一的帽徽和臂章。其图案为三支射穿红色圆圈的红箭，中间为黑色或卡其色底色，周边环绕以月桂环。这支部队的头部装备方面，突尼斯人和阿拉伯人戴 M1942 款布斯提那帽，印度人由于都是锡克教徒，因此佩戴卡其色头巾。

配属到红箭部队的意大利人员佩戴他们原有部队的领章，并在上衣袖子上及 M42 款布斯提那帽上别着这支特殊部队的徽章，或是将其涂印在沙色的 M1933 款头盔上。曾在北非参加过一些战斗的突尼斯伞兵营在他们三色民族徽章上别有伞兵标志。

插图图说

A: 1940 年，入侵英属索马里兰

A1: 第 17 殖民军旅，第 66（厄立特里亚人）殖民军营，军士

这名 1935—1936 年埃塞俄比亚战争的老兵，穿着从那时起几乎就没有怎么改变过的热带殖民军士兵版制服。卡其色麻布 M1929 款上衣搭配马裤、绑腿和棕色皮革便鞋。他那高耸的红色毡帽有一根营级饰色流苏，这种颜色也出现在他缠在腰间的腰带和旗帜上。这种土耳其毡帽通常搭配卡其色的帽罩，其颏带经常被绷到脑后而非下巴。在帽子前方有一个银色的步枪剪影，另有三颗银色星标识他的军士军衔。他的军衔标志也出现在系在袖子上部的用硬棉布制成的 V 形臂章上。作为该营的旗手，他举着这支部队的旗帜，颜色与营级饰色相同，上面绣有罗马数字"LXVI"，代表第 66 营。他非常幸运，配备的步枪是标准的 6.5 毫米卡尔卡诺 M1891 款——许多殖民军士兵配发的是更古旧的武器。

A2: 杜巴特司令官

这些被称为"白色头巾"的土著部队是非常不错的轻步兵，主要招募自索马里亚的边境部落中。他们的制服是被称为"福塔"的卡其色衣服，他们的军衔高低主要是通过不同颜色的拉笛绳来辨识：图中的绿色为"司令"，红色为"小队长"，黑色是"副小队长"。殖民军部队，特别是非正规军，基本上配发的都是过时或缴获的武器和装备。这名勇士的步枪是一把作为"一战"赔偿物的奥地利曼利夏 M95 步枪，还有搭配的弹药带。这些枪托上总是刻印有代表意属非洲的"AOI"字样。

A3: MVSN 部队第 11 黑衫军团，黑衫列兵

这名在侵略军中服役的黑衫军列兵戴着士兵版热带头盔，上有东非殖民地黑衫军的黄铜帽徽。由于在炎热的沙漠地带服役，他脱下了热带上衣，只穿着所有黑衫军成员标配的黑色棉质衬衣，搭配浅卡其色灯笼裤和灰绿色绑腿。其余装备都是标准陆军配发品，另有在埃塞俄比亚战役时期使用过的水壶。他的卡宾枪是 7.35 毫米口径的卡尔卡诺 M1938TS 式。在整个大战期间，步枪和卡宾枪使用两种不同口径的子弹，这一点始终折磨着意大利陆军的后勤供应。

B: 1940—1941 年，利比亚

B1: 卡坦扎罗步兵师，第 64 炮兵团，二等兵

在与英军对战的第一次沙漠战役期间，意大利炮兵的

1940 年，意属东非，一名隶属于第 17（厄立特里亚）营的士兵。他戴着高顶土耳其毡帽，其上有卡其色帽罩，帽冠上垂下的流苏是该营的黑/白识别色。他的腰部饰带上也是黑白亮色的垂直条纹。可以看到他腰带上有 4 个棕色皮革弹药袋，肩上还挂着打包了的毛毯和帐篷组件。

勇气获得了较高的赞誉。他们敢于在开阔炮位操作火炮，也经常负隅顽抗直到最后一刻。卡坦扎罗师在 1940 年 12 月 9—11 日的巴克巴克和索鲁姆之战中损失惨重，残部被包围在拜耳迪耶，并最终于 1941 年 1 月 5 日投降。这名师属炮兵的士兵穿着 20 世纪 30 年代中期起启用的热带上衣。除了使用卡其色抹布之外，其基本设计与大陆版呢质上衣没有区别，但没有里衬。在开口领上，他佩戴着红黑两色的师级领章，上面压着炮兵的有黄色边缘的黑色单尖火焰领章，其上缀有萨伏依王朝的银星。热带马裤搭配穿着棕色皮革版索带绑腿，在大陆版制服中，炮兵也是穿着同样的绑腿，但颜色为黑色。他的热带头盔上有国家三色帽徽，其上是黄铜的炮兵徽章，章上有团级番号"64"。他佩戴的皮革弹药袋是炮兵和骑兵士兵的标配；他使用的卡尔卡诺 M1938TS 卡宾枪也是一种主要配备给炮兵的武器。

B2: 利比亚第 2 师，第 4 团，第 3 "纳鲁特"营，下士

这名下士服役于利比亚师，该师在 1940 年 12 月 7—10 日防守图马尔营地的战斗中，被英军第 4 印度师和第 7 装甲师的玛蒂尔达坦克歼灭。在他的卡其色棉质殖民军撒哈拉罩衫上，有着所有殖民军部队都佩戴的大型可拆卸 V 形军衔臂章，上面的红星标志着两年的服役期。他的无装饰红色腰带表明他隶属于第 3 营。他的塔几亚帽——有时与利比亚男子传统服饰中的无边便帽混穿——上有所有利比亚部队都有的蓝色流苏。在殖民军步兵的帽徽上缀有

显示军衔的星。标配版的灰绿色皮带上有 4 个弹药袋而非通常的 2 个——这是利比亚部队中广泛流行的一个习惯。

B3:"10 月 28 日" MVSN 师,第 231 军团,高级小队长

这名黑衫军初级军士穿着 M1937 款灰绿色呢质上衣和灯笼裤。在 1940 年夏天作为援军从意大利赶来的一大批部队,在利比亚战役期间都是如此穿着。在左袖上有师级盾章,其下是军衔标志,后者虽然已经被官方废除,但此时仍有许多人佩戴。他的热带头盔是标准的士兵版 M1935 款,上面有意大利黑衫军的小帽徽。他的个人携具是标准的陆军配发物,包括有两个弹药袋的灰绿色皮带。他装备一把老旧的 6.5 毫米的卡尔卡诺 M1891 款步枪,在腰带上还配有一把 MVSN 战斗匕首。

C: 1941 年,利比亚

C1: 公羊装甲师,第 132 装甲团,坦克手

这名 M13/40 坦克的乘员穿着在欧洲和北非的意大利装甲部队配发的很好辨识的防护制服:黑色的皮质防撞头盔、护目镜、衣领上有陆军的白色金属星的黑色皮质双排扣大衣,其下是蓝色麻布连体服。后来的 M1941 款连体服与早期版本相比,有更多的口袋,并且新增了肘部和膝盖补丁。他的携具包括古旧的灰绿色 M1874/89 式三袋版皮质弹药袋,其末端附有套在枪套里的 9 毫米贝雷塔 M1934 款半自动手枪。

C2: 苏尔特步兵师,陆军中将

他穿着自行采购的军官版热带上衣,因为军衔高,所

埃托雷·巴斯蒂科元帅(右侧),是 1941—1943 年间利比亚的统治者和北非意大利军队的总司令,他正在造访卡斯特·贝尼托空军基地。巴斯蒂科元帅戴着布斯提那帽,身着热带上衣,两者当然都是用质地上乘的华达呢布料制成。他的帽子上有四颗将星,袖子的格雷卡纹饰上方也有四根军衔杠,这些都是他的军衔标志。在上臂可看到金色的花环绕着的宝剑臂章,这是敢死队的徽章。在他的勋表上方,有代表军事学院的鹰标。在他右手边和左手边的军官穿着不同颜色的撒哈拉上衣,前者戴着一顶 M1942 款遮阳布斯提那帽,后者戴着一顶热带大檐帽,上有代表其上校军衔的饰带。注意看他的上衣背后,是三尖式的肩披设计,常见于 1940 年前的撒哈拉上衣款式上,后来更多的是单尖式设计。

大战爆发初期,一名在北非的 MVSN 军官。他在黑色棉质衬衣外穿了一件浅卡其色的撒哈拉上衣。他戴的一顶私人采购的中棕色布斯提那帽,其设计与后来配发的 M1942 款相似,但从 20 世纪 30 年代末期就已经开始启用,还设计有可拆卸的帽檐。在帽子前方是第 138 营的金色束棒帽徽,该营隶属于"10 月 28 日" MVSN 师,该师在利比亚战役早期就被歼灭。

以布料质量更佳,剪裁工艺更好。衣领上有苏尔特师的师级领章。该师于 1941 年 1 月 21 日在托布鲁克之战中被澳大利亚第 6 师击败。如同大陆版制服一样,这名将官的军衔标志出现在上衣前臂和肩章带上——后者为银色花纹底,边缘为砖红色,其上有鹰标和两颗将星。他的马裤是用与上衣同样的卡其色布料制成;两侧没有条纹饰带。他戴的遮阳头盔是个人采购的"亚丁"款,上有师级将官及以上军衔特有的银色雄鹰徽章,底色为砖红色。这种热带头盔通常为卡其色,但有时也有一些颜色浅得多的版本,甚至是一种灰白色。

C3: 迈尔迈里卡步兵师,第 116 步兵团,少校

这个在大战爆发前就已经被部署在利比亚的步兵师,在 1941 年 1 月被歼灭。这名少校戴着个人采购的印度款软木热带头盔,身着很受欢迎的 1940 年前版本的撒哈拉上衣,其上有黑色肩章带。他的肩章上有步兵徽章,其下是代表其军衔的一颗金星,周围有校官版的金色花纹饰边,以及步兵的红色绲边。他混穿着热带版和大陆版制服,下身是一条灰色华达呢马裤,两侧有两根黑色条纹和步兵的红色绲边。他还穿着一双军官版高帮棕色皮鞋,拿着意大利军官版双筒望远镜。

D: 1941 年,意属东非

D1: 埃塞俄比亚,亚的斯亚贝巴,意属东非督察队,督察守卫

这名摩托车下士戴着棕色皮革材质的遮阳防撞头盔,头盔前方有 PAI 部队的金色小帽徽。他的士兵版撒哈拉上衣衣领上直接别着黄铜质地的束棒领章,两边袖子上都有

红色的∨形军衔章。系在衣扣和肩章带之间的蓝色饰绳是其所在兵种的标志。搭配浅卡其色马裤的是棕色皮质绑腿，用来在骑行摩托车时为小腿提供防护。PAI部队装备精良，几乎人手一把评价很高的9毫米M1938A款贝雷塔冲锋枪。他佩戴着装20发弹匣的弹药袋的武装腰带，这也是PAI的独有装备之一。冲锋枪的弹匣容量有10发、20发、30发、40发几种。

D2: 第10（厄立特里亚）殖民军营，上尉

这是一名土著营的军官，这种部队构成了意属东非帝国防御部队的主要兵力。他戴了一顶热带大檐帽，严格说起来并不能在前线穿着，但在东非，这些规则几乎都是形同虚设。其帽徽中央的绿色表明他是这个营的编制内军官，而非调自支援兵种或是指挥部临时委派。在他的浅卡其色麻布1940年前版沙哈拉上衣外，他还戴了一条该营的彩色腰带，这一习惯在殖民军部队的欧洲军官中很常见。他的黑色肩章上也有同样颜色的绲边，肩章上还有兵种徽章和三颗星的军衔标志。他的马裤是大陆版制服的热带版，搭配在脚部有鞋绳的棕色皮革高帮鞋——这是黑色的大陆版高帮鞋没有的特点。他装备的是一把M10半自动步枪，这种防身武器在意大利陆军中并不常见。

D3: 埃塞俄比亚，亚的斯亚贝巴，非洲步兵师，MVSN部队第10黑衫军团，百夫长

非洲步兵师是在意属东非临时成立的一支部队，主要是合并了当地成立的黑衫军团而来。这名百夫长或上尉穿着与卡其色稍有不同的热带上衣、马裤，戴着布斯提那帽。意属东非几乎是从开战的第一天便与本土失去了联系，物资短缺造成各种替代品层出不穷。他的军衔标志佩戴在袖口上：一个金色编织钻石形状和三根杠。领章是常见的黑色布质双尖火焰章，上面有MVSN部队的金色束棒。他装备了一把过时的吉利森蒂1889款左轮手枪——这是通常配发给殖民军士兵的装备，但因为武器短缺，这名军官也不得不勉强使用。

E: 1941年2—3月，克伦战役

E1: 萨伏依掷弹兵师，第11团，二等兵

萨伏依掷弹兵师是在意属东非战场上仅有的两个师级部队之一。这名二等兵穿着一件热带上衣，配有掷弹兵的比普通版本稍大一些的领章——蓝色，上有两根白色花纹

杠——还佩戴了此时已经被官方废除的师级臂章，也是蓝色底。他还穿着一件浅卡其色棉质衬衣，搭配萨伏依掷弹兵师特有的黑色领带。他的裤子是浅卡其色棉布灯笼裤，搭配绑腿和棕色皮革M1912款及踝鞋。在M1935款热带头盔上有三色帽章，其上是掷弹兵部队的爆炸手雷图案的帽徽。按照这个被隔绝的战区的标准来说，他所在的部队还算是装备精良。

E2: 第5（厄立特里亚）殖民军营，军士

这名军士还是很自豪地戴着第5营的格子呢腰带，但很多人都因为其并非必需品而弃之不用。他的制服是大战初期版本的简化版。原来的土耳其毡帽已经被不那么出名并且不受土著士兵欢迎的布斯提那帽所取代。他穿着三扣式套头衫版本的1940年前撒哈拉罩衫，上有可拆卸∨形臂章，搭配灯笼短裤；他光着脚——几乎终其一生都是如此。他很有限的装备包括老式的M1891款弹药袋和前奥匈帝国的曼利夏M95步枪。

E3: 育克山高山营，上等兵

育克山高山营是意大利的高山部队中唯一一支部署在东非的单位。考虑到这里的地形条件，以及5年前征服埃塞俄比亚的战役中曾经大量使用高山部队，如今的现状不禁令人惊异。这支部队的名字是为了纪念在那一场战役中

一名意属非洲督察队（PAI）的摩托车手在意属东非骄傲地与自己的古奇摩托车合影。他穿着浅卡其色的撒哈拉上衣，在袖子上有他的下士军衔标志，右肩上还挂着蓝色饰绳。他很醒目的防撞头盔上有一小枚黄铜PAI部队徽章，头盔采用的是和绑腿及鞋一样的棕色皮革。他的肩上挂着一把贝雷塔M1938A式冲锋枪。详见第224页插图D1。

一名伞兵部队的军士穿着 M1941 款浅卡其色热带无领上衣，搭配行军贝雷帽和长裤。可以看到伞兵的帽徽、醒目的领章，以及袖子上部的 V 形军衔标志。在左袖口袋上，他佩戴了非官方的用金色金属制成的伞兵资质章。详见第 227 页插图 G3。

意大利一次大胜的地点。他穿着热带上衣和马裤——可以看到与第 225 页插图 E1 在细节上的不同——他的头盔上有作为兵种特征的绒球和乌鸦羽毛。他的装备中有比步兵版容量更大的高山兵专用水壶。他的可折叠刺刀卡宾枪是可调表尺的原始版 6.5 毫米口径卡尔卡诺 M1891 式步枪，而非 7.35 毫米的 91/38 改款。

F：1942 年，北非

F1：圣马可海军陆战营，陆战队员

在 1942 年 6 月夺下托布鲁克之后，意大利的圣马可海军陆战师的一个营加入了该地驻防部队之列，并因作战勇猛而受到好评。这名陆战队员穿着该营在北非服役期间特别配发的制服，包括涂印了海军陆战部队海锚和王冠图案的 M1933 款头盔、沙色热带水手服（设计有水手领）、短裤和长筒帆布靴。其携具也是特别配发给海军陆战队的，最初是英国设计和制造，后来被意大利人效仿。他所装备

的贝雷塔 M1938A 款冲锋枪看起来在这支精锐部队中配发量很大。

F2：帕维亚步兵师，第 27 步兵团，上等兵

1942 年 6 月，托布鲁克沦陷后，大量的英国和英联邦军队的物资落入意大利之手，许多意大利士兵终于有机会填补自己短缺的装备（德国非洲军也一样，有记录表明他们认为这些缴获的英国热带制服比他们自己的橄榄绿配发制服更舒适一些）。这名来自意大利资深沙漠师的士兵穿着英国埃尔特克斯衬衣，配以意大利标志，还有英国的卡其色训练短裤和黑色皮革的平头钉军靴——他身上的意大利物品只有布斯提那帽、绑腿、弹药斜袋和水壶。左袖上是中间有数字"1"的"坦克杀手"袖标，表明他曾协助击毁过一辆敌军坦克。他的步枪是 6.5 毫米卡尔卡诺 M1941 款，并携带了一枚布雷达 M1935 款手雷。意大利军队所有的三款手雷都被涂成红色，并起了个"红色恶魔"的别称——但它们都因可靠性差而威力不足遭到诟病。帕维亚师在阿拉曼战役中被孤立包围在轴心国战线的南端，并且只有一丁点运输力量，没有机会逃出。

F3：第 31 突击工兵营，二等兵

第 31 突击工兵营是一支精锐部队，经受过在炮火攻击下布雷和排雷的专门训练。这名士兵戴着涂装成沙色的 M1933 款钢盔，上有突击工兵的黑色涂印标志。在他的第一版套头撒哈拉罩衫的左袖上，也有突击工兵的徽章——绿色底上有一把剑，叠在爆炸的地雷之上——这枚徽章也出现在衣领的工兵领章上。浅卡其色麻布灯笼裤搭配的是通常的绑腿和鞋。他的小型物品装在一个 M1933 款防毒面具包中，一支 7.35 毫米口径卡尔卡诺 M1938 款步枪斜挂在肩上。他拔出了自己的战斗匕首，以在向托布鲁克突击的过程中协助探测地雷。

G：1942 年 10—11 月，阿拉曼战役

G1：的里雅斯特摩托化师，第 21 摩托化炮兵团，少尉

这名少尉穿着北非战场上许多军官都拥有的舒适而实用的制服。他的布斯提那帽是有帽檐的 M1942 款，这款布斯提那帽有许多小改款，并且在沙漠战役后期被广泛采用。M1940 款军官版撒哈拉上衣的肩章带为黑色底色，有炮兵的黄色边缘，上面缀有炮兵标志和他的军衔标志。在上衣的右袖上，有一根银色的负伤纪念杠。总共有三个等级的负伤纪念杠：金色 = 作战负伤，银色 = 勤务负伤，红色 = 因公负伤。在衣领上有炮兵的黄色单尖火焰章，其上叠有摩托化师的蓝色领章。许多意大利士兵发现，不管穿不穿袜子，皮质便鞋都远比其他鞋子更舒服。他装备着意大利军官最喜欢的防身武器——非常可靠的 9 毫米贝雷塔 M1934 款半自动手枪。的里雅斯特师的部分部队作为

轴心国的机动后备队被部署在阿拉曼防线的北端，在战役结束时得以逃脱，1943 年 3 月，他们还参加了突尼斯的马雷斯防线的战斗。

G2: 特伦托摩托化师，第 7 神枪手营，军士长

这名著名轻步兵兵种的军士长，在他的热带头盔上插着他们绚丽的小公鸡羽毛；在钢盔上也会插着羽毛。他身着流行的第二版撒哈拉罩衫，上面有神枪手部队的深红色双尖火焰章，两边袖子上部还有黄色的 V 形军衔标志。其他的装备都是通常版本的，除了棕色皮革的双筒弹药袋——是神枪手部队的特有版本，比标准版更紧凑一些。这支机动部队的常规武器是 7.35 毫米口径的卡尔卡诺 M1891/38 卡宾枪，设计有可折叠刺刀和固定表尺。在阿拉曼战役中，特伦托被部署在基德尼山脊，在对抗英国第三十军的步兵进攻中基本被全歼。

G3: 闪电伞兵师，军士

1942 年 7 月，当入侵马耳他的计划被取消后，规模虽小但精锐的闪电师被船运到北非，以步兵的作战方式参加了阿拉曼战役，表现勇猛，但他们在穆纳西比洼地对抗

英国第十三军时，还是几乎被歼灭。这张图片表现了北非伞兵的独特制服，包括 M1938 款头盔和无领的 M1941 款撒哈拉式上衣。可以看到伞兵的亮蓝色领章，上面有一把剑和风格化的双翼图案，其下是星星图案。灯笼裤盖住了有橡胶鞋底的黑色皮革跳伞靴。图中的弹药袋也是伞兵的独特装备，用浅卡其色帆布制成，上半部分口袋和下半部分口袋（手雷袋）有所不同（当别无他物可用时，有的闪电师的伞兵会用拉索袋来装物品）。他携带着一支优秀的 9 毫米贝雷塔 M1938A 款冲锋枪，这种后期型号有一个多槽枪口减震喉，并且没有配备刺刀，这也是最常见的版本。

H: 1942—1943 年，突尼斯

H1: 苏佩尔加突击登陆师，第 91 步兵团，二等兵

苏佩尔加师原本设计编组为突击登陆师，准备参与入侵马耳他的计划，后来作为迫切需要的援军登陆北非，以传统步兵的方式作战。就像大多数从意大利赶来的援兵一样，这名士兵穿着标准的大陆版制服。在战役后期，只有极少数的士兵能够获得热带制服，但在突尼斯山丘中的冬季里，大多数人还是非常庆幸呢质衣物提供的保暖性能。唯一值得注意的是罩在他头盔上的麻布袋，有时也用从帐篷组件上拆下的伪装布制成。作为布雷达 8 毫米 M1937 款口径重机枪组的成员之一，他配备了一把 M1934 款手枪以自卫，并将其套在他的灰绿色皮带上的枪套上。风冷式的 M1937 款重机枪用托盘供弹，设计古怪，但已经是意大利陆军五花八门的机枪中最可靠的装备了。

H2: 乔瓦尼·法西斯蒂师，精选黑衫兵

这名一等兵隶属于青年法西斯师，该部队在北非和突尼斯参加了数次战役，包括在 1943 年 3 月的马雷斯防线战役中对抗英国第 8 集团军。这种有流苏的黑色毡帽是黑衫军的特殊头部装备，该师在战斗中还会戴热带头盔——但它从来没有配发过钢盔。他身上的第二版撒哈拉罩衣上的领章是该师独有的：带黄色边缘的红色双尖火焰章。他的携具是普通装备，并将自己的个人物品装在一个帆布的"战术包"中，还装备了一支 7.35 毫米 M1938 款步枪。

一个隶属于乔瓦尼·法西斯蒂师的 81 毫米迫击炮组正在战壕里准备开火。两人戴着黑色毡帽，身着灰绿色制服。而另一人则不寻常地戴了一顶印度款遮阳帽。戴着毡帽投入战斗成了这支部队的标志，也增加了对他们无畏勇气的赞誉。最左侧士兵的灰绿色呢质 M1940 款上衣袖子上的 V 形标志，显示出他是一名军士长。详见第228 页插图 H2。

H3: 轻卡车部队，第 10 敢死队，中尉

第 10 敢死队成立于 1942 年，是一支以突击队模式作战的特种伞兵部队，受训于在盟军后方作战。经过大量训练后，部分部队被派往突尼斯。他们装备了搭载 20 毫米火炮和数支机枪的 SPA43 撒哈拉沙漠卡车，这支轻卡车部队扮演的是同英军的远程沙漠突击团以及特种空勤团（SAS）一样的角色，并且表现尚佳。该部队穿着各式各样的制服，这名中尉戴着灰绿色贝雷帽，穿无领撒哈拉式上衣和伞兵部队的灯笼裤。第 10 敢死队的蓝色双尖火焰章别在胸口上方，左袖上则是敢死队徽章和伞兵资质章；袖口上有按照着装条例佩戴的军衔标志。他装备良好，有一支贝雷塔 M1938A 款冲锋枪、一把 M1934 款手枪和战斗匕首，甚至还有一个德国的双筒望远镜。

意大利陆军 1940—1945 年 (3)

意大利: **1943—1945 年**

The Italian Army 1940—1945 (3)

Italy 1943—1945

意大利的困境，1943 年春天

1943 年 5 月，轴心国军队在突尼斯的失败和接下来 7 月盟军在西西里岛的登陆，使得意大利人民对墨索里尼和他的法西斯政权的信仰荡然无存。对政权的支持已经连续多年摇摆不定，在苏联战场和北非战场的失败，使得除了最死忠的分子外，对"领袖"的崇拜已经幻灭。如今，随着迫在眉睫并已注定的盟军登陆意大利本土，在罗马城中，在各种势力推动下的车轮已向着结束墨索里尼长达 21 年独裁的方向，不可逆转地运行了起来。

登陆西西里岛

意大利最高司令部心知肚明，盟军的下轮攻势，必将在西西里岛、撒丁岛或是被占领的希腊本土中选择其一。墨索里尼本人则准确地预见到，西西里岛会成为盟军夺取轴心国占领的欧洲领土的第一步尝试。

防卫西西里岛的轴心国部队，名义上归意大利的古佐尼将军指挥，共有 23 万人，其中 4 万人为德国部队。后者包括了驻扎在杰拉以北的保尔·孔纳斯将军指挥的"赫尔曼·戈林"装甲师，以及德国第 15 装甲师。意大利的驻防部队则包括 4 个步兵师、7 个海岸步兵师和 2 个海岸旅，配备了 1 500 门火炮。进入西西里的必经之路由潘泰莱里亚岛扼守，其上要塞森严，并有 12 000 人的驻军。

意大利的海岸师和其他步兵部队只有很少量的重武器。大量的防卫部队是 MVSN 部队志愿者，并且其中许多是老年团。仅有的装甲坦克是原法国的雷纳 R35 系列和稀少的 FT-17 系列，另外还有很少的古董式的意大利的菲亚特 3000 系列。意大利所有最好的装备都已经损失在了苏联和北非战场，工厂里的生产线只能提供很少的新坦克和新火炮用以填补。反坦克火炮几乎形同虚设，只有一小部分已经过时的 47 毫米反坦克炮，并不能对盟军的 M4 谢尔曼坦克构成威胁。

战斗序列

意大利西西里驻防军

第 6 集团军

马里奥·图拉蒂，15 岁，帕维亚的第 14 阿尔贝托·阿尔菲耶里黑色旅的一名志愿兵，在 1945 年 3 月阵亡。在法西斯和反法西斯阵营的残酷斗争中，交战双方都有许多像马里奥一样其至更年轻的士兵。他穿着一件伪装夹克，衣领上有头骨和交叉骨头的徽章，里面应该穿了一件是平民版的套衫。

第十二军

第 28 奥斯塔步兵师

第 26 阿西耶塔山地步
兵师

第 202 海岸师

第 207 海岸师

第 208 海岸师

第十六军

第 54 那不勒斯步兵师

第 206 海岸师

第 213 海岸师

第 18 海岸旅

第 19 海岸旅

预备队

第 4 利沃诺步兵师

作为意大利陆军中服役年限最长也最勇敢的军官之一，MVSN 部队的恩里科·弗朗西斯齐将军在西西里岛战役中阵亡。这名老兵参加过至少 6 次战役，并因喜欢亲临一线而被称为"战斗将军"。他在 18 岁时参加1911—1912 年的意大利—利比亚战争，从此开启了自己的军事生涯，接着在第一次世界大战、埃塞俄比亚战争、1936—1939 年的西班牙内战中都有服役记录。他的第二次世界大战服役记录包括希腊战役以及 1943 年7 月 11 日阵亡前参加的西西里岛战役。他获得过 1 枚银质勇气勋章、3 枚铜质勇气勋章、3 枚勇猛十字勋章和 1 枚成功勋章。这张照片拍摄于他阵亡前不久，他戴着一顶左侧佩有将官军衔标志的灰绿色布斯提那帽，穿着浅卡其色的撒哈拉上衣，衣领上有 MVSN 部队的黑色火焰领章和束棒图案。

在正式登陆之前，盟军先于 1943 年 6 月 10 日占领了壁垒森严的潘泰莱里亚岛，该岛坐落于从北非海岸到西西里岛的中途。在其沦陷后，再没有什么能够阻止盟军的登陆了。7 月 10 日，哈士奇行动发起。尽管因为盟军飞行员缺乏经验，同时

隶属于 MVSN 民兵部队的防空炮手，正在搬运他们的 76/40 款防空炮的 76 毫米炮弹。防御西西里和意大利本土海岸的部队通常是像图中这样大多数已经中年的二线士兵。炮手们戴着 M1916 款阿德里安头盔，正前方有 MVSN 防空部队的黑色涂印标志。他们都穿着灰绿色棉质衬衣，搭配不协调的裤子，更显得凌乱破旧。由于大规模的物资短缺，许多二线战士只能穿着训练服。

海军炮手误伤严重，致使空降部队大部分伤亡，美国、英国和加拿大部队的 3 300 艘船还是成功地在该岛的南岸和东岸登陆了 16 万人和 600 辆坦克。在登陆的最初几日内，盟军的滩头阵地遭遇了几次不顾一切的反击。最主要的反击是针对南方的杰拉滩头阵地，在此登陆的是加强配属了游骑兵部队的美军第 1 步兵师以及第 2 装甲师的部分单位；而进攻的意大利军队中则只有一些已经过时的坦克。尽管反击方很勇猛地力图朝前推进，但很快就因为伤亡惨重而被迫停止，同时德军的"赫尔曼·戈林"装甲师也在盟军海军火炮的狂轰滥炸下伤亡惨重。

就像他们参加的所有其他战役一样，意大利军队不同单位之间的表现和战斗能力大相径庭。海岸师往往一触即溃，但利沃诺师和那不勒斯师则在最初的行动中表现勇猛，而且其残余部队后来一直追随德军坚持战斗。之后轴心国军队开始向墨西拿进行战略撤退，并在 8 月 11 日完成了这一转

移；最终意大利人成功地从墨西拿海峡将 59 000 人、227 辆载具和 41 门火炮撤回意大利本土（德军的撤退行动"雷尔港"计划也相当成功，截至 8 月 17 日，撤退了将近 40 000 人、9 600 辆载具、47 辆坦克、94 门火炮和 17 000 吨弹药）。

西西里军服

意大利陆军此时还未能从在北非和苏联的惨败中缓过劲来，无暇进行防守意大利的准备。在这种混乱的情形下，服装和装备的统一并非当务之急。防御西西里岛的意大利部队穿着各式各样的军服，包括大陆版的 M1940、M1942 款灰绿色呢质军服，也有从北非战役中遗留下来的热带卡其色衣物。有一些海岸师士兵还穿着 M1937 款灰绿色上衣——上有黑色衣领饰面，早已被官方废除多年。由于缺乏良好的制服，MVSN 的一些防空部队甚至穿着训练服投入战斗。照片显示，当时意大利军队中佩戴了大量的软木热带头盔——在西西里的炎热气候中，这倒也算是一种成功的制服配件。老款的 M1916 款阿德里安头盔还在构成西西里驻防主力部队的海岸师和 MVSN 部队中使用。在战俘中还能看到高山部队式的毡帽，很有可能是

一群隶属于某个海岸师的疲惫且沮丧的士兵，在 1943 年 6 月的西西里岛战役头几天就被抓，成为了俘房。海岸师通常用的都是过时的装备和制服，图中的这群士兵也不例外。他们戴着 M1916 款钢盔或灰绿色呢质布斯提那帽，搭配各种款式的上衣。右前方的士兵穿着有黑色衣领饰面的 M1937 款上衣，白色领章上要么有第 206 师的橙色三角形，要么就是第 207 师的蓝色三角形。详见第 269 页插图 A3。

表 1: 1943 年春 / 夏季，海岸师					

关键词：
C= 海岸步兵团
G= 炮组，即炮兵次级单位

注：领章，海岸师佩戴一种每个师都不同的领章：每种都是一种单色底色上有另一种颜色的三角形。许多领章的样式在意大利军队档案中已经无处可寻，但下表还是列出了部分——如"白色 P，紫色 T"为白色底，紫色三角。

下属部队，这些仓促组建起的"残缺"的师，在纸面上下辖许多部队。此表中只列出主要的战斗部队。

师番号	步兵团	炮兵团	位置	领章
201	55、131	201	法国南部	—
202	142C、120C、137C	43G	西西里	白色 P，紫色 T
203	126、174	203	撒丁岛	—
204	19C、130C、149C	204	撒丁岛	橙色 P，白色 T
205	127C、128、129	205	撒丁岛	蓝色 P，白色 T
206	303、121C、122C、123C	44G	西西里	白色 P，橙色 T
207	124C、138C、139C	51G	西西里	白色 P，蓝色 T
208	133C	28G	西西里	白色 P，浅蓝色 T
209	209C、112	41	佩鲁贾海岸	—
210	113C、114C、164C	—	塔兰托海岸	—
211	53、118、143	49	卡拉布里亚	白色 P，红色 T
212	103C、115C、144C	45G	卡拉布里亚	白色 P，绿色 T
213	4、120、139C、140C	22G	墨西拿	紫色 P，白色 T
214	103C、148C		塔兰托海岸	—
215	6C、14C、108C	27G	托斯卡纳	红色 P，深蓝色 T
216	12C、13C		比萨	
220	111C、152C	—	拉齐奥	浅蓝色 P，白色 T
221	4C、8C	—	拉齐奥	红色 P，白色 T
222	74C、89C	—	萨勒诺	绿色 P，白色 T
223	第 5、第 8 高山团部分部队，第 26 高山营		法国南部	—
224	第 1、第 3 高山集群部分部队	—	科西嘉岛	—
225	172、173	52	科西嘉岛	—
226	170、171、181	7G	科西嘉岛	—
227	141C、145C	—	卡拉布里亚	—
230	第 202 师部分部队		西西里	黑色 P，白色 T

MVSN 部队中的某一兵种所佩戴的；MVSN 铁道部队、边防部队和防空部队都有可能戴这种毡帽，并在其上加了一根简单的黑色帽带。但其实这种帽子在 1943 年时应该已经退出了现役装备的行列。

海岸师

许多防御西西里和意大利本土海岸线的部队是二线且"二等"的海岸师。这些部队通常是从 MVSN 部队的老年团中组建而来的。许多人已经年届四五十。他们本是组建来从事劳作任务或其他二线任务的辅助部队，基本都是从本地人中征召得来，他们的军官也大部分是来自退役军官（其中一支部队的少尉指挥官甚至早已退伍 25 年）。意大利驻防军队的士气总体而言很低落，并且极度厌战。当然，总有例外，有的人还是对法西斯主义保有热情，但时至今日，这已经是绝对的少数派了。

他们的装备也很拙劣。墨索里尼曾经希望从最近才解除武装的维希法国部队获得大量的装备，但当这些武器运抵意大利时，往往缺乏配套的弹药，并且许多都已经在路途中被故意损坏了。

意大利的分裂

西西里战役的失败是压垮墨索里尼统治的最后一根稻草，很快就导致他从权力的宝座上跌落。他不仅被政权外部的敌人所挤压，也遭到了他自己的法西斯党内部的排挤。法西斯党统治阶层内部密谋反对墨索里尼的计划已经持续了数月，最终在 7 月 24 日这个周六的法西斯大会上爆发。法西斯大会本是墨索里尼控制下的最高宪政机构，但实际上它很少决定什么重大事件，其机构一直只是一个象征而已。在长时间的辩论后，26 名代表中的 19 名投票决定剥夺墨索里尼的权力。在 21 年的独裁之后，墨索里尼居然沦落到被投票撵下了宝座。

第二天，墨索里尼向国王维克多·埃马努埃尔三世递交了辞呈，后者接受了其辞职。前独裁者很快被逮捕。一个新的意大利政府在巴多格里奥将军——因希腊战败而在 1940 年 12 月辞职的前总参谋长——的领导下成立，他公开保证要继续同盟军作战，但同时展开了和美国、英国的秘密谈判。在整个 8 月间，巴多格里奥的政权不停地将墨索里尼从一个地方转移到另一个地方，以防止任何营救他的企图；最终他被关押到罗马城附近的阿布鲁奇山区大索萨峰顶的一间孤立的滑雪旅馆里。

1943 年 9 月 8 日，意大利对盟军无条件投降——德国军队迅速接管了这个国家并缴械了意大利军队。9 月 10 日，罗马被德军占领，巴多格里奥和国王被迫搭乘皇家海军的战舰南渡布林迪西。9 月 12 日，90 名党卫军别动队队员在暴风突击队队长奥托·斯科尔兹内的带领下搭乘滑翔机在山顶降落并解救了墨索里尼。15 日，被带到希特勒位于拉斯登堡的司令部后，本已斗志涣散的墨索里尼被说服继续对抗盟军。在当时的情况下，他其实并无选择的余地。9 月 23 日，他被护送回意大利，并宣布成立意大利社会共和国（RSI），定都于意大利北部加尔达湖畔的萨罗。10 月 13 日，意大利王国向德国宣战。

意大利新政府与盟军的和平协议被德国人视为巨大的背叛，但也并非完全出乎其意料。德国人很早以前就准备过在突发情况下解除意大利军队的武装并控制政权。当意大利投降后，意大利北部和中部的大部分地方很快落入德军的控制中。由于在这些地方部署了 22 个师，德国部队迅速并且无情地在意大利本土和它所占领的希腊、南斯拉夫地区控制了意大利的驻防军。意大利部队的任何反抗都被血腥镇压。德国人意识到，如果不能给其他不愿向他们投降的意大利军队立一个下马威，很快就会发生大规模的暴动。

有一些意大利部队确实尝试了反抗，为此数以千计的意大利士兵付出了生命的代价。其中最惨烈的悲剧之一，近来因为小说和电影《科雷利上尉的曼陀林》①的成功而逐渐被世人所知。事件发生在希腊的凯法利尼亚岛，主角是驻防该地的阿奎师。巴多格里奥向意大利军队发出了模棱两可的命令，要求他们不准进攻德国部队，但当遭到进攻时应该尽力防卫——这是对德国人要发动全面战争的意图的严重误判。凯法利尼亚岛阿奎师的司令官安东尼奥·甘丁将军本准备向德军投降，但要求自己的手下的人身安全不能受到任何威胁。和平投降的谈判最终破灭，意大利军队向两艘德国船只开火射击；德国派往该岛的增援部队最终击败了他们，阿奎师在付出阵

①电影于 2001 年上映，国内译名为《战地情人》。

亡 1 250 人的沉重代价后，最终于 9 月 21 日投降。阿奎师 4 750 名缴械被俘的士兵和军官被冷血地枪杀——首先是包括甘丁将军在内的所有军官，接着是士兵。这支意大利驻防军剩下的 4 000 人被装船运走，送往德国境内的集中营，但他们的运输船又撞上了水雷，超过 3 000 人死亡。在这一事件中，总共有 10 030 名凯法利尼亚岛上的意大利官兵丧生。

这样血腥的例子使得德国人征服了他们之前的盟友。大约有 615 000 名意大利士兵被装上卡车运往德国境内的集中营。集中营里的环境和待遇非常恶劣，有超过 30 000 人在囚禁和虐待中丧生。对于这些意大利人而言，一条解脱之道就是自愿加入意大利社会共和国新成立的军队。许多人选择了这条路，其中一些人是渴望再次为法西斯作战，其他人则是想借此逃脱集中营的噩梦。

从第一支盟军部队于 1943 年 9 月 3 日登陆，直到 1945 年 4 月 29 日德军全面投降，意大利始终是重要的战场。凯塞林元帅指挥的德国第 10、第 14 集团军在一系列山丘、河流的防线中顽强而又有效的防御战役，使得美军和英联邦军队的每一寸推进都缓慢而又代价高昂。在这一过程中，意大利实际上是分裂的：许多人保持了对法西斯政府的忠诚，并在意大利社会共和国的各种军队中效力；同时，许多人奋起反抗法西斯政权，或是以正规的"南方军"的形式与盟军并肩作战，或是以各种游击队的形式活跃在德国战线后方。

意大利社会共和国的武装力量

意大利社会共和国的武装力量正式成立于 1943 年 10 月 28 日，号称要保卫这个新生的国家，抵御来自外部和内部的敌人。在此之前，许多忠于墨索里尼的部队已经公开宣布效忠。另一些部队则向德国占领军报到，并明确表示愿意为其作战。除了小规模的"新"空军和海军外，意大利社会共和国成立的地面武装力量主要包括以下三种编制。

共和国军队（ENR），由 4 个师和大量小规模独立部队组成。原来的 MVSN，黑衫军部队，则更名为共和国卫队（GNR），主要负责内卫，执行主要的反游击作战任务。当对于 GNR 而言，反游击任务不堪重负后，意大利社会共和国又决定号召所有身体健全的法西斯党徒加入新成立的民兵组织，组成了所谓的"黑色旅"，以对抗反法西斯的游击队。

共和国军队（ENR）

这支在萨罗新成立的法西斯政府组建的军队是正规军和非正规军的混

合体。四个正规师，是招募自意大利向盟军投降时被德军扣押拘禁的前意大利士兵，后在德国接受整训，包括：蒙泰洛萨高山师、意大利亚神枪手师、圣马可海军陆战师和利托里奥步兵师。他们构成了RSI军队的核心，但另外还有一些小规模独立部队作为辅助，后者的编制情况很混乱，主要是在1943年末由依然忠于墨索里尼的军官在各地自发组建的。

除了部署在意大利的RSI部队之外，还有一些继续在巴尔干和法国南部执行占领任务的支持德国的部队也是ENR的组成部分。这些部队大多数是原来的MVSN军团，他们效忠于德国人，或者被迫效忠于德国人。另外还有5个特别的"枪杆套"营在波罗的海港口驻防，第834野战医院也继续部署在苏联前线。

大多数RSI部队在其存续期间的主要任务是执行反游击队作战。他们很少被部署用来对抗不断推进的盟军，但一旦他们被委以这种任务，通常表现都不错——这些RSI的士兵或者民兵深知，自己把赌注都押在了德国人身上，一旦他们战败，就只能等着行刑队的枪决。

在这张宣传照片中，来自第1志愿神枪手营"B.墨索里尼"部队的一名士兵正在和他的德国盟军战友分享香烟。这名神枪手士兵穿着RSI部队广泛配发的各种版本防风上衣中的一种。不论是RSI部队还是合作军部队，这一轻步兵兵种的传统小公鸡羽毛都佩戴在头盔上。

1945年1月，来自RSI部队的利托里奥师下辖的贝加莫高山营的军官正在参加阅兵。右前方上校的军衔标志包括肩章上的星的数量以及高山毡帽上的V形军衔标志。中间这名军官的双尖绿色火焰章上，可以看到RSI部队的花环古剑徽章，已经替代了停战协议前皇家陆军的白色银星。就像ENR部队的其他兵种一样，RSI部队曾经设计过一种新的高山兵帽徽，但即使配发过，数量也极少。

战斗序列

在德国受训的 ENR 师

第 1 高山师蒙泰洛萨

第 1 高山团

第 2 高山团

第 1 山地炮兵团

另有各种后勤部队

第 2 步兵师利托里奥

第 3 步兵团

第 4 高山团

第 2 炮兵团

另有各种后勤部队

第 3 海军步兵师圣马可

第 5 海军步兵团

第 6 海军步兵团

第 3 炮兵团

另有各种后勤部队

第 4 神枪手师意大利亚

第 7 神枪手团

第 8 阿尔卑斯猎人团

第 4 炮兵团

另有各种后勤部队

这张明显摆拍的照片中，防守铁路路堤的 GNR 民兵做出要投掷德国木柄手榴弹的样子。两人都穿着 M1940 款湖绿色上衣，上有 GNR 前身 MVSN 部队的银色束棒标志。在转制改编时期，这样的"剩饭"很常见。前面的士兵有一等兵的 V 形军衔标志，头盔上的涂印标志可能是 GNR 的，也可能是 MVSN 的。

ENR 制服

在意大利社会共和国短暂而狂暴的存续时间内，正规的 ENR 部队和其他民兵化部队穿过种类多得令人震惊的制服，在标准化上几乎乏善可陈。在德国受训的 4 个正规师的士兵，穿着 1943 年前的意大利军服款式，配以新的替代原有意大利皇家陆军的标志。有的在德国受训的士兵获得了德国的轻型武器，因此也配发了与之对应的个人携具。有的配发了有毛瑟枪弹药袋的腰带，但由于物资短缺，其上只有 3 个弹药袋，而非标准的 6 个；搭配的是有新的 RSI 陆军标志的皮带扣，它取代了原来的德军版本。其他士兵则配发了旧式意大利武器，并搭配 1943 年前使用过的灰绿色皮质携具。

这张 GNR 部队迫击炮小组的摆拍照片，反映出这些士兵的制服的混搭情况。中间的士兵穿着用 M1929 款帐篷组件布料制成的伪装上衣，另外两人则穿着用浅色布料制成的防风上衣。他们都戴着 M1933 款钢盔，黑色的皮质绑腿则是停战协议前皇家陆军的山地部队的装备。

ENR 标志

随着意大利社会共和国的设立，所有缀有皇家王冠的标志都从士兵的制服上被去掉。从德国回来的四个正规师佩戴了新的标志，但还是保留了他们原来的军衔徽章。他们还佩戴了新的代表他们在德国受训的标志：一对交叉的剑，搭配有束棒从中间穿过的纳粹十字。这种徽章有两种材质，士兵和士官是银色金属，军官则是金色，两者都佩在上衣的右胸口袋上方。

ENR 的领章通常是三尖或单尖的布质火焰章，底色为各兵种色。在火焰领章上，取代原有的萨伏依王朝的白色金属星的是 RSI 的标志，即月桂花环中的一柄朝上的罗马古剑。火焰章的颜色如下：

三尖火焰章：红色——步兵；绿色——高山兵；白色——骑兵；棕色——化学部队；深红色——神枪手；蓝色——装甲部队；橙黄色——炮兵；深绿色——摩托化运输部队；深红色边缘的黑色——工兵。

单尖火焰章：红色——医护兵；紫色——军需部队；深蓝色——后勤部队；蓝色——兽医部门；有蓝色边缘的黑色——管理勤务；有黄色边缘的黑色——军法官。

将官们有新的非常华丽的三尖火焰领章，边缘为银色纺织而底面上有金色编织和红色绳边，中央的红色底面上有金色的剑和月桂花环符号。第二版的设计是金色底色，边缘是蓝色，有银色剑和花环。但就像许多 RSI 的标志一样，这种版本几乎没有投入使用过。参谋军官也有类似的火焰领章，金色纺织底面，黑色和金色边缘，中间是黑色面上的银色剑和月桂花环。

1944 年，米兰，一支 GNR 民兵部队穿着他们的夏季版制服，穿过激动的人群。所有人都穿着热带版 M1941 款浅卡其色无领伞兵上衣，搭配浅卡其色短裤。照片中，他们戴着蓬松耷拉的黑色贝雷帽，但原 MVSN 部队的黑色毡帽也广泛用于搭配这款夏季制服（见第 271 页插图 C1）。队列的第一排装备着布雷达 M1930 款轻机枪或 M1938A 款冲锋枪，其余民兵则装备着有折叠刺刀的卡尔卡诺卡宾枪。

1944 年 9 月，ENR 部队启用了新的军衔，但在"萨罗共和国"覆灭前，其使用的时间还不满一年。从列兵到军士长在袖子上佩戴 V 形军衔标志，从准尉到意大利元帅则使用肩章军衔标志。

新的军旗是常规的意大利三色旗，但中间的图案是一只站在金色束棒上的双翼张开的雄鹰，取代了原来的皇家徽章。在 1944 年 6 月的一次庆典上，墨索里尼将一面新的军旗授予了还在德国受训的四个师的士兵手上。

共和国卫队（GNR）

共和国卫队成立于 1943 年 12 月，是用以取代 MVSN 部队的新法西斯民兵组织。其志愿者来自原皇家陆军，诸如宪兵或意属东非督察队等，当然还有那些依然对墨索里尼保持忠诚的前 MVSN 部队成员。GNR 部队扮演的是新政权的内卫部队角色，一度达到 80 000 人的力量。其主要任务是对抗游击队，其部队在试图控制愈演愈烈的武装反抗德国人和他们的意大利支持者的战斗中承担了重要角色。

就像 MVSN 部队一样，GNR 也有用来专门保卫重要战略目标的部队，包括 9 条铁路、2 座港口、29 个邮局和电报局、5 处边境和 8 个森林军团——其中一个主要是对付斯洛文尼亚游击队，下辖 5 个 GNR 边防营。

GNR 的战斗部队包括一个伞兵营和雌狮装甲集群。后者事实上是 RSI 部队中最大的装甲部队，拥有 35 辆中型坦克（M13/40）、4 门支架自走火炮、18 辆装甲车（AB41）和 16 辆小型坦克（CV33），还有一些各种型号的侦察车。除了 AB41 系列和支架火炮外，其他的装甲载具都已近过时。特别是其中的小型坦克，更是早在 1940 年的利比亚之战中就被大量摧毁了的型号。

GNR 制服

就像其他的 RSI 部队一样，他们的制服也很难归纳，但 GNR 在冬季主要穿着的两种上衣是 M1940 款灰绿色呢质陆军版上衣和伞兵穿着的 M1941 款灰绿色呢质无领上衣。裤子则既有原来搭配绑腿的意大利陆军灯

另一张 GNR 迫击炮组训练时的摆拍照片。所有人都穿着 M1940 款灰绿色呢质上衣，搭配灯笼裤和 M1933 款头盔。装弹手的头盔正前方有一个涂印的 GNR 标志，他与后面捧着炮弹的士兵都在衣领上缀有新款的双"Ms"标志。左侧的人则在他的黑色双尖火焰领章上保留着老款的 MVSN 部队束棒徽章。

笼裤，也有长款的宽松剪裁的 M1941 款呢质伞兵长裤。头部装备多种多样，但 M1933 款钢盔最常见，其上往往涂印着各种标志。而这一做法在大战早期其实就已经被意大利陆军放弃了。其他的头部装备包括呢质 M1942 款布斯提那帽，既有灰绿色的，也有黑色的。同样，帽子上的标志五花八门，每个部队甚至每个人都不同。GNR 部队中只有一个营穿戴了一种不同寻常的制服，包括呢质 M1941 款无领上衣和"锈色"的 M1941 款长裤。因为这种颜色，这支部队的意大利语名称就是"铁锈营"。

从当时的照片来看，GNR 部队的夏季制服曾广泛被穿着。它包括浅卡其色的热带版 M1941 款无领上衣，其下是 MVSN 部队的黑色衬衣。裤子是蓬松的浅卡其色热带版，但同样颜色的短裤也很常见。夏季的头部装备既有带流苏的黑色毡帽，也有大的黑色贝雷帽。照片显示，此时的毡帽要比之前的 MVSN 部队版本颜色稍微浅一些。

GNR 标志和军衔

最初的领章采用了 1943 年之前的 MVSN 部队的 M 营曾经使用过的红色 M 和束棒图案。几个月之后，红色的大写 M 字母被去掉，换成了风格化的两个 M，看上去就像两道闪电。头部装备的标志主要有两种设计：第一种是银色的头骨和交叉的骨头；第二种看上去比较现代化一点的设计是中间一根束棒，两边是两个"Ms"字符，形成双翼形状。根据军衔的不同，这种标志有三种颜色：军官为金色，士官为银色，而士兵是红色。

GNR 的军衔与之前的 MVSN 部队不同，古老的"罗马"式军衔被去掉不用。

黑色旅

黑色旅成立于 1944 年 6 月，是 RSI 的法西斯政党的新的武装部队，主要支援 GNR 以对付日益严重的游击队威胁。所有年龄在 18 岁（官方说法）到 60 岁之间的非现役军人党徒，都可以加入当地的所谓"黑衫作战辅助军"，其部队规模从几百人到几千人不等。这些部队随后被整编为 53 个规模较大的部队，并被冠以黑色旅的称谓，每个旅都起了一个法西斯"烈士"

格拉齐亚尼元帅，RSI 部队的高级将官，1944 年 12 月在他位于阿尔卑斯山西部的司令部检阅第 3 闪电伞兵营。格拉齐亚尼穿着老款的皇家陆军军官版大衣，衣领上有新的 RSI 标志，戴着停战协议前的将官版大檐帽。闪电营的指挥官爱德华多·萨拉少校穿着一件灰绿色呢质无领上衣，袖口处与贝雷帽左侧有军衔标志。在他上衣的左前臂上有"为了意大利的光荣"字样，这是停战协议后志愿为法西斯政权服务者的标志之一。在萨拉少校的左胸口袋上可以看到金属质地的德国伞兵资质章，该章授予了于 1943 年 12 月在弗莱堡参加跳伞训练课程的 150 名意大利人。

的名字（见表2）。

这些部队的成员都是旧法西斯政党最"死忠"分子，既包括20世纪20年代那一批将墨索里尼推上宝座的"敢死队"，也有年轻的从来不知道除了法西斯之外任何政体的理想主义者。这些总人数达到3万的黑色旅部队有着绝对狂热的忠诚。早期的诸如MVSN部队在内的组织中还有大量的"墙头草"，是怀着个人目的加入的；而现在归入黑色旅的则都是真正的法西斯核心成员，他们对自己的"事业"非常坚决，其数量可能是对于旧政权支持者的最真实反映。

黑色旅在许多地区都承担起了与游击队作战的主要责任，并且获得了血腥残暴的评价。因为他们已无路可退，并且他们的未来也充满未知，他们要为许多暴行负责，其中大多数人在战败后付出了终极代价。

黑色旅制服

由于黑色旅的制服种类实在是过于繁多，所以很难做出"典型"描述，但大部分部队中还是有一些共通的特点。其制服通常包括一顶黑色的作战帽或称"作训贝雷帽"，是从德国的M1943款通用作训帽改款而来；一件有很多版本的黑色衬衣；卡其色或灰绿色的长裤，前者最为常见。与英国的作训宽松上衣相似的短款黑色呢质夹克在黑色旅部队中广泛穿着，其承袭于20世纪20年代的第一代法西斯党徒的穿着，其中甚至有一些就是当时穿着的旧衣物。伪装套衫、无领上衣以及其他陆军和GNR部队的制

RSI的雨云伞兵营的四名志愿兵，其中三人穿着灰绿色的M1941款上衣，右起第二人则穿着灰色的IF41/SP跳伞罩衫。灰绿色上衣上的领章是金银两色的剑以及伞兵的金色飞翼图案。最右的士兵的袖子上有1943—1944年冬季启用的第一款袖口标志：黑色宽带上的白色"8.9.1943, Per L'Onore D'Italia"字样，上下两侧都有窄的三色条纹，红色在最外侧。

（右）1944年12月，一个隶属于RSI高山部队的47毫米反坦克炮组。所有人都穿着伪装服和长裤（详见第274页插图F1），最右的士兵还保留着高山毡帽。胸前和两侧袖子处都有标志。

服也有穿着,但并不如黑色衬衣和帽子这样常见。1944 年 6 月,RSI 为黑色旅设计了一款看上去非常现代化的制服,有冬、夏两个版本,但由于处在混乱的时刻,它并没有真正投入过使用。

黑色旅的着装条例只需要其成员在黑色衬衣的衣领上别红色的束棒徽章和一小片珐琅党徽。其他的所有标志都由各个旅自行设计和配发,由此产生了五花八门的设计。鉴于 1944 年、1945 年间法西斯势力已经陷入绝境,生产这么多新的徽章就更显得荒谬无比,但对于法西斯政党而言,符号化从来都是非常重要的内容,越是在这一时刻,其死忠分子越要通过这种方式来表达自己的"忠诚"。由于已经没有退路,他们采用了与第一代纳粹敢死队相似的制服,以及所有从那时起的戏剧化的装饰元素。

大多数黑色旅的制服上的一个共通特点是在左胸袋上方佩戴旅名徽章。大部分是矩形的,斜线分割的上红下黑,红色的珐琅底上有银色的"黑色旅"字样及黑色的旅名,如"但丁·贾瓦西尼"等。

黑色旅的中高军衔成员佩戴有一组从右臂上悬挂而下的饰绳勋带:班长——红色,排长——银色和红色,连长——银色,副司令——金色和银色,司令——金色。

当 1944 年 6 月 RSI 为黑色旅设计新的制服时,应该也设计了一套基于职务的新的军衔系统。这些军衔应该佩戴在他们的衬衣肩章上,由一些金色条纹组成。但既然新的制服都没有配发,新的军衔当然也就无从谈起,直到战争结束,黑色旅使用的还是他们简单的旧等级系统。

其他 RSI 部队
伞兵

在 RSI 部队中,成立过一些小规模的伞兵部队,并且整体而言作战表现不错。陆军、海军和 GNR 部队以及官方编制中属于海军的第 10 攻击支队都成立过伞兵部队。ENR 成立了雨云独立营,只有 350 人编制,并且在安齐奥前线损失了 70% 的人力。还

有一个三营制的闪电伞兵团——使用了在非洲被歼灭的意大利第一支伞兵师的名字——隶属于空军，并最终与其他部队整合为伞兵敢死队集群，但当战争结束时，这一部队尚未完成编制过程。另一支小规模的伞兵部队是 GNR 成立的，取名纪念一名被谋杀的法西斯军官"马扎里尼"，这个 GNR 伞兵营有 300 人编制，从 1944 年 8 月直到战争结束，都在帕多瓦平原上承担反游击队作战任务。

RSI 中最大规模的伞兵部队是第 10 攻击支队的伞降水兵营。这个营主要招募自 1943 年前意大利海军的圣马可海军陆战伞兵营，辅之以从其他伞兵部队吸收的新成员。其最终编制达到了 1 400 人。就像其他的 RSI 战斗部队一样，它主要承担着反游击队任务，被部署在南斯拉夫边境对付实力强劲的共产主义游击队。

1945 年 3 月 29 日：在 RSI 和意大利的德军势力彻底崩溃前 1 个月，格拉齐亚尼元帅视察利古里亚集团军群——战后意大利政府因通敌罪判处他 19 年监禁。他穿着灰绿色 M1934 款军官版大衣，袖口上有其意大利元帅的军衔标志，在他的深色军帽的左侧上有银色军衔章，上有 4 颗金色将星。其领尖上还别着 RSI 部队的花环古剑徽章。

第 10 攻击支队

这支名为"Xᵃ MAS"（发音为德西亚·玛斯）的部队是 RSI 军队中的一支独立部队，是由原皇家海军的特别攻击部队第 10 反潜艇摩托艇舰队司令官朱里奥·瓦莱利奥·鲍格才亲王成立的。当听说意大利投降后，他立即宣布效忠德国，并着手招募志愿者组建新的部队，虽使用了原来的部

1944 年 11 月，帕尔马，来自第 10 攻击支队伞兵营的士兵举着军旗列队阅兵。大多数人都穿着伪装罩衫或用 M1929 款帐篷组件制成的披风。在披风下他们都穿了 M1941 款伞兵制服。该部队的盾徽佩戴在左袖上。这支部队在 1944 年 7 月前佩戴的是特有的红色领章，之后换成了蓝色的。

队名字，却承担了新的任务。这支独立部队最终达到了师级编制，并且由于其名义上属于海军，因此独立于 ENR 部队和德军之外。截至 1944 年 4 月，第 10 攻击支队的人数超过了 25 000 人。在战争结束前，这支独立部队都在进行反游击队作战，表现尚属勇猛，甚至引起了盟军部队的一丝羡慕，认为他们训练有素且高度机动。

战斗序列

第 10 攻击支队师的雪崩山地突击工兵营的士兵正在意大利北部的崇山中巡逻。所有人都装备着贝雷塔 M1938A 款冲锋枪。这支特种部队主要由高山兵构成，可以看到他们的 M1933 款头盔上装饰的乌鸦羽毛。他们都穿着两件套伪装服（详见第 274 页插图 F1），并佩戴——很不寻常地——老款双袋式皮质斜挂药袋。最前面的军官在左胸上有军衔标志——一根军衔条和卷曲图案，代表初级军官，少尉。

1945 年 1 月，第 10 攻击支队海军陆战师

第 1 战斗集群

巴尔巴里戈营

狼营

伞降水兵营

科莱奥尼炮兵营

箭头工兵营——1 连

第 2 战斗集群

雪崩突击工兵营

射手座营

箭头营

闪电营

卡斯塔纳奇新兵营

达吉萨诺炮兵营

箭头工兵营——2、3 连

另外还有一些没有纳入师级体系的第 10 攻击支队的部队，共有 8 个营又 5 个连的补兵，以及女子辅助勤务部队。还有一些海军部队也聚集在第 10 攻击支队的麾下，包括攻击水兵和其他水下进攻兵。

第 10 攻击支队中最流行的制服是 M1941 款无领呢质上衣及 1943 年前意大利伞兵穿着的宽松长裤（详见第 273 页插图 E1）。所有军阶都在左袖上佩戴蓝色涂装的金属盾徽，其图案是硕大的红色 X 或 Xᵃ，其上是口中叼着红色玫瑰的骷髅头，其下是黄色的字母——最初是"X Flottiglia MAS"，后来是"Xᵃ Divisione"。这种徽章的设计在不同部队中稍有不同，但大体上都很近似。该师的每个营还有自己的单独徽章，通常佩戴在左胸口袋上方。领章有不同的颜色，其上根据不同的部队角色有不同的标志：突击营——白色，海锚；炮兵——黄色，海锚；步兵——最初是红色，后改成蓝色，有圣马可雄狮图标；独立营——蓝色，海锚。在所有识别章

1945 年 1 月：第 10 攻击支队独立部队的指挥官鲍格才亲王，正隔着一排 M1937 款机枪向他的士兵训话。所有人都穿着 M1941 款灰绿色无领伞兵上衣和宽松的裤子，左袖上反光的标志是该师的金属盾徽。各个营还佩戴了颜色和符号各不相同的领章——见第 273 页插图 E1。

的底部，是 RSI 的桂冠古剑图案。

头部装备方面，既有缀有金色海锚帽徽的灰绿色呢质贝雷帽，也有在前方涂印了海锚图案的 M1933 款钢盔。有一些部队还在头盔上涂装了其他的装饰物，比如一些盾徽，或是红色的"Xª Mas"涂印字符。

意大利武装党卫队

在重新扶持墨索里尼上台后，德国人立即开始为党卫军征募意大利志愿者。苏联前线的神枪手部队原资深军官佛图纳托少校主持了部分招募工作，截至 1943 年底，已经募集了 15 000 人。1943 年 10—11 月间，官方从这些志愿者中挑选组建了一个由 2 950 名意大利志愿兵、66 名德国军官和 350 名德国士官组成的团。该团在德国南部的明辛根接受训练，并在 1944 年 1 月返回意大利境内执行反游击队作战任务。

该部队的名字有很多种表达方式，在不同的时期和不同的资料中的记载都不完全一样：在德国方面，称之为第 1 意大利志愿军，或第 1 突击旅，意大利志愿军团；在意大利方面，则称之为第 1 突击旅，意大利武装党卫军团。另有一种同时使用了德语和意大利语的称谓：第 1 意大利暴风突击旅武装部队。1944 年 9 月之后，该部队扩充到一个规模较小的师编制（约 6 000 人），最终官方冠名为党卫军第 29 武装掷弹兵师（第 1 意大利师）。

该师的部分部队参加了 1944 年 5 月的安奇奥战役，表现良好。但是其主要职责还是进行反游击作战，直到 1945 年 4 月末 5 月初时，其主要作战部队才向美国军队投降。一般而言，该师人员一旦落入游击队手中都会被处死，最终该师的志愿兵只有极少部分幸存至大战结束。

颜色：（1~3）将官级：银色编织肩章，金色丝线边缘，猩红色绲边；金色鹰标，罗马柱，王冠，船首图案，纽扣；银色金属鹰标（2）。**（4~8）**将官及代理准将（9）：银色编织肩章，金色编织边缘，砖红色绲边，金色丝线绣星，砖红色底（4）；银色剑，金色花环（5）；金色杠，砖红色绲边（7）。**（10~14）**校官级：灰绿色肩章和纽扣，金色丝线边缘，兵种色绲边，银色编织军衔星，砖红色底色（10、12）。**（15~19）**尉官级：灰绿色肩章和纽扣，兵种色绲边，银色编织军衔星，砖红色底色（15、17）。**（20~24）**高级士官：灰绿色肩章和纽扣，金色丝线编织，上有黑色丝线中央条纹，银色编织袖口军衔环（22）。**（25、26）**低级士官：袖子上部黄色呢质 V 形标志，灰绿底色；灰绿色肩章和纽扣。**（27~30）**高级士兵：袖子上部红色呢质 V 形标志，灰绿底色；灰绿色肩章和纽扣。列兵，没有标志。

1. 帝国元帅（陆军元帅）
2. 意大利元帅（陆军元帅）
3. 意大利元帅（陆军元帅）
4. 陆军大将（上将）
5. 陆军二级上将（中将）
6. 陆军中将（少将）
7. 陆军高级少将（代理少将）
8. 陆军少将（准将）
9. 陆军高级上校（代理准将）
10. 陆军二级上校（上校）
11. 陆军三级上校（上校）
12. 陆军高级中校（代理上校）
13. 陆军中校（中校）
14. 少校（少校）
15. 陆军高级上尉（上尉）
16. 陆军上尉（上尉）
17. 陆军高级中尉（高级中尉）
18. 陆军中尉（中尉）
19. 陆军少尉（少尉）
20. 一级准尉（一级准尉）
21. 二级准尉（二级准尉）
22. 连级军士长（连级军士长）
23. 上士（上士）
24. 中士（中士）
25. 军士长（代理中士）
26. 军士（下士）
27. 上等兵（高级代理下士）
28. 一等兵（代理下士）
29. 高级列兵（高级列兵）
30. 高级二等兵（高级列兵）

注： 1 号军衔为墨索里尼设置，但并未授衔给他；2 号军衔为格拉齐亚尼在 1944—1945 年间专有；3 号军衔为格拉齐亚尼在 1945 年 7 月后专有；7 号及其他高级军衔授予拥有更高指挥权的军官，如授予指挥一个师的准将；9 号军衔授予指挥一个旅的上校；10 号军衔授予指挥一个团的上校；12 号军衔授予指挥一个团的中校；15 号军衔授予指挥一个营的上尉；17 号军衔授予指挥一个连的中尉；20 号军衔专门授予那些表现勇猛但因为缺乏教育不能晋升军官的士兵；22 号军衔可以授予任何初级或高级士官；29 号军衔为骑兵部队特有。

黑色旅军官和士兵穿着同样的由黑色棉质衬衣和浅卡其色长裤及黑色贝雷帽组成的基本款制服（详见第272页插图D2）。所有人都在帽子前方佩戴了红色的束棒徽章，但有好几种不同的设计。后排的士兵中装备着M1938A和M1938/43两种不同型号的贝雷塔冲锋枪，前排的男孩则拿了一把卡尔卡诺卡宾枪。

表4：共和国卫队，军衔标志
1944年5月1日—1945年3月4日

军官和高级士官将标志佩戴在袖口，低级士官和高级士兵则佩戴在两侧袖子上部。**颜色：**（**1~4**）将官级：金色丝线刺绣格雷卡加金色束棒图案，金色窄条和灰绿色底的钻石图案；砖红色底上的金色丝线刺绣鹰标（2）。（**5~7**）校官级：金色丝线刺短编织带，金色窄条和灰绿色底的钻石图案。（**8~10**）尉官级：金色丝线窄条和灰绿色底的钻石图案。（**11~13**）高级士官：绿色底上的银色丝线军衔杠加黑色纹路。（**14~16**）低级士官和高级士兵：灰绿色底上的银色丝线（14，15）或红色呢质（16）V形杠。（**17，18**）低级士兵：没有军衔标志。

1. 上将（上将）
2. 中将（中将）
3. 中将（少将）
4. 少将（准将）
5. 上校（上校）
6. 中校（中校）
7. 少校（少校）
8. 上尉（上尉）
9. 中尉（中尉）
10. 少尉（少尉）
11. 准尉（准尉）
12. 上士（上士）
13. 中士（中士）
14. 军士（代理中士）
15. 代理军士（下士）
16. 上等兵（代理下士）
17. 一等兵（高级列兵） 没有标志
18. 二等兵（列兵） 没有标志

注： 1号军衔设计颁发给GNR部队总司令，但从未正式颁发。2号军衔在1943年12月8日—1944年8月19日间属于GNR总司令雷纳托·里奇。墨索里尼在1944年8月19日—1945年4月29日间兼任GNR总司令，但从未佩戴军衔。4号军衔虽然制定，但并未真正颁发，或许根本就没有制造这款军衔标志。17号军衔是受训士兵的最低军衔。18号军衔是新兵军衔。

战斗序列

党卫军第 29 武装掷弹兵师（第 1 意大利师）

以下是该师有记录的部队名称，但其中既有 1944 年 9 月之前的名称，也有之后的名称。后者命名为常规的武装党卫军序列，但前者的称呼有时候也会在内部继续使用，两份名称列表并不能完全一一对应。除此之外，在 1945 年还有一支名为"文代塔"的该师部队向美军投降的记录。

军官营

德比扎步兵营

后备营

反坦克营

党卫军第 81 武装掷弹兵团

党卫军第 82 武装掷弹兵团

第 29 党卫军炮兵团

司令部、管理连、后勤连、医护连、工兵连和通信连

意大利武装党卫军部队混搭穿着意大利的大陆版和热带版 1943 年前制服，另外佩戴武装党卫军的标志和军衔。最初他们曾同时佩戴党卫军领章和左袖上的红底鹰标，但在 1944 年 6 月 15 日之后，根据希姆莱的命令，换

1944 年 2 月，第 10 攻击支队的巴尔巴里戈营的士兵行军穿越罗马城，开赴安奇奥前线——见第 273 页插图 E1。所有人都穿着 RSI 部队中流行的灰绿色无领 M1941 款伞兵制服。在领口处有该营的红色领章，上有圣马克的雄狮图案和花环古剑徽章。在腰带上可以看到 M1938A 款冲锋枪的三筒式弹药袋。

（上左）1944 年 11 月：一级党卫军突击队队长（中校）路易斯·泰勒正和意大利党卫军突击队队长阿曼多·比沃内奥讨论。比沃内奥穿着意大利陆军的灰绿色呢质上衣，领口处有武装党卫军军衔标志，尽管希姆莱已经在 1944 年 6 月下令将这一标志的底色改为黑色，但他的标志依然是早期的红色底色。在未裁剪的图片中还可以看到这名中校的银色饰绳。

（上右）1944 年 11 月：一队意大利武装党卫军部队穿着混搭的灰绿色意大利呢质上衣。最前面的人穿着 M1940 款上衣，其他人则穿着 M1941 款无领上衣。他们的裤子都是搭配绑腿的灰绿色灯笼裤。在制服外，大多数人都穿着当披风使用的 M1929 款伪装帐篷组件，但第二名士兵穿着的是素色卡其色版（见第 273 页插图 E3）。他们装备的轻武器都是意大利生产的 M1938A 款冲锋枪和卡尔卡诺卡宾枪。

为了普通的黑底标志，以表彰该部队在安奇奥战场内图诺前线的表现（德国军官和士官从一开始就佩戴标准的党卫军标志）。支援军的右臂章上最初缀有银色（军官）或白色的束棒徽章，1944 年 6 月后，则为黑色底的完整的束棒、党卫军"闪电"标志。通常，党卫军军衔标志会佩戴在左臂章上。上衣左袖上一般缀有一枚鹰标，上有党卫军和法西斯的标志元素，在其爪子中抓着一根水平的束棒。有红色底和黑色底两种版本。官方还为军官设计了一种佩戴在帽子上方的白色金属版帽徽，其下则是标准的党卫军骷髅头标志。

头部装备包括灰绿色涂装的 M1933 款意大利钢盔，有无装饰版，也有涂装两种盾形纹饰的：左边是白色盾牌上的黑色党卫军符号，右边则是意大利的三色盾牌。另外还有作训帽，其设计与意大利陆军的热带版 M1942 款布斯提那帽相同，但采用的是灰绿色呢质布料。在其他装备配发之前，他们还曾短暂戴过 M1935 款灰绿色呢质布斯提那帽，但很快就弃用了。有的人还戴着一款德国 M1943 款通用作训帽，采用了各种不同深度的灰色布料，上有党卫军鹰标和骷髅帽徽，但安装的位置也五花八门。

其他 RSI 部队

RSI 政权在其存续的短暂时间内，曾组建过大量的小规模独立部队，数量太多，无法详细记录。以下为部分代表：

特设反游击警察督察队（ISPA），一支特别反游击警察部队。

白色火焰部队，由法西斯青年运动的男孩们组成。

撒丁岛志愿营，这支 500 人的部队被部署在意大利靠近南斯拉夫的东北边境。

1944 年，诺瓦拉，黑色旅志愿兵在瓦尔多索拉巡逻。他们穿着各种混搭的制服，包括黑色的衬衣和套头衫，搭配卡其色长裤。后排的军官穿着灰绿色 M1940 款上衣。头部装备包括作为战利品的希腊陆军头盔、灰绿色布斯提那帽和黑色作训帽。他们佩戴的标志是银色头骨和匕首图案，在帽子和衬衣上都有佩戴。这种徽章有多种设计。右边士兵帽子上的这种图案，最早是 1921 年的第一批法西斯党徒黑衫军所使用的，直到 1945 年还有些死忠分子坚持佩戴。

阿尔卑斯步枪手营，只有 242 人，由原高山兵组成，被部署在奥斯塔地区。

阿尔卑斯猎人，是一支主要的反游击队部队，共有三个团，据说曾达到过 10 000 人。

在包括陆军、第 10 攻击支队、GNR 和黑色旅在内的 RSI 各种部队中，都曾出现过女兵的身影。女兵的主要组织是共和国武装力量辅助勤务部队女子志愿军团（简称"SAF"）。SAF 主要承担后勤工作，如军事医院、后勤军官等。她们有一套包含灰绿色夹克、裙子和贝雷帽的冬季制服，以及与之设计类似的浅卡其色夏季制服。

1944 年 10 月 29 日，米兰：从这张照片中可以完美地看清楚 M1941 款灰绿色无领上衣的细节。穿着它的是正在参加阅兵的埃托雷·穆提独立机动军团的士兵——详见第 272 页插图 D3。这支部队从黑色旅的一个行动队扩充到拥有 1 600 人的特别反游击部队。可以看到黑色的领章上有银色头骨和交叉骨头的标志。

（上左）尽管很模糊，但在这张两名黑色旅敢死队志愿兵的照片上还是可以看到很多有用的细节——最醒目的是涂装在M1933款头盔上的白色头骨和匕首帽徽。两人都穿着有黑色领章的无领上衣——此照片中领章上缀有红色束棒，其上还有银色头骨徽章。前面的士兵佩戴了1940—1943年战争勋章；后面的人在左胸袋上佩戴了黑色旅的三色盾徽，中间有金色束棒，周边环绕着他所属军团的名字。

（上右）这张曝光不足的照片突出了黑色旅志愿兵的黑色作战帽上形成鲜明反差的头骨和交叉骨头徽章。卡其色防风上衣的衣领上很不寻常地还保留着皇家陆军时期的白色金属星。

合作部队——南方军

在1943年9月底，在意大利南部的巴多格里奥政府开始组建部队与盟军并肩作战。皇家陆军的第70/V号命令宣布成立第一摩托化集群，其主要构成来源于两个旧有的师：莱尼亚诺和墨西拿。这支匆忙组建的集群在1943年11月被投入到夺取伦格山的战斗中，遭遇了惨重伤亡，但也表现不错，使得盟军认识到可以扩充"意大利合作部队"。

接下来意大利解放军（CIL）成立了。这支部队编制约22 000人，几乎都是使用意大利的武器和装备，下辖两个师：雨云师——其基干成员主要来自曾使用该名称的前意大利伞兵师，以及乌蒂利师——改编自第一摩托化集群，以指挥官翁贝托·乌蒂利将军的名字命名。1944年初，约有5 000人的意大利部队在古斯塔沃防线的卡西诺山附近战斗，伤亡惨重，但表现杰出。

成立仅仅4个月后，意大利解放军的规模就急速扩展，并在1944年秋天以其为基础组建了6个战斗集群。这些战斗集群的规模相当于小一点的师，每个下辖2个步兵团和1个炮兵团，另加支援和后勤部队。其编制为432名军官、8 578名士兵、116门火炮、170门迫击炮、502挺轻机枪和1 277辆摩托化载具。战斗集群采用了原意大利军队的师级名称，其下辖各团则沿用了原来意大利皇家陆军中使用该名称的各师下属部队的番号序列。

1943 年 7—8 月，防御西西里岛

1：利沃诺轻步兵师，二等兵
2：第 22 MVSN 防空军团，支队长
3：第 206 海岸师，军士

2

3

1

A

RSI——正规军（ENR）

1：1945 年，步兵，上校
2：1944 年，第 2 利托里奥步兵师，二等兵
3：1944 年，第 1 神枪手营 "B.墨索里尼"，上等兵

B   1   2   3

RSI——共和国卫队（GNR）

1：1944 年，米兰，列兵
2：1944 年，列兵
3：1944 年，米兰，雄狮装甲集群，上尉

1   2   3

C

271

RSI——反游击队部队

1: 白色火焰青年营，志愿兵
2: 第8黑色旅"奥尔多·雷塞加"，志愿兵
3: 独立机动军团"赫克托·穆提"，军士

D

1   2   3

RSI——独立部队和武装党卫军

1：1944 年，"Xª MAS" 师，巴尔巴里戈营，志愿兵
2：1944 年，雨云独立伞兵营，伞兵
3：1945 年，党卫军第 29 武装掷弹兵师，登比察步兵营，武装党卫军小队长

E

1944—1945 年，RSI 部队与南方军

1：第 10 攻击支队，志愿兵
2：莱尼亚诺战斗集群，乔托神枪手
  营，军士
3：曼图亚战斗集群，第 114
  步兵团，二等兵

F

1944—1945 年，南方军

1：莱尼亚诺战斗集群，天鹰座高山营，二等兵

2：弗留利战斗集群，第 35 炮兵团，上尉

3：闪电战斗集群，第 184 伞降炮兵团，中尉

1   2   3

G

275

1：1944 年，奥索拉河谷游击队，营长
2：1945 年，第 26 加里波第旅，共产主义游击队队员
3：1944 年，卡尔尼亚游击队共和国，奥索波旅，游击队队员

1

2

3

战斗序列

战斗集群

克雷莫纳
第 21、第 22 步兵团
勤务团

莱尼亚诺
第 68 步兵团
特别步兵团
第 11 炮兵团
勤务团

弗留利
第 87、第 88 步兵团
第 35 炮兵团
勤务团

曼图亚
第 114、第 76 步兵团
第 155 炮兵团
勤务团

皮切诺
第 235、第 236 步兵团
第 152 炮兵团
勤务团

闪电
雨云伞兵团
圣马可海军陆战团
第 184 闪电炮兵团
勤务团

黑色旅总司令亚历山德罗·帕沃里尼，正在视察一支部队。他穿着在黑色旅中很流行的短款黑色夹克，戴着黑色作训贝雷帽。两名军官都穿着停战协议前的灰色军官版马裤和黑色皮革筒靴。右边的军官在左胸袋上佩戴着苏联战场服役勋章。在未剪裁的照片中可以看到参加阅兵的士兵都穿着 M1941 款伞兵上衣和长裤，搭配黑色作训帽。

支援部队

在意大利的盟军使用了许多意大利人充任支援部队的角色，因此可以将更多自己的士兵投入到作战任务之中。这些志愿者包括在盟军控制的港口装卸补给的部队。这些人佩戴袖标，图案为一个红色的圆圈，中间有大写的绿色"TN"字母。他们对盟军作战的另一个贡献是驮载运输部队，志愿者驱赶骡马向前线运输弹药、配给、油料以及其他必需品。在盟军为突破德军防线而陷入苦战的山区中，特别是在冬天，这种驮运几乎成为了唯一有效的运输方式。运输部队的伤亡居高不下，因为包括预先校准的火炮和迫击炮在内的德军防御炮火经常覆盖这几条为数不多并且很容易预测的补给线路。驮载运输部队的士兵穿着一种特别的制服：染成灰绿的英国作训服，搭配他们自己的头部装备——由于其中许多人是原高山兵部队，因此就戴着高山毡帽。

制服和标志

第一摩托化集群主要穿着 1943 年前的意大利热带版制服和撒哈拉上衣及马裤。该部队的独特标志为左胸袋上方的有白色十字的红色盾章，有的军官的盾章边缘为蓝色。意大利解放军也几乎都是穿着意大利制服。1944年 6 月，官方曾为意大利解放军的士兵设计过一款佩戴在左胸袋上方的有白色十字和黑色中世纪骑士图案的蓝色珐琅质地盾章，但在意大利解放军于当年秋天改编为战斗集群之前都没有配发，因此变为无用之物。1944 年 4 月官方还启用了一种小型的三色勋带，设计为从夹克的肩章上垂下。

随着越来越多的盟军装备供应给南方军队，其部队逐渐呈现出一种英军式的外貌。1944—1945 年，其常见的装扮是英国作训服搭配意大利标志。后者包括一枚佩戴在左袖上方的矩形的三色国家标志（三条等比例红、白、绿垂直条纹），缀有醒目的深蓝色底带白色中央条纹的战斗集群标识：克雷莫纳——麦穗，莱尼亚诺——中世纪的伦巴第骑士形象，弗留利——中

第 1 摩托化集群的士兵，这支部队是在 1943 年成立的第一支与盟军共同作战的部队。他们都穿着热带版卡其色制服，搭配灰绿色涂装的头盔。可以看到，左边和中间的士兵在左胸袋上方佩有第 1 摩托化集群的布质红色盾章，其上有萨伏依王朝的白色十字。从照片中可以清晰地看到的一个领章，似乎是旧莱尼亚诺师的带三条蓝色条纹的黑色领章。所有人都装备着带折叠刺刀的卡尔卡诺卡宾枪。

世纪城门形象，曼图亚——老鹰，皮切诺——罗马拱门，闪电——一束闪电。有时候在这些图案下还会有这个集群的名字。佩戴在衣领上的领章采取的则是原皇家陆军样式，南方军依然佩戴白色金属星，以表示对国王的效忠。

头部装备包括意大利陆军原来佩戴的各种版本的布斯提那帽。高级军官通常戴由华达呢布料制成的帽子，上面有按例佩戴的皇家陆军军衔。英国的卡其色呢质贝雷帽（或相近的通用勤务帽）主要是由伞兵部队穿戴，而圣马可海军陆战部队则戴黑色贝雷帽。第一摩托化集群及其他部队在获得来自盟军的正式补给之前，都佩戴灰绿色涂装的M1933款头盔，搭配热带版制服。当配发英国作训服后，常规头盔变成了英国的MK Ⅱ式钢盔，神枪手部队和高山部队依然将他们的小公鸡毛和乌鸦羽毛分别佩戴在钢盔的右侧或左侧。

合作部队佩戴的军衔标志最初沿用了皇家陆军的样式。1945年3月，新的军衔标志系统启用，取消了军官的袖口军衔标志，替换为法西斯政权上台前的模式，只佩戴在肩章上。军衔高低由一套金星标志系统辨识：1颗或2颗金星——少尉及中尉；2颗金星及军衔杠——一级中尉；3颗金星——上尉；3

颗金星及军衔杠——一级上尉；金色边框中的1、2、3颗的金星——少校、中校、上校。将官的军衔佩戴在银色的布质纺织底面上：1、2颗金星——旅级师级将官；2颗金星加金色王冠——军级将官；2颗金星加金色王冠加军衔杠——集团军级将官；3颗金星——上将；4颗金星——意大利元帅。

1945年初，由军官组成的南方军高山军乐团正在一个刚解放的城市中游行。这些军官用停战协议前的军服精心打扮了自己，这种军服在合作军部队中还时常被穿着。他们的军官军衔体现在他们的高山帽上的金色金属羽毛容器上，可以看到这名中尉的帽子左侧有军衔标志。

游击队

在墨索里尼重新被扶持上位后没多久，在德军占领区和意大利社会共和国的控制区内，武装反抗就风起云涌。这些武装集团大多数是由1922年前法西斯政权的反对者们建立的，共产主义者和社会主义者是其代表。尽管他们都痛恨德国人和法西斯，但游击队运动总是会因政治观点的不同而各自独立。各个政党组织的游击阵营如下：

社会主义政党——马泰奥蒂旅；

天主教——人民军或天主教旅；

共和主义者——马兹尼旅；

无政府主义者——红旗旅；

激进主义者——正义与自由旅。

其他的所谓独立团体都是没有政治主张的，并且主要是地区性组织。其中包括在1944年4月由两名天主教牧师组织的"奥索波旅"，其力量一度达到了10个营的规模。还有伦巴第地区的"绿色火焰"，另有"奥索拉河谷"和"奥斯塔河谷"这两个团体。这些独立团体或不结盟团体占了游击队总数的20%，但做出的贡献却远大于这个份额。

按照官方说法，所有的游击队团体都应该服从国民解放委员会（CLN）的统一指挥。该委员会是巴多格里奥政府在那不勒斯成立的，试图统一所有的反法西斯政党并协力武装反对德国和法西斯政权，但这一努力并不成功。意大利北部的游击队不喜欢巴多格里奥政府，并拒不接受该委员会的命令。德国防线后方的游击队自己成立了北意大利国民解放委员会（CLNAI），这一地区的大多数游击团体都忠于该组织。

共产主义者组织的"加里波第"旅在所有的游击队兵力中占到了40%，一度拥有575个旅。到大战结束时，他们的部队阵亡了42 000人，并有 18 000 人受伤。在 1944 年 5 月时，游击队还只有 20 000 人，但到了 1945 年 4 月，人数已经高达 20 万。这样急速的扩张主要是因为大量的"夏季游击队员"的加入——一些不可共患难的机会主义者，趁机在此关头加入以确保自己站在胜利者一边，甚至有些前法西斯党徒也为了逃避战后的惩罚而加入了游击队，还有很多年轻人加入游击队是为了不被 RSI 部队拉壮丁或者被送往德国的集中营做苦力。

有时候，这些游击队会长时间控制一片解放区，并宣布成立"游击队共和国"。这些共和国有时候只能在德国及 RSI 部队反扑之前存续短短几个月。但只要他们存在，就会让德国和法西斯政府如鲠在喉，并成为各种脱险者和逃亡者的天堂。这些"飞地"中最著名的几个，往往都有听上去很宏大的名字，如靠近瑞士边境的"奥索拉共和国"，面积大约 1 600 平方公里，居民有 82 000 人。此外，还有在斯洛文尼亚边境的卡尔尼亚、摩德纳地区的蒙特费莉诺、东南山麓地区的阿尔巴。1944 年末，这些"共和国"都被德国和 RSI 部队攻陷，游击队转而进入地下继续从事他们的游击战争。

随着盟军在意大利的推进，有些游击队作为辅助侦察部队为盟军效力。1944 年 12 月时，为英国第 8 集团军效力的游击队员有 15 000 人，这些游击队员在 1945 年 2 月被划分为了 5 个分队。这些部队包括"马耶拉"

一名南方军的年轻布朗机枪手戴着一顶 MK Ⅱ 型英国钢盔，上面加上了伪装网（详见第 274 页插图 F2）。他的英国作训服上有蓝色条纹的黑色领章，表明他隶属于莱尼亚诺战斗集群的第 68 步兵团，但他没有佩戴三色国家袖标。

旅和"博尔德里尼"旅，都配发了英军的武器和装备。但是，绝大部分游击队还是主要从事针对德军和 RSI 部队的破坏及低烈度攻击活动。这些攻击行动导致了多次敌人对平民的报复行动，包括枪杀了一大批人质。德军当时已经把意大利人视为被占领的敌对人口，对他们采取了像过去四年对待其他欧洲人一样的残忍举措。

1945 年春，当英美军队推进到意大利北部少数几个还未投降的城市时，游击队自发地夺取和控制了这些城市。城市中的游击队如"爱国者行动队"等开始起义并缴械德国驻防部队。4 月 25 日，北意大利国民解放委员会（CLNAI）命令在北意大利的城市中发起总暴动以阻止撤退中的德军执行"焦土"政策。游击队占领了战略要地和建筑，阻止德军炸毁工厂及其他重要设施。1945 年 4 月 28 日，墨索里尼和他的情妇克拉拉·佩塔奇，以及一些随从在逃亡瑞士的路途中，在科莫湖附近被游击队抓获。第二天，墨索里尼和佩塔奇被枪决，他们的尸体被送到米兰，在洛雷托广场上的一处车库外被悬挂示众——就像不久前他们对待游击队员一样。

就像在欧洲的大多数抵抗运动中一样，意大利女性在反法西斯斗争中扮演了重要的角色。有人估算认为约有 35 000 名女性参加过各种游击队组织，许多人作战勇敢，并有超过 3 500 人在战争中牺牲。

表 5：解放志愿军，军衔标志

这些军衔佩戴在左胸袋上方。**颜色：（1~4）**总司令部指挥官：红色 9 厘米 × 7 厘米补丁，金色金属星和树叶，4 毫米宽金色编织外缘。**（5~8）**地区指挥官：红色 9 厘米 × 7 厘米补丁，银色金属星，杠和树叶，4 毫米宽银色编织外缘。**（9、11、13、15、16、18、21）**军官：红色 9 厘米 × 7 厘米补丁，银色金属星和杠；（9）银色编织内缘。**（19、23、24~26）**军官；银色金属星；（19、23）红色底。**（10、12、14、17、22）**政委：绿色 9 厘米 × 7 厘米补丁，银色金属星和杠；（10）银色编织内缘。**（20）**政委：绿色底上的银色金属星。**（27、28）**士官：10 毫米宽红色 V 形条。

1. 总指挥官
（上将）

2. 副总指挥官
（中将）

3. 高级指挥官
（少将）

4. 副指挥官
（少将）

5. 战区指挥官
（中将）

6. 代理战区指挥官
（少将）

7. 战区高级指挥官
（准将）

8. 战区副指挥官
（准将）

9. 地区指挥官
（上校）

10. 地区政委
（上校）

11. 师级指挥官
（中校）

12. 师级政委
（中校）

13. 代理地区指挥官
（中校）

14. 代理地区政委
（中校）

15. 地区高级指挥官
（少校）

16. 代理师级指挥官
（少校）

17. 高级中尉
（中尉）

18. 高级旅级指挥官
（上尉）

19. 旅级指挥官
（上尉）

20. 旅级政委
（上尉）

21. 营长
（中尉）

22. 营政委
（中尉）

23. 旅级副官
（中尉）

24. 旅级书记官
（少尉）

25. 分队指挥官
（少尉）

26. 其他非指挥军官
（少尉）

27. 班长
（中士）

28. 小组长
（下士）

没有标志

29. 列兵
（列兵）

注： 大多数高级军衔与英军军衔完全对应。

这张游击队员的合照，显示出了他们五花八门的制服和武器装备。这些人穿着各式各样的上衣和衬衫，包括前意大利陆军上衣以及各种染色的撒哈拉上衣。两名军官（中间一排，从左起第 3、第 4 人）穿着浅白色的撒哈拉上衣和用 M1929 款伪装布料制成的上衣；从两人都在左胸袋上方佩戴了有一颗星的红色军衔标志，可以判断他们是分队指挥官。他们的武器包括卡尔卡诺卡宾枪和英国的斯特恩冲锋枪。后者被大规模空投给了游击队员。

组织和武器

游击队的非正规军属性使得其部队的编制和规模五花八门，从班排级到 450 人左右的规模都出现过。规模的大小往往取决于武器数量、后勤保障、衣物以及其他游击队能够获得的资源的多寡，当然还要取决于当地志愿者的数量。游击队中的基本单位通常是班，3~5 个班组成 1 个分队，3 个以上的分队组成 1 个旅，再由数量不同的旅组成 1 个师。在某些情况下，一定数量的师还会组成"师团"，负责一个"战区"。

意大利游击队队员的装备既有缴获的轴心国武器，也有空投的盟军武器。缴获的武器包括各种意大利军队的装备和一些德军的装备。冲锋枪一般是英国的斯滕斯系列及美军的 M3 和 UD42 系列，当然还有广受欢迎的意大利贝雷塔系列。还有一种游击队员专有的冲锋枪，名叫"瓦利亚纳"，在意大利北部的工坊里进行了小规模生产。稍微"重型"一点的武器则包括布朗轻机枪和其他缴获的轴心国装备。

制服和标志

游击部队有一套制服和标志，但其只出现在大战最末期时他们控制的大范围领土里。当执行秘密行动需要游击队员混迹于平民之中时，他们当

1945 年 2 月，来自博尔博里尼旅的几名游击队卫兵在他们的指挥官被授予意大利勇气勋章后举行的阅兵游行上。这支部队为英国第 8 集团军服务，也因此获得了他们的配发补给。所有人都戴着英国的作战帽，上有三色帽徽，穿着英军作训服——虽然这名女孩还搭配了一条平民款式的裙子。有记录表明这支队伍有深蓝色的肩章，上有红色的"游击队"字样，据此仔细观察，会发现这几名游击队员中的三人在左袖上方都有一款深色的矩形补丁。男士兵装备的是 SMLE 和 4 号步枪，女孩则拿了一把斯特恩冲锋枪。

两名共产主义游击队"加里波第"旅的指挥官。左边一人穿着缴获的灰绿色无领伞兵上衣，他的同伴看起来穿了一件用粗棉布制成的军装衬衫。标志包括在左胸袋上方的粗糙的军衔星：两颗星代表营长，三颗星代表旅长。可以看到"非标准"的帽徽——也许是绿、白、红三色？两人都装备着斯特恩冲锋枪，旅长看起来还在右腰处挂了某种弹匣袋。

然不会穿着制服。但当游击部队向已经解放的意大利城镇行军时，则会尽可能地穿上制服，以凸显自己的合法性并突出自己的阵营归属。老式的皇家陆军制服和缴获的德军制服以及 RSI 装备则在所有时刻都被广泛穿着，混搭以平民服饰。

领巾是游击队的一种明显特征，大体说来分为三种颜色：共产主义者是红色，而天主教或奥索波等非共产主义游击队则是绿色和蓝色。共产主义的加里波第部队经常在他们的领巾上装饰各种苏维埃式符号和标志，既有涂印的，也有刺绣的。解放志愿者运动曾试图统一所有持不同政见的游击队的制服，要求他们佩戴蓝色的领巾。但正如预料之中的那样，加里波第部队并不会很好地执行这一规定，他们还是继续佩戴自己所珍爱的红色领巾。但是，有一些非共产主义游击队也会佩戴红色领巾，这就加大了判断阵营归属的难度。其他标志则包括三色国家盾徽和左胸袋上方的印有黑色大写"CVL"或"CLN"字母的胸标。

在意大利－瑞士边境的奥索拉河谷的游击队队员有自己独特的制服，这种制服用棕色的布料制成，通常搭配与之前的皇家陆军高山师的款式相近的毡帽，在侧面有高山火绒草的标志，这一点与德国的山地部队相同（见第 276 页插图 H1）。其他本土制造的游击队装备包括各种版本的本来由 RSI 部队穿着的风衣。

　　为盟军服务的游击部队配发了英军的制服和装备，看上去与正规军别无二致。马耶拉志愿军与波兰第二军并肩作战，穿着英国作训服和头盔，配有简单的三色领章。另一支服务于盟军的部队是歌尔蒂尼或博尔德里尼旅，他们穿着英军作训服，戴贝雷帽式的帽子，帽子前方缀有三色盾徽，并有一个深蓝色底色上有红色"游击队员"字样的臂章。

　　游击队员们采用的主要军衔系统是由解放志愿者运动设计的（见表5）。共产主义的加里波第尼有自己的军衔系统，用红色或绿色章上的银星数量来标识，佩戴在左胸袋上方。但这仅限于营长或师长。

　　两名奥索拉河谷部队的游击队员抬着他们受伤的同伴参加大战结束的阅兵游行。这三人都穿着本地制造的奥索拉河谷游击队专有的棕色上衣和长裤（见第276页插图H1）。照片放大后可以看到这名受伤的士兵在衣领上佩戴了金属高山火绒草标志，在左胸袋上方有两颗星的军衔章。头部装备是M1942款带檐布斯提那帽——这很有可能是缴获并去掉法西斯标志的RSI装备。

　　1944年夏天，另一群典型的游击队士兵的照片。他们穿着短裤和各种薄制服。他们的头部装备中既有意大利陆军的布斯提那帽，也有自制的带檐作战帽。其中一些人戴了彩色的领巾，抄进他们的衬衣或是上衣里。如果这支队是加里波第旅，他们的领巾就应该是红色。他们的装备不错，有贝雷塔和斯特恩冲锋枪，还有卡尔卡诺步枪和一挺布朗轻机枪。

插图图说

A: 1943 年 7—8 月，防御西西里岛

A1: 利沃诺轻步兵师，二等兵

这名利沃诺师的机枪手在西西里的炎热天气中只穿着衬衣，卷起了袖子，穿着意大利在 1940 年 6 月大战开始时就已经配发的基本款大陆版制服。唯一真正称得上变化的地方，就是他的 M1933 款灰绿色头盔上再也没有涂印成黑色的步兵标志了。图中虽然没有出现，但被他丢掉的 M1942 款上衣上的领章应该能够看得出比 M1937 和 M1940 款上衣的领章要小一些。他携带着 M1935 款雷维利 8 毫米中型机枪的枪身。作为一名机枪手，他还装备了一把套在枪套里的贝雷塔 M1934 款 9 毫米半自动手枪，这是意大利陆军最喜欢的防身武器。

A2: 第 22 MVSN 防空军团，支队长

这名 MVSN 中尉指挥着一支二线部队。这种二线部队构成了西西里驻防部队的主体。他穿着热带制服——撒哈拉上衣、马裤和有显眼的软帽檐的 M1942 款热带布斯提那帽。这套热带制服来自本来打算运送到北非前线的库存，但由于轴心国军队在当年 5 月战败，也就留在了意大利。他的军衔标志佩戴在撒哈拉上衣的袖口处而非肩章上，但有部分军官在两个位置都佩戴了军衔标志。在他的帽子前方是 MVSN 防空部队的黄铜帽徽。他的鞋子是黑色皮革款，通常搭配大陆版制服，这也显示出两种制服混搭穿戴的普遍情况。

A3: 第 206 海岸师，军士

第 206 海岸师是防卫意大利本土海岸的二线部队之一，在 1943 年 7 月 10 日被部署在西西里岛的东南角，直接面对英国第 8 集团军第二十五军下属的第 51（高地）师和第 1 加拿大师的登陆进攻。他戴了一顶有步兵标志涂印的 M1916 款亚德里安头盔。在其中间通常有罗马数字标识的师级番号（此例中应为"CCVI"），但经常直接在头盔的老款黄铜帽徽处粗糙地印上罗马数字了事。他的制服是标准的灰绿色大陆版，包括一件有黑色衣领饰面的过时的 M1937 款上衣、灯笼裤、呢质绑腿和 M1912 款军鞋。可以看到海岸师的领章，第 206 师的领章是一个白色长方形加一个橙红色三角形，缀有萨伏依银星。他的 V 形军衔标志佩戴在两侧袖子上半部。他的个人装备也是标准配发版，在这一物资短缺的时期，他能够获得所有的标准携具已是非常幸运的事情。他装备的是一把早期的 6.5 毫米卡尔卡诺 M1891 款步枪。

一名 RSI 部队的士兵穿着灰绿色 M1940 款呢质上衣，装备着贝雷塔 M1938A 款冲锋枪和套在枪套里的贝雷塔 M1934 款手枪，正在训练中准备扔出一枚布雷达 M1935 款手雷。他的上等兵军衔标志为袖子上的红色 V 形章，在两根窄条上有一根宽条。在领口上还有 RSI 部队的新的花环古剑标志，取代了原来皇家陆军的白色金属星（详见第 270 页插图 B3）。

B: RSI——正规军（ENR）

B1: 1945 年，步兵，上校

这名上校穿着 1944 年 9 月启用的 RSI 军队新款制服，但在大战结束前，这种制服只配发了一小部分，大多数军官还是穿着原皇家陆军版制服，只是用新标志替代了旧标志。他的常服帽在设计上明显受到了德国的深刻影响，上面有新设计的步兵徽章和该兵种的红色绲边。在上衣上，军官的军衔标识体现在肩章上，而非原皇家陆军时期的袖口处。新的步兵红色三角火焰领章上缀有 ENR 的新徽章，图案是一把银色的罗马古剑和月桂花环。在右胸袋上方是镀金的纪念章，配发给 1943—1944 年在德国整训的四个师的军官。在左胸口袋上方是苏联前线纪念章，颁发给那些从德国发起的"反布尔什维克远征"中幸存下来的意大利军人。

B2: 1944 年，第 2 利托里奥步兵师，二等兵

作为 4 个在德国受训的 ENR 正规师中的一个，利托

里奥师有时候会加上"掷弹兵"这一精锐部队的前缀名，但这纯粹是浮夸宣传的结果。他的 M1940 款灰绿色上衣上有新的步兵红色三角火焰领章，搭配穿着伞兵长裤。在右胸上他佩戴了颁发给在德国受训的四个师的所有成员的银色士兵版纪念章。M1933 款头盔采用的是与德国头盔一样的灰色涂装，在前方涂印有 RSI 的鹰标，在左侧则是意大利的三色盾徽。在他的德国陆军腰带上，有一把装在枪套里的贝雷塔 M1934 款手枪和他的 MG42 轻机枪的备用弹药袋——这些部队的大部分都换装了德军武器，以期能够达到现代战争的标准。

B3：1944 年，第 1 神枪手营"B. 墨索里尼"，上等兵

这支部队成立于维罗纳，是第一批志愿为 RSI 政权服务的军队之一，其人员曾多达 1 000 人。这名下士穿着一件褐色的防风夹克（可以看到腰带环及可以拉束起来的通风环），在左胸袋上方有军衔标志。神枪手的深红色双尖火焰领章上有白色金属的头骨徽章，另一个头骨徽章则佩戴在他的口袋翻盖上。像这样的徽章被广泛佩戴，这支部队的许多人就有五花八门的徽章。他的 M1933 款钢盔上除神枪手部队原来的传统小公鸡羽毛外，别无他物。他斜挂着一把有折叠刺刀的 M1891/1938 款卡尔卡诺卡宾枪，并携带了一个装 MG42 弹药的德国弹药盒。

C：RSI——共和国卫队（GNR）

C1：1944 年，米兰，列兵

这名列兵隶属于原停战前的 MVSN 组织的后继者（GNR）部队，穿着一件 GNR 的夏季版制服，包括一件卡其色无领撒哈拉上衣、短裤、黑色衬衣，以及一顶老款 MVSN 黑色毡帽。在开口领的左右两边都佩戴了一个黑色双尖火焰章，上有最近才成为 GNR 符号的银色涂印双"Ms"标志。他在灰绿色的毛线袜外穿了一双黑色军靴，搭配标配的灰色皮带和双筒弹药袋，装备了一把有折叠刺刀的卡尔卡诺 M1891/1938 款卡宾枪。

C2：1944 年，列兵

这名共和国卫队的士兵穿着原停战前的 MVSN 部队的灰绿色上衣和灯笼裤。事实上，除了他的标志之外，他看上去与原 MVSN 部队成员别无二致。M1933 款钢盔上有黑色的 GNR 涂印标志，该标志有各种版本，但这位士兵的标志是涂印的两个"Ms"，构成环绕垂直束棒的"双翼"。他的领章与 C1 相同。他的制服和携具的其他部分与原停战前陆军和 MVSN 部队配备的一样。他装备了一把 7.35 毫米口径的卡尔卡诺 M1938TS 卡宾枪，在腰带上还有一把 MVSN 的匕首。

C3：1944 年，米兰，雄狮装甲集群，上尉

这名 GNR 装甲部队的军官穿着一件意大利版的德国 M1942 款装甲部队制服，搭配黑色贝雷帽。标志部分则包括贝雷帽上的银色头骨和交叉骨头帽徽，贝雷帽上还有代表其军衔的三颗金星。他别在衣服上的领章上有一个红色的大写"M"，其中有一个银色束棒穿过。他的金色军衔标志佩戴在左右两侧袖口上方，在袖子上半部则有配发给敢死队的金色徽章。左胸上的银色徽章代表他曾经在苏联前线服役。他装备的是一把贝雷塔 M1934 款手枪和一把 MVSN 匕首。

在安奇奥海滩附近的内图诺防线的一处防空壕里，雨云营的伞兵正与来自德军第 4 空降猎兵师的伞兵交谈。他的伪装罩服和 M1942 款头盔罩都是用普通的 M1929 款帐篷组件布料制成。他穿了一件携带贝雷塔冲锋枪弹匣的"武士"背心。该背心有许多细节不同的改款。照片中这一款在背后有 7 个口袋，前面可能有 5 个，其下是 5 个装卵形手雷的口袋——详见第 273 页插图 E2。

1944 年，米兰，奥尔多·雷塞加黑色旅的指挥官在一次阅兵中发表演讲。他穿着黑色衬衣，搭配有红色束棒帽徽的作训帽，衬衣领尖上也有小一些的红色束棒徽。在他的衬衣勋表上方可以看到他的部队的红黑两色珐琅徽章（见第 272 页插图 D2）。作为一名部队指挥官，他的右肩饰绳应该是金色的。这名军官曾经在苏联前线的意大利第 8 集团军中服役，因此在左胸兜上佩戴了东线战场徽章。他和右手边的军官都在扣眼上佩戴了德国 1941—1942 冬季纪念章，后者应该有一枚二等铁十字勋章。

D: RSI——反游击队部队

D1: 白色火焰青年营, 志愿兵

　　白色火焰青年营是由从法西斯青年运动中招募的青年志愿者组成的特别部队。参加这支部队的志愿者年龄被限制在 15 岁以上，但很多人谎报年龄。他的制服包括有该部队特殊帽徽的黑色贝雷帽，帽徽上是银色的"M"和束棒；一件 M1941 款无领伞兵式上衣，上有该部队的白色双尖火焰领章；以及灰绿色的蓬松伞兵裤。在 RSI 部队中，翻领毛衣非常流行——这个男孩就穿了一件红色的。考虑到这支部队的部分成员非常年轻，卡尔卡诺 M1891/1938 款卡宾枪还算是一种合适的装备。

D2: 第 8 黑色旅"奥尔多·雷塞加", 志愿兵

　　这支部队组建于米兰，是规模最大的黑色旅之一。他的黑色作战帽在设计上参考了德国的 M1943 款作战帽，被称作"作训贝雷帽"。黑色旅的帽徽是叼着匕首的头骨，有各种小改款。他穿了一件短款黑色上衣，里面是黑色衬衣。在左胸袋上分别的是部队名称徽章，为红黑两色

的上釉金属材质，另外在衣领上直接别有一个小的红色束棒徽章。他穿了一条卡其色裤子，也有各种版本，搭配 M1912 款黑色皮鞋。他的 FNA-B M1943 款冲锋枪是 RSI 部队的特殊装备，手工制作，总共只生产了 7 000 把。备用弹匣装在腰带的三筒式弹药袋中。

D3: 独立机动军团"赫克托·穆提", 军士

　　这支大规模部队最早以黑色旅行动队的形式在米兰成立，但很快就扩充为一支非常有效率的反游击队警察部队。就像所有的黑色旅部队一样，它的命名是为了纪念一个法西斯"英雄"，赫克托·穆提，一个著名的飞行员及墨索里尼的前护卫。在他的 M1941 款无领灰绿色上衣上，这名军士佩戴了单尖黑色领章，上有红色束棒和银色头骨及交叉骨头的徽章。V 形军衔标志佩戴在左胸，居于勋表之上（此图中的勋表包括勇敢铜质勋章、战功十字勋章以及罗马行军勋章）；左胸上则是有"E. 穆提军团"字样的蓝色盾章。灰绿色呢质灵雷帽及其上的银色头骨和交叉骨头徽章在该部队中非常常见，帽子上还有与上衣上相同的军衔标志。他装备了一把 6.5 毫米口径布雷达 M1930 款轻机枪，它作为一款设计糟糕的武器，直到 1945 年居然都还在大规模使用。

E: RSI——独立部队和武装党卫军

E1: 1944 年, "XªMAS"师, 巴尔巴里戈营, 志愿兵

　　他穿着灰绿色的呢质无领伞兵上衣，搭配蓬松的长裤和翻领毛衣，另有 M1933 款钢盔和钢钉登山靴。在左袖上有金属的"第 10 攻击支队"的盾徽，这种盾徽在该部队的各个营有不同的版本，但总会有个大写的红色"X"。在红色的步兵领章上，有黄色的圣马克雄狮金属章，其下是白色的 RSI 花环古剑章。在头盔前方有一个黄色的缠锚——取消了原停战前的王冠——图案。宽边帆布腰带的两筒式帆布弹药袋里装的是他的贝雷塔 M1938/43 式冲锋枪的弹匣。

E2: 1944 年, 雨云独立伞兵营, 伞兵

　　这名士兵隶属于 RSI 的精锐部队，不同寻常的是，该部队在 1944 年春天的安奇奥滩头阵地战役中曾在附近的内图诺地区与德军共同正面抗击盟军。他的 M1942 款伞兵钢盔上罩有 M1929 款伪装布料。他的罩衫也使用了同样的材料，这种布料在 RSI 时期被用来制作了多种制服。在罩衫下，他穿的是灰绿色无领 M1941 款上衣、翻领套头衫和 M1941 款伞兵长裤，搭配一双高帮伞兵靴。他的灰绿色腰带系在一件被称为"武士"的弹药背心外，该背心在前胸和后背一共装了 12 个贝雷塔 M1938A 款冲锋枪的弹匣，另外还携带了 6 枚手雷。

剪裁方式，在袖子上方做出了一个肩披形状。有时著名的"Xᵃ MAS"盾徽会被一根皮革束带系在左胸上。此图中出现的唯一的标志是直接别在衣物上的 RSI 的花环古剑。M1933 款头盔上的记号，从粗糙涂印的红色"Xᵃ"到精工细制的盾徽，有各种不同版本。此处则是在一个斜向三色盾徽上涂印了一个黑色的"Xᵃ"。他的 9 毫米口径 TZ45 冲锋枪——被他的看守拿在手中——生产于大战晚期，专为 RSI 部队小规模试制了几千把。他腰带上的三筒式弹匣袋——同大多数类似装备一样——是改版于德国的 MP40 款，采用了帆布和皮革材料。

F2: 莱尼亚诺战斗集群，乔托神枪手营，军士

这名来自合作军部队的轻步兵士官，显示出了与盟军合作的意大利部队保留传统羽毛饰物的案例。他戴着一顶 MK Ⅱ 型英国钢盔，在其右侧系有著名的神枪手部队的小公鸡羽毛，该兵种的徽章也用黑色涂印在钢盔正前方。在他的英国"1940 款"或称"通用款"作训服（其实该款作训服是在 1942 年才启用的）上的意大利标志包括：衣领上的神枪手部队深红色双尖火焰章，两侧袖子上的军士 Ⅴ 形军衔标志，左臂上部的三色章——此图中看不到，但其图案是莱尼亚诺战斗集群特有的白色条纹底上的骑士章，可参考第 275 页插图 G1。他的 1937 款英国携具是标配版，作为一名低级指挥官，他装备了一把在意大利的英国军队中广泛使用的汤姆逊 M1928 款冲锋枪。

一名南方军战斗集群的军士搭乘一辆吉普车，穿过一个刚被解放的意大利城镇。他穿戴着英国陆军作训服、头盔和携具，在照片左边可以看到他的汤姆逊冲锋枪枪托底部（详见第 274 页插图 F2）。不同寻常的是，他没有佩戴他的部队领章，只是在作训服领尖上直接别上了皇家陆军的银星。可以看到左袖上的三色袖标，但并不能识别它属于哪个战斗集群的珐琅袖章。

E3: 1945 年，党卫军第 29 武装掷弹兵师，登比察步兵营，武装党卫军小队长

这支部队的命名是为了纪念他们受训时所在的波兰城镇。这名低级士官穿着灰绿色意大利皇家陆军的 M1940 款上衣，搭配呢质 M1941 款伞兵长裤及德国及踝靴。佩戴在衣领上的标志是标准的德国党卫军样式，特殊的意大利武装党卫军鹰标和束棒徽章佩戴在袖子的军衔标志上方。这种布局——没有国别盾徽——是直接参考的当时的照片。在制服外，他披了一件比普通披风大两倍的 M1929 款帐篷组片，通常都为伪装色涂装。他的 M1933 款头盔左侧有党卫军符号。他装备了一把卡尔卡诺 41 款卡宾枪，在 1943 年之后，这款卡宾枪比标准步枪更受欢迎。

F: 1944—1945 年，RSI 部队与南方军

F1: 第 10 攻击支队，志愿兵

这名被俘的第 10 攻击支队的士兵穿着一件用 M1929 款通用布料制成的伪装服，可以看到采用了撒哈拉式的

这名衣着整洁的游击队军官穿着一件前意大利陆军的套头罩衫，胸口和侧面通风缝口有拉紧束带（详见第 276 页插图 H2）。在左胸袋上有缀一颗白色金属星的红色军衔章，表明他是一名分队指挥官。在腰部以下他穿着平民的滑雪服长裤。缠在脖子上的红色领巾上应该有一些刺绣的爱国标语。他佩戴了一款山姆·布朗横直武装带，尽管照片中看不见，但他应该配备了一把意大利生产的或从德国缴获的手枪。

这名 25 岁的游击队员是一名小队长，他刚刚俘虏了一名法西斯党徒。他戴着贝雷帽，上有加里波第旅共产主义游击队员的红星，脖子上是有流苏的红色领巾，上面装饰着共产主义的各种符号。他的主要武器是斯特恩冲锋枪，还有一把贝雷塔 M1934 款手枪，以及腰带上的两种手雷——德国的木柄手雷和英国的 36 号"米尔斯"蛋形手榴弹。

F3: 曼图亚战斗集群，第 114 步兵团，二等兵

南方军部队采用的制服既有英军版，也有美军版，这名列兵则全套都是前一种制服：带伪装网的 MK Ⅱ 头盔（此图中是在意大利的英国第 8 集团军常用的印度式大网眼伪装网）、通用款作训服、平头钉鞋，搭配 1937 款携具，斜挂着 1943 款"轻型防毒面具"以及 0.303 英寸口径的 SMLE 步枪。第 114 步兵团的领章是黄绿两色，直接沿用的原停战前第 114 步兵团所属的第 104 曼图亚师的领章。在左袖上半部有一个三色袖标，其中间有曼图亚战斗集群的鹰标。

G: 1944—1945 年，南方军

G1: 莱尼亚诺战斗集群，天鹰座高山营，二等兵

这名布朗机枪的"第一射手"隶属于莱尼亚诺战斗集群的特种步兵团下属的第 2 高山营。在通用款英国作训服

外，他还穿了一件英军无袖皮质短上衣——这种装备启用自第一次世界大战期间，是格外御寒的衣物。他戴着一顶停战前高山部队灰绿色帽，上有列兵的乌鸦羽毛和代表第 2 营的红色绒球。左袖上的三色袖标上缀有莱尼亚诺战斗集群的中世纪伦巴第骑士徽章，衣领上则是传统的高山部队绿色双尖火焰章。他穿着英军的登山靴，搭配短款卡其色绑腿。他在 1937 款基础型弹药袋中携带着他的 0.303 英寸口径布朗轻机枪的 30 发备用弹匣，并有用索袋挂着的枪手专用的备用弹药皮袋。

G2: 弗留利战斗集群，第 35 炮兵团，上尉

他穿着一件从 1943 年 1 月起配发给地中海战区的英国部队的美国制造的"战争援助"作训服，另有一套有各种版本的卡其色英国或美国式的衬衣与领带，搭配的是北非意大利陆军使用的浅卡其色热带版 M1942 款布斯提那帽。炮兵的帽徽和火焰领章与停战协议前的制服款式一致。但他的军衔星则是按照英军样式单列缀在上衣肩章上。左肩袖标上有弗留利战斗集群的中世纪城门标志。他的英式携具皮带上有手枪盒及韦伯利左轮手枪配套的弹药袋，他还拿了一个英式双筒望远镜。

G3: 闪电战斗集群，第 184 伞降炮兵团，中尉

这名军官设法获得了一整套大战前的英军军士作训服，其显著特点就是暗扣和褶皱衣袋。在衣领上有炮兵的橙黄色勾边的黑色单尖火焰章，其上有意大利伞兵的剑与双翼徽章。同样，他的军衔星也是在肩章上采用单列直线排列。左袖上的三色袖标缀有闪电战斗集群的闪电徽章，其下是意大利伞兵的资质章。他的卡其色呢质贝雷帽上有伞降炮兵的徽章和两颗军衔星。他佩戴着英军 1937 款军官版携具，有腰带、皮套、弹药袋、指南针袋和望远镜盒。宽大、软皮质地的手枪套可以适用于大多数手枪。他还装备了一把非常流行的 M1938A 款贝雷塔冲锋枪，这种冲锋枪在 1944—1945 年间意大利战场的交战双方中都广泛使用。

H: 1943—1945 年，游击队

H1: 1944 年，奥索拉河谷游击队，营长

在意大利 - 瑞士边境的奥索拉地区的游击队组织良好。这名军官穿着的是他们自己生产的至少能够装备部分人的特有制服，包括一顶高山帽、撒哈拉式上衣和长裤，都是用棕色呢质布料制成。他还穿了一双意大利陆军的高山鞋。在红色领章上，他别有两枚缴获的德国山地部队的金属高山火绒草标志；在左胸袋上方，佩戴了一块红色军衔章，上有代表营长军衔的两枚金属星。他佩戴的红色领巾并不能代表他是一名共产主义者——少数非共产主义游

击队也佩戴红色领巾。贝雷塔冲锋枪和手枪是游击队广泛使用的装备。

H2：1945 年，第 26 加里波第旅，共产主义游击队队员

这是许多对抗法西斯占领者的共产主义加里波第旅游击队中的一分子，他混穿着军用和民用的衣物，这取决于这些游击队所能获得的资源的多寡和种类。他的帽子是前意大利皇家陆军的布斯提那帽，上有加里波第旅的三色星帽徽——红色五星中有白色圆环，中间另有一个绿色圆盘。他的褐色套头罩衫是停战前的神枪手部队的装备，搭配了一条显示出他的共产主义者身份的红色领巾。民用的灯芯绒长裤被抄进了一双意大利军官的黑色皮鞋中。他有一条德军腰带，上面有套在枪套里的瓦尔特 P38 半自动手枪和 UD42 冲锋枪的备用弹匣。这种冲锋枪是一种小批量生产的美式武器，大部分投送给了欧洲的抵抗运动部队。

H3：1944 年，卡尔尼亚游击队共和国，奥索波旅，游击队队员

大多数非共产主义游击队都佩戴蓝色头巾，或如本图中的绿色头巾，以与左翼游击队区别开来。在黑色贝雷帽上，这名游击队队员佩戴了一枚三色帽徽，很多游击队队员都有这样的标志。他的衣物的其余部分则来自不同的民用服饰和军用服饰。他的长裤是从退伍的亲友那里得来的老款灰绿色意大利大陆版灯笼裤。他的套头衫是民用款。另有 M1912 款军靴和长袜。他装备着一把英国的斯特恩 MK Ⅰ 冲锋枪——这种武器大量空投给了游击队队员——但是备用弹匣却被捆在粗糙的自制扼带上。德国的木柄手榴弹和德国空军版腰带则代表着游击队队员们的武器和装备的另一个重要来源——缴获品。

出版后记

鱼鹰出版社（Osprey Publishing）位于英国牛津，是英国著名的专业出版机构，以军事历史插图书籍出版闻名于世。鱼鹰出版社已出版图书3000余种，其中以"武装者"（Men at Arms）系列影响最大，在世界军事爱好者心目中有崇高的地位。

鱼鹰出版社的"武装者"系列图书具有三大特点：一是大量的手绘全页插图。在该系列中，每册图书都包括至少8页全彩手绘插图，这些插图都出自麦克·查贝尔、斯蒂芬·安德鲁等久负盛名的军事插画师之手。二是丰富的照片与资料图片，其中许多照片都是通过鱼鹰出版社的出版才首次与读者见面的。三是选题的广度与深度兼备。"武装者"系列目前已出版超过600个品种，每一个品种都从军事史上的某国部队切入，同时又选取不同的历史时期或不同的军种，涵盖了从冷兵器时代到热战时期的各种军事群体。

正是因为具有这些特点，在国内军事爱好者，特别是入门群体中，"武装者"系列图书获得了很高的关注度，受到广泛赞誉。其中的全彩手绘插图，屡屡出现在各大军事论坛、贴吧的文章和讨论中。但遗憾的是，囿于各种因素的制约，国内出版机构迟迟未能引进鱼鹰出版社的"武装者"系列图书。

译者与重庆出版社高度关注这一现象级的图书，经过耗时多年的谈判，终于与鱼鹰出版社达成授权协议，在中国大陆地区独家出版"武装者"图书的简体中文版。

由于"武装者"原版的出版形式更接近于军事杂志而非军事图书，单册图书一般不超过50页，且定价很高，17.95美元或者9.99英镑，换算成人民币均在80元以上，并不符合国内出版市场的一般情况。因此在引进时，我们采取了整合出版的方式，将原版图书5—6册合编为一册。这样既方便读者购买、收藏，同时又大大降低了定价。

我们还着力在装帧方式上进行了完善，采用双封精装、全书塑封的方式，保证图书的收藏价值和阅读手感。同时，针对原书只有全页手绘插图部分为彩色印刷的不足，我们对全部内文进行了调整，各级标题、表格、注释等采用彩色标注，全书彩色印刷，有效地方便了读者的阅读检索，提高了图书的整体品质。

在内容方面，首批引进的"武装者"系列图书聚焦于"二战"时期，在鱼鹰出版社近50册"二战"图书中挑选出24册，按照不同的战场、国家进行了重新划分、组合，最终定稿为共四卷的《世界军装图鉴：1936—1945》。

为了方便阅读过原版图书的读者对应查阅相关资料，现将本系列图书分卷与原书编号的对应关系列下：

《世界军装图鉴：1936—1945（卷一）》（苏、法）：World War II Soviet Armed Forces（1）1939-41；World War II Soviet Armed Forces（2）1942-43；World War II Soviet Armed Forces（3）1944-45；The French Army 1939-45（1）；The French Army 1939-45（2）；

《世界军装图鉴：1936—1945（卷二）》（英、意）：The British Army 1939-45（1）North-West Europe；The British Army 1939-45（2）Middle East and Mediterranean；The British Army 1939-45（3）The Far East；The Italian Army 1940-45（1）Europe 1940-43；The Italian Army 1940-45（2）Africa 1940-43；The Italian Army 1940-45（3）Italy 1943-45

《世界军装图鉴：1936—1945（卷三）》（德）：The German Army 1939-45（1）Blitzkrieg；The German Army 1939-45（2）North Africa & Balkans；The German Army 1939-45（3）Eastern Front 1941-43；The German Army 1939-45（4）Eastern Front 1943-45；The German Army 1939-45（5）Western Front 1943-45；

《世界军装图鉴：1936—1945（卷四）》（美、日）：The US Army in World War II（1）The Pacific；The US Army in World War II（2）The Mediterranean；The US Army in World War II（3）North-West Europe；The Japanese Army 1931-45（1）1931-42；The Japanese Army 1931-45（2）1942-45。

《世界军装图鉴：1936—1945》主要作者简介

马丁·J.布莱利： 在英国军方服役 24 年后退伍的军事摄影师，在世界各地拥有极其丰富的军旅采访履历，目前是自由撰稿人与摄影师。长时间致力于军事研究和军事收藏。曾与理查德·英格拉姆合著《"二战"英国女子制服》（1995）。他还同时为英国及其他地区的许多专业杂志供稿。目前与他的妻子和两个孩子居住在英国汉普郡。

麦克·查贝尔： 出身于英国奥尔德肖特的一个军人世家。家族中连续几代人都曾在英军服役。他本人十几岁时以列兵身份加入皇家汉普郡团；1974 年退伍，曾在威塞克斯团第 1 营担任军官，驻扎于马来西亚、塞浦路斯、瑞士、利比亚、德国、阿尔斯特及英国本土。从 1968 年开始进行军事题材的插画创作，是世界知名军事插画师。麦克目前居住在法国。

菲利普·乔伊特： 1961 年出生于英国利兹，从记事开始就对军事历史产生了极大的兴趣。他的第一本鱼鹰社出版物是《中国军队 1911—1949》，目前已经出版了 3 册版的《意大利军队 1940—1945》。业余时间他主要关注橄榄球和家谱学。目前他居住在林肯郡。

斯蒂芬·安德鲁： 在短短数年中，他已经声名鹊起，成为军事题材插画界中的翘楚。他所创作的充满细节、逼真详实的插画，由鱼鹰社出版，成为最受欢迎的鱼鹰社插画师。他于 1961 年出生于格拉斯哥（目前他还在那里生活和工作），完全自学成才，在 1993 年正式成为自由插画师之前，曾在广告和设计机构担任初级插画师。军事历史是他关注的焦点，从 1997 年开始为鱼鹰社创作插画，作品包括《中国军队 1911—1949》以及 5 册本的《"二战"德国国防军》。

奈杰尔·托马斯： 一名杰出的语言学家与军事历史学家，之前曾在诺森比亚大学担任首席讲师，目前是自由撰稿人、军事专家、军事制服研究和翻译者。他的研究方向是 20 世纪的军事和平民纪律部队的制服、组织架构，特别专注于德国、中欧和东欧地区。他因研究北约东扩问题而被授予博士学位。

伊恩·萨默尔： 1953 年出生于英国曼彻斯特附近的埃克尔斯。他早期曾在泰恩河畔纽卡斯尔担任图书馆馆长，目前已转为全职写作。他为鱼鹰社撰写了大量的文章，并出版了数本关于东约克郡的图书，这也是他目前与妻子的居住地。

弗朗索瓦·沃维利耶： 作为著名的法国军事报刊《制服与军事》的编辑，他是一位广受尊敬的法国军事史出版者与收藏者。他个人的兴趣点主要集于两次世界大战中的法国军装。

马克·R.亨利： 致力于军事历史研究，同时是一名富有经验的历史场景还原者。1981—1990 年间在美国陆军服役，担任通信军官，曾在德国、韩国和美国得克萨斯州驻扎服役。他获得了历史学学士学位，目前他是美国陆军布利斯堡博物馆馆长。他特别关注于 20 世纪的美国军事部队研究。

达尔克·帕夫诺维奇： 1959 年出生于克罗地亚的萨格勒布，目前仍居住和生活在那里。作为一名训练有素的艺术家，他目前全职进行写作和插画创作，特别专注于军事题材。达尔克曾为鱼鹰社创作了大量的插画，被用于《南斯拉夫的轴心国军队 1939—1945》《U 型潜艇船员 1941—1945》《19 世纪奥地利军队的军装》等书中。